本书受到湖北省委宣传部与武汉大学共建新闻与传播学院本科项目资助

| 光明社科文库 |

外国新闻传播史

林　婕◎著

光明日报出版社

图书在版编目（CIP）数据

外国新闻传播史 / 林婕著 . -- 北京：光明日报出
版社，2020.2

ISBN 978 - 7 - 5194 - 5620 - 7

Ⅰ. ①外… Ⅱ. ①林… Ⅲ. ①新闻事业史—外国—高
等学校—教材 Ⅳ. ①G219.19

中国版本图书馆 CIP 数据核字（2020）第 040905 号

外国新闻传播史
WAIGUO XINWEN CHUANBOSHI

著　者：林　婕

责任编辑：陆希宇　　　　　　　　责任校对：陈永娟
封面设计：中联学林　　　　　　　特约编辑：万　胜
责任印制：曹　净

出版发行：光明日报出版社

地　　址：北京市西城区永安路 106 号，100050

电　　话：010 - 63139890（咨询），010 - 63131930（邮购）

传　　真：010 - 63131930

网　　址：http：//book. gmw. cn

E - mail：luxiyu@ gmw. cn

法律顾问：北京德恒律师事务所龚柳方律师

印　　刷：三河市华东印刷有限公司

装　　订：三河市华东印刷有限公司

本书如有破损、缺页、装订错误，请与本社联系调换，电话：010 - 63131930

开　　本：170mm×240mm

字　　数：305 千字　　　　　　　印　　张：17.5

版　　次：2020 年 2 月第 1 版　　　印　　次：2020 年 2 月第 1 次印刷

书　　号：ISBN 978 - 7 - 5194 - 5620 - 7

定　　价：95.00 元

目 录
CONTENTS

绪　论

一、什么是新闻传播史

《现代汉语词典》对"历史"一词的释义是：自然界和人类社会的发展过程，也指某种事物的发展过程和个人的经历。我们通常意义上使用的历史概念，主要指的是人类社会发生、发展的历史，即与自然界相互依赖、相互制约的人类社会以往的运动发展过程。

历史学者费尔南·布罗代尔在《历史学和社会科学——长时段》一文中将历史视为一种系统结构："所谓结构，社会观察家们认为是现实与社会大众之间存在的一种组织、一种紧密联系及一系列相当固定的关系。而我们的史学家则认为，一个结构也许是一种组合，一个建筑体，但更是一种现实，时间对这种现实的磨损很小，对它的推动也非常缓慢。某些长期生存的结构成为世代相传的稳定因素：这些结构在历史中到处可见，它们阻碍着历史因而也支配着历史的进程。"①

新闻传播史是人类社会整体历史的一部分，它也是一个由各种组织和现实组成的有序的系统结构。所以，新闻传播史研究不仅仅是一个个体的新闻传播参与者和单独的新闻传播史事件，而且是一个相互联系的整体结构，"考证确定零零碎碎的事实为毕乃能事；必须进一步，不把人事看作片片段段的东西；要把人事看作一个整个的互为因果，互有连锁的东西去考察他"②。

张昆在《世界新闻通史体系刍议》中提出，世界新闻史体系应该涉及新闻事业、新闻制度和新闻观念三个层次③。新闻传播技术是新闻传播事业发展的

---

① J. 勒高夫，R. 夏蒂埃. 新史学 [M]. 姚蒙，译. 上海：上海译文出版社，1989：262 - 263.

② 李守常. 史学要论 [M]. 石家庄：河北教育出版社，2000：17.

③ 张昆. 世界新闻通史体系刍议 [J]. 国际新闻界，2001 (1)：51 - 58.

要素。技术的进步不仅决定信息传播的广度和深度，而且在很大的程度上制约着信息传播的速度、数量、内容、传播形式，甚至深刻地影响到人类社会的价值观念和生活方式。新闻传播技术是划分新闻传播历史发展阶段的关键要素，形成了传统的报纸、期刊、广播电视、通讯社以及新兴的网络、手机媒体等新闻传播媒介。生产力和媒介技术变化，也会导致媒介传播业务的变迁，如新闻编辑、新闻采访、广告业务、媒介经营管理的变化等，这些内容共同汇集成了新闻媒介史。在新闻传播历史的长河中，由新闻传播媒介以及新闻从业者主演的新闻事件是新闻传播事业史的主体。伴随着媒介技术的发展，管理新闻传播活动的制度出现。新闻事业的机构设置、隶属关系、机构运行原则与方针、新闻传播事业的管理制度和管理方法等，共同构成了社会调节和控制新闻传播的新闻制度，不同的经济基础和社会制度，会产生不同的新闻制度。在对新闻传播事业和新闻制度的总结与反思中，新闻思想和新闻观念逐渐形成，并反过来推动新闻事业的发展。新闻传播观念的历史是一个"边界不定的研究领域，它需要社会史、政治史、经济史、文化史、宗教史等为它营构一个叙述的背景，也需要研究者在种种有文字的无文字的实物、文献、遗迹中，细心地体验思想所在的历史语境"①。

传统的新闻传播史研究，仅仅关注了新闻传播史本身的整体性，看到了各种要素的相互纠缠，但是没有尝试着对整体进行解析，而且试图将整体的历史归结为新闻传播事业的历史。

同时，在新闻传播历史这个系统结构中，不管是从历史还是现实的层面，新闻传播的主体都是人。根据马克思主义的历史观，"人们通过每一个人追求他自己的、自觉期望的目的而创造自己的历史，却不管这种历史的结局如何，而这种按不同方向活动的愿望及其对外部世界的各种各样影响所产生的结果，就是历史"②。

作为历史主体的人，我们总是在特定的社会历史阶段，拥有特定的社会地位，发出特定的社会利益诉求，并且在此基础上，具有特定的情感、意识、思想、价值观念。正是无数特定的个体的人的生产和生活，成了社会历史、新闻传播史的基本内容。

---

① 葛兆光. 七世纪至十九世纪中国知识、思想与信仰 [M]. 上海：复旦大学出版社，2000：49.
② 恩格斯. 费尔巴哈与德国古典哲学的终结 [M] //马克思恩格斯全集：第21卷. 北京：人民出版社，1965：343.

新闻传播史是新闻从业者自我意志和行为的产物。每个新闻从业者在特定社会阶段，从自身的社会地位和社会利益出发，形成新闻工作者的专业意识，自觉或不自觉地实践、总结新闻传播思潮，他们对新闻传播的期待，约定俗成的社会共同意识、行为规范等，在无形中规划了新闻传播进化的轨迹，推动着新闻传播事业演进、新闻传播制度制定和促进新闻传播思想的形成。

人类历史经历了漫长的过程发展为世界历史，作为人类历史重要组成部分的新闻传播也是如此。传统的历史研究把各地区的历史都结合到一起，这种方法仅仅只是一种地理上的统一性观念。这种统一性的认识并不能称作历史的认识，因为这种认识方式没有认识到历史发展的统一性，只是地理统一性的世界史，而非历史统一性的世界史。同样，新闻传播史的研究中也存在同样的问题。不论是以日本学者小野秀雄所著的《内外新闻史》、美国埃德温·埃默里等著的《美国新闻史》为代表的国别史的研究方法，还是张隆栋、付显明主编的《外国新闻事业史纲要》所采用的媒介史叠加的体例，或者像王泰玄著的《西方著名报纸概要》所做的专门史，或多或少是以欧美的新闻传播事业的历史分期来决定世界新闻传播史的分期。在这个分期框架下，按照媒介技术形态依次发展的模式，分别描述各地区和各国家不同媒介、媒介制度和思想的发展状态。从中虽然可以突出新闻传播事业发展的统一的客观规律，但弱化，甚至缺乏对新闻传播事业是如何走向全球化和融合化的关注。

早在 18 世纪，奥古斯特·施吕策尔（August Ludwig Von Schlzor，1735—1809）就指明，世界史不是世界各民族历史的简单汇编，而是"人类的历史"，其真正的目的是说明"地球和人类作为一个整体是怎样从过去演进到现在的状况"。在 20 世纪初，形态学派的历史学家们打破了国别史、地区史的历史编纂方法，将世界历史看作多种文明和各地区的共同形势之间的相互关系。在我们的新闻传播史研究中，也应当引入整体史观来描述和分析全球化的世界新闻传播史。

在新闻传播领域，媒介传播技术的发展造就了媒介形态、媒介制度和传播思想的纵向演变过程。横向的历史发展指的是各地区从分散到整体的联系。马克思和恩格斯在"德意志意识形态"中指出："各个相互影响的活动范围在这个发展进程中愈来愈扩大，各民族的原始闭关自守状态则由于日益完善的生产方式、交往以及因此自发地发展起来的各民族之间的分工而消灭得愈来愈彻底，历史也就在愈来愈大的程度上成为全世界的历史。"① 新闻传播史研究的核心就是信息、思想和技术的交流传播，各地区间的新闻传播活动和不同的媒介形态也同样经历了一个从相互闭塞的独立发展到逐渐密切联系，并相互影响和促进，最终发展为我们今天所说的"地球村"与融媒体的过程。

人类及其新闻传播活动的历史就像化学反应，不是分子的分割再分割，也不是单纯物质的自然演变，而是多种物质在一定的条件下发生的质的变化。整体史观研究的是贯穿时间长河的全球演变，而不是某个时间点，或某一地区、某种媒介的历史，关注的是全人类在新闻传播活动中的必然规律和地区特色，而不是欧美或中国的孤立发展。新闻传播史自身便具有基本的统一性、整体性。只有运用整体史观，才能理清各地区、各媒体在不同历史时期中的相互影响，以及这种相互影响对人类历史进程和必然历史规律的重大作用。

技术和思想发展最快的地区往往是那些与其他地区相互影响的地方。这些地区的新闻传播事业或者因为交流带来迅猛的发展，或者被同化，甚至消失在历史长河中。在 15 世纪以前，由于自然经济的局限，各地区媒体和新闻思想的发展呈现为相对封闭的状态。随着 15 世纪后，世界市场的形成，各地区、媒体间的分隔状态被打破，世界新闻传播业逐步形成紧密联系、相互依存的整体。整个世界新闻传播史是历史纵向和横向联系，由缓慢到飞速发展的逐渐加速，从分散发展到全球一体化的过程。

二、新闻传播史研究范式

梁启超在《中国历史研究法》中这样说道"吾尝言之矣：事实之偶发的、孤立的、断灭的皆非史的范围。然则凡属史的范围之事实，必其于横的方面最少亦与其他的事实有若干之连带关系，于纵的方面最少亦为前事实一部分之果，或为后事实一部分之因。是故善治史者不徒致力于各个之事实，而最要着眼于事实与事实之间，此则论次之功也"②。

美国新闻史解释性研究的代表著作埃默里的《美国新闻史——大众传播媒介解释史》则解释性地研究了美国及各国新闻史。该书用解释的方式，以美国的新闻传播历史发展为线索来研究新闻事业的发展。舒德森的《探索新闻——美国报业社会史》则为我们提供了社会学视角的新闻变迁史，其理论架构与研

---

① 马克思恩格斯选集：第 1 卷［M］. 2 版. 北京：人民出版社，2002：88.
② 梁启超. 中国历史研究法［M］. 上海：上海古籍出版社，1998.

究方法突破了传统的研究，把报业融入社会体系之中，又以新闻专业主义为中心，紧紧抓住与"客观性"相关联的新闻表现手段及其源起、目的来研究新闻事业的发展①。

全球史观的一个研究特点是比较历史研究方法。通过比较研究的方法可以客观评价各民族、各地区、各种媒介和思想、制度在新闻传播中的历史地位和贡献。同样的新闻思潮、传播媒介在不同的社会生产模式、文化传统下会发展出迥异的成果。

12 到 15 世纪，中国与欧洲的地中海地区都出现了由民间贩卖消息的新闻纸。新大陆的开辟和地理大发现使得威尼斯在 15、16 世纪首先出现了"搜集消息的机构"。台湾新闻史学者李瞻在所著《世界新闻史》中写道："威尼斯手抄新闻（Notizie Scritte）发行于 1566 年。这是一种正式的单张新闻纸。最初这种新闻纸张贴于公共场所，凡阅读者须付一枚小的铜圆，叫作'Gazzetta'。以后这个名词即当作报纸的名称，故威尼斯'手抄新闻'在有些英文书籍中，亦称威尼斯公报（Venice Gazette）。"② 而在更早的东方，北宋时期，中国的小报和民间的职业报人已经极为活跃。小报的消息丰富新奇，传播快捷，影响面广，势头甚至压倒了官方报纸。英宗治平三年（公元 1066 年）闰十一月，监察御史张戬奏言："窃闻近日有奸佞小人，肆毁时政，摇动众情，传惑天下，至有矫撰敕文，印卖都市。乞下开封府严行根捉意、雕、卖之人行遣。"③ 虽然还无法证实小报上刊登有社会或经济新闻，但小报使用当时先进的印刷手段——雕版印刷，而且是公开售卖，靠销售营利的，具有明显的商业性质。

相比之下，北宋的小报无论是在出现时间上，还是在印刷方式上都先进于威尼斯的手抄新闻书，那么为何中国早于欧洲出现了民间的商业报刊，却未能像欧洲的"消息搜集机构"那样，发展出现代报刊与现代新闻业？究其原因，是因为中国商人缺乏欧洲同业们所拥有的社会地位与政治权利。

与自给自足信息的产出和需求都很有限的小农不同的是，商人的生产必须要得到准确及时的原材料、运输、道路、销售，甚至相关的政治信息，并同时也生产出大量的贸易交换信息，传递各地的社会消息。现代报刊正是伴随着商业贸易，尤其是资本主义早期的这种信息与人、物资的自由、大规模流动而产

---

① 陈昌凤. 从哈德森到夏德森：美国新闻史研究的视角和方法谈［J］. 新闻春秋，2003.

② 李瞻. 世界新闻史［M］. 台北：三民书局，1985：4.

③ 徐松. 宋会要辑稿·刑法：二之三四［M］. 马泓波，注解. 郑州：河南大学出版社，2011.

生的。在欧洲，商人由于所处的社会的多样性，从一开始就拥有相当大的自治权；而且，这种自治权随着时间的推移而不断增长。这保证了商人和商品交换所需要的信息流通可以自由进行。而这种条件在宋以后的中国并不存在。

在中国的北宋时"发生了一场名副其实的商业革命"①。中国的生产力水平大幅提高，对外贸易突飞猛进，商品经济的发展达到了一个顶峰，产生了相应的商人阶层。在文化上也存在着多元文化的发展和政治上多样性政权的分化。儒学、道教、伊斯兰教、天主教等文化在这片土地上共生。政治上长期的大一统帝国统治被打破，传统的中华帝国疆域内分裂成了辽（金、蒙古）、西夏、宋（北宋、南宋）、大理等数个独立政权。这种文化和政治上的分裂给予了游走于各地、各国的商人活动的缝隙和一定的独立性。商业，和与之伴生的信息流动积极地发展起来，形成了孕育商业性新闻出版物的土壤。

自宋以后，政治体制重新恢复到长期的中央集权的更迭，土地与人紧密结合的小农经济的经济生产方式一再被巩固。由于商业带来的人和物资、信息的流动必将破坏小农经济的基础，因此这种土地与人结合的生产方式与社会制度让中国的地主官僚集团与支撑这种固态社会的儒学（程朱理学）也必须制约中国社会中人与商品的流动性。其结果是，新技术与新信息被吞噬，国家为巩固这种小农经济与中央王权的结合而撤回到与世隔绝的状态，在明朝中叶之后开始了闭关锁国的政策。"在东方诸国中，商人毫无机会上升到当权者的地位。中国是学者主政，日本是军人治理国事，马来西亚地区和印度拉杰普特诸国是地方贵族管理国家，但没有一个地方是由商人当权的"②。故而，自由交换信息的现代报刊与自由主义的思想的产生既不可能，也没有必要。

繁荣的商品贸易，多元的文化和相对宽松的政治环境，这是现代报刊——信息自由传播的载体，出现的前提条件。当12世纪的北宋和15世纪的威尼斯具备以上条件后，在当地便出现了现代报刊的雏形——民营的商业性新闻纸。在中国体现为小报，在地中海地区体现为威尼斯手抄新闻。也正是因为社会生产方式和社会制度结构上的根本性差异，在世界历史转折的重要关头使得中国的新闻传播为代表皇权的官报牢牢控制，小报或者被禁止，或者融入官报系统。虽然中国早已有独立于官报体系之外的民间商业小报，但直到清末，也没有自

---

① L. S. 斯塔夫里阿诺斯. 全球通史: 1500 年以前的世界 [M]. 吴象婴, 梁赤民, 译. 上海: 上海社会科学院出版社, 1996: 438.
② L. S. 斯塔夫里阿诺斯. 全球通史: 1500 年以前的世界 [M]. 吴象婴, 梁赤民, 译. 上海: 上海社会科学院出版社, 1996: 465.

发地产生现代报刊。

由此可见，由于社会经济发展状态、政治结构和历史文化沿革的差异，同样的新闻思潮、传播媒介在不同的社会生产模式、文化传统下会发展出迥异的成果。这种比较研究帮助我们在世界新闻传播事业整体发展的背景下，了解各个地区和各种传播媒介、新闻制度、新闻思想在历史中的地位与影响，从而勾勒新闻事业历史发展的全貌。

第一章

新闻传播的起源

新闻传播起源于人类社会生存、生产、生活的客观需求，它也是人类社会最重要的活动之一，维系着人类社会的存在。

第一节　什么是新闻传播

新闻传播，主要是指一种具有一定目标、规模和组织体系的社会性的新闻传播体系。

它通过大众传播媒介，向公众传递一定信息，以形成一定的舆论导向，并由此影响公众的内心信念。新闻传播活动是人类最重要的社会行为之一，是人类不可或缺的社会交往活动。

新闻传播学界对于"新闻"和"传播"的定义不尽相同。

- 事实说，即将新闻视为一种事实。
- "新闻就是广大群众欲知、应知而未知的重大事实。"（范长江）
- 报道说，即将新闻视为一种报道或传播的活动。
- "新闻就是已经发生或正在发生的事实的报道。"（［美］约斯特）
- 信息说，即认为新闻是一种信息。
- "新闻是经报道的新近事实的信息。"（宁树藩）
- 手段说，即将新闻归结为一种手段。
- "新闻是报道或评述最新的重要事实以影响舆论的特殊手段。"（甘惜分）

我们常用的新闻辞书《新闻学大辞典》对其的诠释是"信息的交流和分享"，另一部新闻辞书《中国新闻实用大辞典》的诠注也强调其意为人类的思想、观念、情况等社会信息的交流。

总体上来说，"新闻"侧重于对人类社会的记录、报道和信息传播，"传播"则重视社会信息交流的过程、效果、影响、关系等。

第二节　新闻传播与社会发展的关系

马克思在《政治经济学批判》序言中明确指出："人们在自己生活的社会生产中发生一定的、必然的、不以他们的意志为转移的关系，即同他们的物质生产力的一定发展阶段相适合的生产关系。这些生产关系的总和构成社会的经济结构，即有法律的和政治的上层建筑竖立其上并有一定的社会意识形态与之相适应的现实基础。"① 新闻传播作为社会意识的一种，无时无刻不在受着经济基础与社会制度的影响，经济基础与社会制度共同决定着新闻传播的形态与发展。

一、新闻传播的发生、发展以社会发展为物质基础和必要的前提条件

在相应的经济发展水平和社会背景下，新闻传播有着不同的发展形态和发展阶段。社会生产力的发展决定了人们对于信息的需求程度。在技术层面，从口耳相传到纸质媒体，从广播电视到网络传播，新闻传播的每一次变化都依托于社会发展带来的技术进步。在制度层面，从农耕文明到资本主义社会，再到社会主义国家的成立，新闻传播体制也随之变化。在新闻传播业务上，社会发展的多样性、复杂性，也使得新闻传播的传播渠道、内容、报道方法、传者和受者的关系更加丰富和繁复。

早在原始社会，人类就已经有着各种"新闻传播活动"，虽然原始社会的"新闻传播"还不是我们今天所定义的专业性的"新闻"和"传播"事业，但却是现代新闻传播的起源。我们对新闻传播起源的探究，归根结底是在追问新闻传播活动发生与发展的最早动因和最初形态是什么。要回答这一问题，我们有必要借助历史学、人类文化学，尤其是考古学的相关发现。

人类最初的新闻传播活动源于社会生活中的需要。所谓"需要"是指，生命体处于缺乏状态而出现的体内自动平衡倾向与择取倾向。这种缺乏状态，既包括生理上的需要，也包括心理上的精神需要。生命体对于这些生理和心理的渴求，就会自觉产生择取缺乏物以平衡自身的"生命动机"。这种被意识到的

---

① 马克思恩格斯选集：第 2 卷［M］. 北京：人民出版社，2005：82.

"生命动机"就是人类的需求。美国心理学家马斯洛（Masolw）在他的著作《动机与人格》一书中，提出了著名的人的需要五层次理论，即把人的需要从低到高分为生理需要、安全需要、社交需要、心理需要和自我实现需要。马克思也强调：思想、观念、意识的生产最初是直接与人们的物质生活，与人们的物质交往，与现实生活的语言交织在一起的。人们的想象、思想、精神交往在这里还是人们物质活动的直接产物。而这种物质交往和精神交往，最初都来自人类生存的需求，所以马克思明确指出："需求往往直接来自生产或以生产为基础的情况。"①

首先，人类进行新闻传播活动首先是为了满足社会生存的需求。

大量的考古发现证明，在人类原始社会时期，面对无法预测的自然变化和强大的野兽、肆虐的疾病，个体的人既无法单独对抗洪水、冰雪、风暴等自然灾难和恶劣的自然环境，也无法繁衍族群，因而，人必然集结成一个群体，共同生活。在这种通常以血缘关系维系的群体中，人们用原始的交流方式形成共同的社会意识和身份认同。

其次，新闻传播是社会劳动生产的需要。

人类社会进行劳动合作，完成社会劳动分工和劳动产品分配，这同样需要新闻传播来进行信息交流。为了获取食物和保护自己和群体的安全发展，人们也会自觉地把"新近发生的事实"（灾害、野兽、食物、战争、对外交往等）通报给群体的其他人，以共同劳动，协商劳动成果分配，共同对抗危险。考古学家在世界各地都曾发现大量原始崇拜的图腾和壁画、岩画，它们记录了原始社会的人们战胜庞大、凶猛动物的情景。这说明，正是人类社会生产的需要，才刺激了人们进行信息交流，传播"最近发生的事实"，促进了早期新闻传播活动的萌芽。

再次，新闻传播是人类社会生活的需要。

当原始社会的人们完成了一天的劳作，拿到了分配的食物，他们向神灵献祭，歌舞祈祷，将神灵、英雄的事迹传颂开来，并用壁画、雕刻、文字等方式留存后世。这些新闻传播的历史遗存向社会成员和后世子孙传播知识、普及教育、留存历史记忆、提供娱乐、丰富社会生活。

---

① 马克思恩格斯全集：第4卷［M］. 北京：人民出版社，1972：87.

二、社会条件对新闻传播的制约

1. 物质条件的制约

新闻传播产生于人类社会的需求，从原始社会到奴隶社会，再到以游牧和农耕为主的封建社会，人们受限于生产力水平，所以对于信息的需求不高。另外，高昂的信息传播成本，信息传播的速度、传播内容非常有限，也是造成人们对于信息的需求不高的原因。16 世纪到 18 世纪，当印刷术和造纸术普及开来，新闻传播成本下降，资本主义生产方式要求信息的自由流通，近代报刊也就应运而生了。今天，随着信息传播技术的发展，广播、电视、互联网相继出现，新闻传播的方式也从文字拓展为文字、图片、音频、视频的融合。

在先秦时期，文字的主要载体是简牍，制作工艺繁复，成本高昂。文书传递的主要工具是单辕马车（图 1-1），速度慢，载重低。这样的物质条件决定了先秦时期的新闻传播内容有限，写作方式精炼，知识和信息为少数社会顶层精英所垄断。在网络时代，人类以互联网为载体传播新闻信息，实现了多种信息的即时传播（图 1-2）。因为传播成本低，速度快捷，新闻传播的内容也就变得丰富多样，信息量庞大。参与传播的人遍布社会各个阶层，信息的获取和表达不再有技术上的障碍。

图 1-1 秦陵一号铜马车"立车"

凯瑞认为电报技术的应用使得新闻报道的写作方式脱离了传统的时间顺序的叙述方法，促成了新闻报道所特有的写作结构，倒金字塔的写作结构。更为

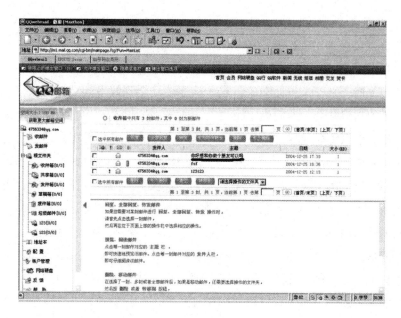

图 1 - 2　邮箱界面

重要的是电报还使信息的传送第一次与物体的运输区别开来。在电报产生之前，"传播"这个词不仅指信息的传递，还指物体的"运输"①。谈到技术对于新闻生产的重大影响，麦克卢汉认为媒介即讯息，技术决定了人们之间的关系与行为的形式和范围，正如火车的使用带来了新型的城市、新的工作与娱乐方式②。

2. 精神条件的制约

一国一地的民族精神、国民性格、社会教育水平都会对该国该地的新闻传播产生影响。

国家和民族在形成和发展过程中会形成共同的民族文化特点上的心理状态，这就是国民性格。例如，我们常常会认为德国人长于思考，做事严谨认真。阿根廷人热情狂野。法国人浪漫文艺。同一个商品在这些不同的国家做广告推广，如果采用同一则广告，效果必然有好有坏，唯有根据不同的国民性格，制作有针对性的广告，才能获得良好的效果。

社会教育水平的一个直观指标是识字率和文盲率，这决定了人们获取信息

---

① CAREY J. W. Communication as Culture：Essays on Media and Soeiety［M］. Boston：Uwin Hyman，1989：203.

② MULUHAN M. Understanding Media：The extensions of man［M］. London：Routledg，1964：24.

和使用媒体，表达意见的能力，以及批评媒体的能力。在面临严重自然危害时，政府有义务告知公众，并采取预防和救助措施。那么，如何将这些预防和救助措施通知公众呢？在识字率高的地方，报纸、广播电视、短信、社交媒体都是可以采用的渠道。但在识字率低的地区，广播就是首选媒体了。在社会教育水平较低的社会中，由于受众使用媒体、评价新闻传播活动的能力较低，信息更多地掌控在少数社会精英手中，媒体和新闻传播活动更可能被垄断，媒体种类更少，言论自由度更低。

3. 社会制度的制约

不同的社会制度会产生不同的新闻传播形态和新闻传播体制。社会制度，是指反映并维护一定社会形态或社会结构的各种制度的总称。包括社会的经济、政治、法律、文化、宗教、教育等制度。

伊斯兰教义禁止偶像崇拜，因而禁止用任何形式描绘真主安拉或先知穆罕默德。2005 年 9 月，丹麦的一份报纸《于尔兰邮报》刊登了描绘穆斯林先知穆罕默德的 12 幅漫画，其中一幅漫画显示默罕默德将一颗炸弹放在自己的穆斯林头巾上。随后，许多欧洲国家媒体又转载了这些漫画。这一事件引发了阿拉伯世界的强烈抗议，不论是亲西方的还是反西方的穆斯林都对此不满。巴基斯坦总统穆沙拉夫对漫画事件表示谴责，阿富汗总统卡尔扎伊也表示"强烈抗议"。在欧洲媒体看来，政治讽刺漫画是一种常见的意见表达方式，属于媒体的言论自由。但在伊斯兰世界，这种漫画亵渎了宗教信仰。

三、新闻传播的社会作用

人类社会是由多种因素相互作用，共同影响的复杂的系统，信息传播和社会交流是产生社会合力，推进社会发展的重要一环。新闻传播既受制于社会发展，又会对社会产生反作用力。

1848 年马克思在《〈新莱茵报·政治经济评论〉出版启事》中说过："报纸的最大好处就是它每日都在干预运动，能够成为运动的喉舌……"著名传播学学者伦纳认为："传播媒介可以创造经济和社会发展所需的'气候'，一旦充分使用媒介，经济和社会发展就会加速向前迈进。"伦纳还指出："新兴国家的传播媒介，有助于培养举国一体的共同意识，提高民众的向上心，教导知识和技能，动员民众积极参与公共事务。"①

---

① 陈世敏. 大众传播与社会变迁 [M]. 台北：三民书局股份有限公司，1994：119.

由于新闻传播的广泛影响力和议程设置功能，新闻传播对社会发展具有积极的推动作用，可以引导社会舆论，发扬正能量，加速社会进步。

传递信息、交流沟通是新闻传播的基本功能，也仅仅只是表面功能。国内外许多学者对新闻传播的社会功能有多方面的深层研究和探讨。其中最具代表性的是哈罗德·拉斯韦尔1948年在《传播在社会中的结构和功能》一文中提出的关于新闻传播的三个社会功能的经典论述：环境监测；使社会各个不同部分相关联以适应环境；使社会遗产代代相传。1957年，社会学家查尔斯·赖特在《大众传播：功能的探讨》中，增加了新闻传播的第四个功能——娱乐。列宁在对政党报刊的论述中强调新闻传播的社会功能是政治性的宣传、鼓动、组织、社会监督。我国学者对新闻传播的社会功能的研究较多集中在新闻传播的传播新闻信息、引导舆论、服务社会、教育公众、提供娱乐、刊登广告上。

第三节　口头新闻时代

在文字产生之前，人类交流和信息传播的主要方式是口耳相传。人类社会早期的文化成果依赖口头传播的方式传播和保持下来，例如各种史诗和神话传说。同时，为了弥补口头传播的不足，图画、手势等其他传播方式也出现了。

一、人类社会语言的形成

语言的起源有神授说、人创说和劳动创造说。天主教和基督教，印度的婆罗门教都以为语言是神传授给人类的。人创说认为，语言是人类模仿自然界的声音；对手语、感叹的系统化；或者源于人类对事物发音的共同指定。劳动创造说则认为，人类思维和生理条件发展到一定程度后，在社会生产劳动的需要中产生了语言。恩格斯说："语言是从劳动中并和劳动一起产生的。"

语言就广义而言，是以共同认可的规则来进行表达沟通的指令，这些指令以视觉、声音、触觉来表意。严格来说，语言是指人类社会进行表达沟通所使用的自然语言。语言的目的是传递信息、交流意见、思想等。现在世界上查明的有5651种语言。人们使用语言的方式主要有两种，肢体行为和符号。肢体行为包括口语、手势和表情，其中口语是人类使用行为进行语言交流的最主要的方式（图1-3）。人类使用符号交流最主要的方式是文字。

图 1-3　腊玛古猿

二、口头新闻传播

在口头新闻时代，主要原始社会和奴隶社会初期，人类语言的产生直到文字的出现，嘴巴是主要的传播工具，新闻传播的主要途径是口耳相传。

公元前 490 年 5 月，波斯帝国重兵侵犯希腊城邦，在雅典东北部的马拉松平原登陆。希腊人奋起抗击，以弱敌强，终于取得了辉煌的胜利。士兵菲迪皮茨奉命从 40 公里外的马拉松战场以最快的速度不停地跑回雅典，向聚集在中央广场的人群激动地宣布："我们胜利了，雅典得救了"，一报道完这一重大消息他就牺牲了。这是历史上最著名的口头新闻传播的案例。

三、口头传播的补充形态

口耳相传距离有限，广度受到限制，这使得新闻传播的范围一般限制在一个相当小的范围内。而且，在当时的技术条件下，传播内容无法保存，经过逐个人的传递，信息容易变形。因此，除了口头传播之外，人类社会也出现了其他补充的传播形态。结绳纪事、击鼓传讯、烽火报警、实物表意、图画传声等传播形式在今天仍有应用。

《易·系辞下》云："上古结绳而治，后世圣人易之以书契。"可见，结绳记事是文字发明之前的一种重要传播手段。印加古国设有专职的结绳官，发明出一套复杂的结绳记事密码，记载军国大事，同时负责向人们宣布和解释有关信息。

中国古代修筑的烽火台采用烽火传书的方法，快速传递边关信息，烽火是敌寇犯边时的紧急军事报警信号。西周时周幽王，为美人褒姒一笑，点燃了防备犬戎侵扰的烽火台，引各路诸侯救驾。这就是著名的"烽火戏诸侯"。

图画和实物表意也是常见的一种新闻传播形式。下列图像所表达的喜怒哀乐一目了然（图1-4）。红绿灯、玫瑰花传达的信号也众所周知。

图1-4 emoji图像

时至今日，这些传播形式依然存在，并且作为一定时代主导性传播媒介的重要补充。这是在观察近现代新闻传播时不能忽略的。

第四节 手术新闻时代

当文字和书写载体在人类社会普及开来时，人类进入了文明社会。这一时期，手书新闻代替了口头传播，成为信息流传的主要方式，东西方开始建设也传递信息的邮路系统。但由于经济发展水平和政治因素的制约，文字、书籍还只是少数人的特权。

一、文字的发明与书写材料的发展

文字的出现是人类文明社会的标志。早在旧石器时期，欧洲的法国、意大利、罗马尼亚、葡萄牙、阿尔卑斯山区、斯堪的纳维亚等地区和亚洲的中国、印度就已经出现了岩画、器皿上的图画等表意符号。迄今发现的最早的文字出现于公元前3500多年美索不达米亚。文字代替嘴巴成为主要传播手段后，人类社会就进入了手书新闻传播时代。

文字的载体多种多样，在纸张发明以前已有纸草、羊皮纸、龟甲（图1-5）、青铜、丝帛和简牍等。东汉蔡伦改进造纸术，廉价的纸张成为人类基本的书写材料。从而扩大了手书新闻的影响，将人类推进了手书新闻时代。

图1-5 龟甲上的文字

二、古代欧洲的手书新闻

古代罗马幅员辽阔，要治理辽阔的领土，使得政令通达，有效的新闻传播是必不可少的。古罗马的新闻信息传播系统主要包括公报、官方文书、新闻信和题铭等。这些新闻传播物通过四通八达的交通驿站系统，送往古罗马各地。

古罗马的新闻信息传播中最具代表性的是古罗马元老院发行的公告式手抄官方公报《每日纪闻》（Acta Diurna）。公元前59年，罗马共和国执政官尤利乌斯·恺撒发布了一条命令："嗣后元老院工作的报告，务须每日写出公布之。"这种书写在罗马议事厅外一块特制木板上的公报在当时被称作"阿尔布（Album）"，后世称之为《每日纪闻》，被看作西方报纸的源头①和世界上最早的定期手写新闻。

这块公告板每天刊登元老院和罗马共和国所发生的重大事件，以政治新闻为主，是罗马贵族派与民主派斗争中，恺撒争取舆论支持的重要工具，因为"会议记录的发表，迫使议员们讲话时心中要有会场外的公众"②。

公元前44年，尤利乌斯·恺撒遇刺身亡，《每日纪闻》报道了此事，随之停止刊布。公元前6年，罗马帝国的奥古斯都屋大维，恢复了刊布《每日纪

---

① 赵鼎生. 西方报纸编辑学 [M]. 北京：中国人民大学出版社，2002：16.
② GREENIDGE A H J. Legal Procedure of Cicero's Time [M]. Oxford：1901：476.

闻》,在已知文献中最后一次提到《每日纪闻》是在公元222年①。这时的《每日纪闻》不再局限于刊载元老院的会议记录,还登载帝国政令、战况、司法消息、税收、宗教祭祀、贵族婚丧嫁娶以及一些以趣闻轶事和煽情故事为主的社会新闻。罗马作家老普林尼在其著作中就提到公元47年的一期《每日纪闻》报道罗马正在展示一只凤凰②。在新闻体裁上,不同的新闻采用不同的体裁:"对于民刑二庭新闻很注意,选举消息要制成特写,皇族的行动则忠实笔录。"③《每日纪闻》还由书记员抄写多份,定期发送给罗马帝国各地首长和要员,阅读人群和传播范围随着罗马帝国版图的扩张越来越大。

新闻信是除《每日纪闻》外,古罗马人普遍应用的一种新闻传播媒介。早在公元前500年,新闻信就在罗马社会上层的官僚和贵族中间流行。新闻信既有官方传递政令、军情的信件,也有私人交换信息,谈论意见的私人新闻信。不过,新闻信的公、私区别并不明显,往往是同一封信中公私信息混杂。如公元前47年凯撒由埃及进军叙利亚,写给罗马元老院的那封千古传颂的著名新闻信,"veni, vidi, vici"(我到、我见、我胜)④。相较而言,私人新闻信的内容更丰富多样。"公元前44年的一个下午,屋大维的母亲家里的一名被释奴隶给阿波罗尼这里的屋大维送来了一封信。这封信带来了一个内容十分重要的消息。写信的日期是3月15日,这封信告诉他,就在同一天,优利乌斯·恺撒在元老院的议事堂被杀害了。"⑤

罗马著名作家小普林尼的成名作《通信集》中包括书信三百多封,记述了古罗马的重大事件和社会生活情况。公元79年8月24日,亚平宁半岛的维苏威火山突然喷发,吞没了庞贝城。小普林尼在写给塔西陀的信中,描绘了维苏威火山大爆发的详细过程。

古罗马帝国横跨欧亚非,幅员辽阔,要治理如此广阔的国土,需要信息的顺畅通达,这就不能不谈到古罗马便捷的交通和驿站系统。陈鸿彝先生在《中

---

① STEPHENS M. A History of News [M]. San Diego: Harcourt Brace College Publishers, 1997: 25.

② STEPHENS M. A History of News [M]. San Diego: Harcourt Brace College Publishers, 1997: 26.

③ 郑兴东,陈仁风. 中外报纸编辑参考资料 [M]. 北京:中国人民大学出版社,1987: 188.

④ 特威兹穆. 奥古斯都 [M]. 郑远涛,译. 北京:中国社会科学出版社,1988: 520.

⑤ 特威兹穆. 奥古斯都 [M]. 郑远涛,译. 北京:中国社会科学出版社,1988: 28.

华交通史话》一书中写道："交通，说到底，就是人员、物资与信息的交换与流通。"① 古代罗马帝国的交通系统包括形态各异，数量繁多的道路、桥梁、车船、驿站等。公元前20年，罗马广场的北端就树立着一个镀金青铜的路标，上面刻着罗马帝国各主要城市以及它们同罗马的距离。这个路标就是"条条大路通罗马"的由来。此外，古罗马帝国的每个行省也都建有属于本地的道路网。它们与帝国的公路一起，构成了辐射全帝国的四通八达的道路交通系统。到公元2世纪，古罗马帝国境内的正式道路有372条，总长度达到8万公里。从奥古斯都时代开始，古罗马帝国为保证公报、文书、急报和公私信件等信息的及时传递，仿照波斯建立了一整套接力式的驿站邮递系统，平均每五到十里就设有一个驿站。"后来的情况略有改变，一般派信使全程传递，并且以口头语言来补充书面意思的不足。"②

西罗马帝国灭亡后，由于庄园制经济盛行和教会对思想的严格控制，欧洲中世纪的新闻信息传播活动急剧衰退。自给自足自治的庄园制经济既无须经济、政治、社会信息的大规模流动，也限制了人口、物资、资金的自由流通，自由的、大规模的新闻传播活动也就失去了行动的基础。

三、古代中国的手书新闻

对于中国古代报纸起源的时间，学界众说纷纭，有"周代说""战国说""汉代说""东晋说""唐代说""宋代说"等③。戈公振的《中国报学史》以汉代"邸报"的出现作为我国"官报独占时期"的开端④。

方汉奇则认为唐代"进奏院状"是中国报纸的雏形："我的看法是，唐朝已经有邸报，新发现的这份"进奏院状"，就是当时的邸报。"⑤"这种报状虽然还残留有某些官文书的痕迹，但已不同于官文书，反映了官文书向早期官报转化的历史痕迹。从某种意义上来说，它十分接近于16世纪诞生于欧洲的新闻信。"⑥ 唐代"进奏院状"不同于官文书，是具有"新闻信"色彩的原始官报。

---

① 陈鸿彝. 中华交通史话 [M]. 北京：中华书局，1992：44.
② GREENIDGE A H J. Legal Procedure of Cicero's Time [M]. Oxford. 1991：105.
③ 方汉奇. 中国报纸始于唐代考 [J]. 报学，1991 (4) (5).
④ 戈公振. 中国报学史 [M]. 北京：生活·读书·新知三联书店，1955：24.
⑤ 方汉奇. 从不列颠图书馆藏唐归义军"进奏院状"看中国古代的报纸 [M] //方汉奇. 报史与报人. 北京：新华出版社，1991：62.
⑥ 方汉奇. 中国报纸始于唐代考 [J]. 报学，1991 (4) (5).

方汉奇的主要依据有三点：唐朝"进奏院状"带有某种上行公文的色彩，但并不等同于一般公文。首先，它所提供给藩镇的不是通常的官样文章，而是最新的信息和情报。其次，它和朝廷颁发下行的那些诏令、制书、文牒、印启、官诰也有所不同。再次，进奏院状报所提供的官方信息，往往比正式公文早①。这一观点得到了新闻学界的普遍接受。现存的唐代进奏院状由英国考古学家斯坦因和法国汉学家伯希在敦煌藏经洞发现，现收藏于英国伦敦不列颠图书馆和法国巴黎国立图书馆。

北宋时期，宋太祖为了加强中央集权，将唐朝时由地方节度使掌握的进奏院收归中央所有，并设立都进奏官和进奏官，负责中央和地方各道信息，主要是政治信息的收集整理。这些信息每旬编辑成册，送到官员们手中。《宋会要辑稿》中记载："国朝置进奏院于京师，而诸路州郡各有进奏吏，凡朝廷已行之命令，已定之差除，皆已达于四方，谓之邸报。"苏轼被贬黄州任团练使时在给王元直的信中写道："黄州真在井底，杳不闻乡土信息，……每见一邸报，须数人下狱得罪。"可见邸报的受众覆盖所有官员。与此同时，北宋民间也开始出现名为"小报"的民间报纸。这些小报与朝廷邸报一样，都以刊载朝廷政事为主要内容。

英宗治平三年（公元 1066 年）闰十一月，监察御史张戬奏言："窃闻近日有奸佞小人，肆毁时政，摇动众情，传惑天下，至有矫撰敕文，印卖都市。迄下开封府严行根捉意、雕、卖之人行遣。"

——《宋会要辑稿》

绍熙四年十月四日臣僚言："近年有所谓小报者，或是朝廷未报之事，或是官员陈气未曾实行之事。……访问有一使臣及合门院子（按：衙门杂役）专以探报此等事为生。或得之于省院之泄露，或得之于街市之剿闻，又或意见之撰选，日书一纸。"

——《宋会要辑稿·刑法二下》

从以上两段文字中我们可以发现：宋代小报的内容以时政为主；其影响力巨大，有时甚至比官方文书还得人信任；有专业的消息收集人员；小报已经开始雕版印刷；小报是公开贩卖的，而不是像官报那样免费发放；小报繁盛时，定期、每日出版。可以说，宋代小报已经十分成熟，具有了现代报刊的某些特征。

---

① 方汉奇. 中国报纸始于唐代考［J］. 报学，1991（4）（5）.

明清的邸报也被称为邸抄、阁抄、科抄、京抄、朝报或京报。明朝的官报由通政司负责传发,清朝的官报由通政司和提塘官负责传发。清朝末年,通过官书局等单位,创办了一批近代化的政府官报。清朝,则有专门的提塘报房。发行渠道则为:通政使司(收受)——六科(发抄)——提塘(抄传发行),小报小抄明面上是被禁止发行的。但在雍正中期,管制已是松了许多。许多小报开始在暗中流行。16世纪中叶以后,明朝政府允许民间自设报房,在封建政府的监督下,编选一部分从内阁有关部门抄来的邸报的稿件公开发售。这一类报房大多设在北京。它们所发行的报纸,通称"京报"(图1-6)。

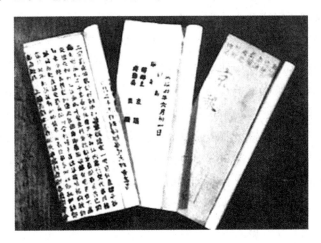

图1-6 《京报》

在印制上,明朝邸报仍然是雕版印刷,清初顾炎武说:"忆昔时'邸报',至崇祯十一年(1638年)才有活版。"到清代的《京报》就多用活字印刷了。清袁栋在《书隐丛说》一书中说:"近日邸报往往用活字版配印,以便屡印屡换,乃出于不得已,即有讹谬,可以情恕也。"可见,当时的《京报》多用活字印刷,但因为是木活字,所以往往字体歪斜、墨色淹浸,需要多次替换印版,再加上为了抢时间,校对不仔细,错别字较多。但是因为《京报》的内容新颖,所以销路还不错,印数大多会超过一万份。到光绪二十三年(1897年)《京报》出版到第6077期。而后,随着西方现代印刷技术传入中国,《京报》改用铅活字印刷。

四、文艺复兴时期的手抄新闻书

直到公元15—16世纪,欧洲的新闻传播事业才重新迎来了新的发展契机。

与自给自足，信息的产出和需求都很有限的小农不同的是，商人的生产必须要得到准确及时的原材料、运输、道路、销售，甚至相关的政治信息，并同时也生产出大量的贸易交换信息，传递各地的社会消息。现代报刊正是伴随着商业贸易，尤其是资本主义早期的这种信息与人、物资的自由、大规模流动而产生的。在欧洲，商人由于所处的社会的多样性，从一开始就拥有相当大的自治权；而且，这种自治权随着时间的推移而不断增长。这保证了商人和商品交换所需要的信息流通可以自由进行。

中世纪时期的欧洲分裂成多个国家，并因封建制度、采邑制度和教会这三种制度，而构成了多样性的社会。相互斗争的封建君主和贵族取代了统一的大帝国，独立经营的自治采邑取代了罗马时期的奴隶种植园，强大的教会独立统治神权，甚至侵犯俗权。这种社会的多元化给予了商人自由活动的空间。1400年后，欧洲从粮食歉收与黑死病的灾难中恢复过来，人口开始增长，经济开始复苏，这都促进了商业和城市的发展。在地中海沿岸，威尼斯、那不勒斯这样的城市在奥斯曼帝国的铁锁前转而发展海洋商业贸易。虽然在贸易量和人口上远远比不上中国的汴梁、杭州、泉州，但他们通常都从国王那里获得了皇家特许状，拥有自治领地位，享有不断增长的自治权。这给那里的商人带来了相对独立的政治地位，甚至获取政治权力。这意味着政权更加重视并支持商人利益，帮助他们进行更顺畅，更大规模的商业和信息交换。因而，15世纪，地中海沿岸威尼斯、罗马等城邦先后出现了"搜集消息的机构"。"威尼斯城居地中海贸易中心，与地中海沿岸诸港及德国商业都市联络频仍，成为集中世界各地新闻的都市。"①

16世纪中叶，在地中海北岸的威尼斯城颇为流行的威尼斯小报（Venice Gazette）对世界新闻事业的发源有过重要的影响。法国学者阿尔贝等人所著的《世界新闻简史》在谈到报纸起源时有一段是专讲意大利的："手抄新闻……'新闻传播者'（意大利人称 menanti）组织起来，为王公贵族或者商人定期提供手抄新闻稿。当时，人们往往把这类手抄新闻称为'威尼斯札'，因为当时意大利的威尼斯既是重要的商业中心，也是这些新闻稿的主要集散地，手抄新闻稿曾经流传到整个欧洲。到16世纪，手抄新闻业获得了长足的进展。"② 我国台

---

① 小野秀雄. 内外新闻史 [M]. 陈固亭，译. 台北：正中书局，1979：3.
② 彼·阿尔贝，弗·泰鲁. 世界新闻简史 [M]. 许崇山，译. 北京：中国新闻出版社，1985：5.

湾新闻史学者李瞻在所著《世界新闻史》中写道："威尼斯手抄新闻（Notizie Scritte）发行于 1566 年。这是一种正式的单张新闻纸。最初这种新闻纸张贴于公共场所，凡阅读者须付一枚小的铜圆，叫作'Gazzetta'。以后这个名词即当做报纸的名称，故威尼斯'手抄新闻'在有些英文书籍中，亦称威尼斯公报（Venice Gazette）。"① 1990 年出版的《中国大百科全书·新闻出版卷》的"报纸"条目认同这一说法："随着社会对新闻需求量日益增长，以及资本主义生产力的发展，……促使定期印刷报纸产生。最早的印刷报纸，是 1566 年在意大利单张印刷出版的《威尼斯公报》，因每份售价为威尼斯一枚硬币'格塞塔'（Gazetta），以致这个词后来成为西欧'报纸'的同义词。"② 《新闻学大辞典》在"报纸"条目下同样写道："1566 年，由于订数增多和对新闻信息需求的增加，原先手抄的《威尼斯新闻》改为单页印刷出版，成为最早的印刷报纸。"③

《苏联大百科全书》的"报纸"条目进一步指出，那一时期，威尼斯已经出现了职业新闻写作者：16 世纪威尼斯开始建立了采集信息的机构，出现了新闻写作者的职业。这些人编写有关法庭、城市动态、以及贸易的手抄新闻通报（Рукописные сводки сообщений）。这种手抄新闻通报通常每份一个铜币，于是铜币名称"gazzetta"就成了报纸这个词的本源。

《不列颠百科全书》则认为报纸的先驱还有另一个来源：在"报纸出版"词条中"报纸的先驱者"中，《不列颠百科全书》写道：报纸的另一种先驱者是印刷出版的新闻书或新闻传单（Printed news book or news pamphlet），其中有1513 年在英国、1566 年在斯特拉斯堡、巴塞尔出现的这类出版物；但是这一段落内并无一字提到威尼斯小报。这本百科全书认为最早的真正意义上的报纸，出现在 1605—1610 年间，其中最早的要算安特卫普的 Nieuwe Tijdinghen。

这一时期，gazzetta 被称为威尼斯公报、威尼斯小报。这是一种手抄新闻书、手写新闻纸、或者手抄新闻通报。

从文字出现到 15、16 世纪，手书新闻主要面向社会少数的上层分子，到 12 世纪前都是免费的。12 世纪以后，只有当它逐渐成为一种商品，读者才不受到政治身份的限制，社会需求扩大，新闻工作者才成为一种固定的职业。

① 李瞻. 世界新闻史［M］. 台北：三民书局，1985：4.
② 中国大百科全书出版社编辑部. 中国大百科全书·新闻出版卷［M］. 北京：中国大百科全书出版社，1992：25.
③ 甘惜分. 新闻学大辞典［M］. 郑州：河南人民出版社，1993：65.

第二章

现代新闻传播业的萌芽

在大航海和文艺复兴时代，工商业的兴盛也伴随着人们对于信息自由流通的渴求。这一时期，大量的航路消息、金融信息、政治军事情报、艺术文学在商人、贵族、教会、平民之间迅速流传。满足这种信息流通需求的现代新闻传播物在欧洲大陆应运而生，进而被殖民者带往各殖民地。

第一节　现代新闻传播业出现的条件

现代新闻传播业产生于欧洲大陆，并在 17 世纪以后的殖民浪潮中完成了全球化进程。

一、什么是现代新闻传播物

世界上最早的印刷品大多用于宗教事务，没有明显的新闻性质。如中国的金刚经、欧洲的圣经。即使是威尼斯小报和宋代邸报与小报，也主要是手抄或少量的雕版印刷。手抄威尼斯小报的内容、版面和出版时间都不确定。宋代邸报和小报都以朝廷政事为主，很少出现社会新闻。直到清朝，中国的报纸都还是书册的形式。这些古代报纸发行量少，读者人群有限，发行人群多有身份限制，在社会上没有太大影响力。

那么，什么样的报纸才能称得上是现代报刊呢？

中国使用的"现代"概念源于日本对西方书籍的翻译，而在西方使用的"modern"一词包含了我国所说的近代与现代两个时期。文艺复兴以来，欧洲学者就将 1453 年君士坦丁堡陷落之后的历史称之为现代史。而我国将 1840 年鸦片战争作为近代史的开端，从 1919 年五四运动到 1949 年中华人民共和国成立则为现代史（也有研究将中华人民共和国建立视作现代史的起点）。

现代报刊的出现经过了三个阶段：

1. 15 世纪中叶，德国的约翰内斯·古登堡发明了使用铅活字的印刷机和印刷油墨，这是现代印刷术的出现。古登堡用这种机械印刷了著名的《古登堡经》。以此为基础，欧洲在大航海、文艺复兴的推动下，普遍使用这种印刷技术，完成了现代报刊起源的第一阶段。

2. 16 世纪，西班牙、葡萄牙、荷兰等国在向全球殖民和贸易的过程中，将古登堡印刷术和公报式的印刷品传向世界，这是现代报刊发展的第二阶段。

3. 17 世纪以后，英国取代西班牙的海上马车夫地位，在世界各地开展殖民活动，其商人和传教士也将报刊带到了世界各地。正如哈贝马斯（Juergrn Habermas）所说："只有当信息定期公开发送，也就是说能为大众所知晓的前提下，才有真正意义上的新闻可言。"① 此时，报刊才初具影响力。18—19 世纪，现代报刊这才完成了其全球化的传播过程。这就是现代报刊发展的第三阶段。

二、现代新闻出版业萌芽的社会条件

1. 商品经济的大发展刺激了欧洲社会对信息的需求

15 世纪，大航海和地理大发现极大地促进了欧洲商品贸易的繁盛，大量来自东方和新大陆的商品和黄金使得欧洲从重农走向重商，日渐畅通的商路连接了整个欧洲大陆，越来越多的人口涌入城市，新的城镇开始形成。当时不仅有传统的威尼斯、佛罗伦萨等商业城邦，意大利北部和德意志地区作为连接南北欧贸易的枢纽，也出现了许多重要的商业城市。奥格斯堡的商人资助了西班牙和葡萄牙水手的航行，新大陆和意大利的消息在此流传。维也纳是巴尔干地区的信息中心，科隆是西欧、佛兰德、法国、英国和西班牙的消息集散地。港口城市汉堡、吕贝克和但泽则已经成为斯堪的纳维亚地区的重要信息中心。

商品经济不但要求资金、物资和人口的自由流动，也渴望信息的自由流通。城市不仅是政治、经济、军事中心，也是商品集散地和信息的生产、流通的中心。人们在收集经济金融、军事、航路信息的同时，也分享来自海外的奇闻逸事。

2. 古登堡印刷术的普及让报刊的批量印刷成为可能

古登堡欧式金属活字印刷机于 1455 年问世。1468 年古登堡辞世时，整个德意志地区有了 12 家印刷坊。15 世纪 70 年代，法国、荷兰、芬兰、西班牙、英

---

① 哈贝马斯. 公共领域的结构转型［M］. 曹卫东，译. 上海：学林出版社，1999：16.

国都有了自己的印刷工坊。

3. 通达四方的邮路降低了信息传递成本

中世纪的欧洲，古罗马帝国的驿路系统早已被破坏殆尽，邮驿只供政府专用，私人信件多依靠商人捎带或专人递送，但是由于关卡林立，邮费十分高昂。据记载，16 世纪初，一封从纽伦堡到威尼斯的简短信件的邮资需要一位普通佣工为之工作两年，尽管这封信只需 4 天就可以到达目的地。一般的家庭几乎无力承担信息传递的费用。直到 17 世纪，英、法等国把政府专用和民间经营的邮递组织结合起来，创立了国家专营的邮政事业，这种高邮资的状况才得以改观，也为早期报纸创立打开了方便之门。邮局成为各地消息的汇集之地，邮政机构的人员抄写整理消息并加以出售是一笔获利甚丰的生意。所以一些早期报纸由邮局工作人员所创办，甚至冠以某某邮报的名称。

邮政系统的不断发展显著降低了信息运送的成本，缩短了信息流通的周期，为定期出版物的出现提供了发展条件。

第二节　早期报刊的出现

1605 年，世界上第一份真正意义上的现代报刊出现于德国古腾堡。很快，这种专业的新闻信息载体就在德国、荷兰、英国、北美殖民地、沙皇俄国广泛传播开来。

一、欧洲的早期报刊

一般认为，世界上第一份机械化印刷报纸是 17 世纪初出现的欧洲国家报纸。如荷兰的安特卫普的《新闻报》（*Nieuwe Tijdinghen* 1609 年）、德国的《通告报》（*Relationoder Zeitung* 1609 年）、英国的《每周新闻》（其全名为《来自意大利、德意志、匈牙利、波希米亚、莱茵河西岸地区、法兰西与荷兰的每周新闻》1621 年），以及法国的《报纸》（La Gazette 1631 年）。

但德国古腾堡印刷博物馆发现了一份 1605 年印刷的请求书，证实了世界上最早的现代报纸在 1605 年以前就已经出现。1605 年，世界上有了第一份真正意义上的近代报纸《通告：所有新奇及值得深思的故事》（*Relation aller Fuernemmen und gedenckwuerdigen Historien*）。

在其创办者约翰·卡洛勒斯写给施特拉斯堡议会的办报申请书里写着：

在前几年的时间里，我获准向尊贵的先生们每周出售手抄消息……花重金从印刷商托比亚·尤宾那儿购买了印刷设备……手抄工作缓慢……为了更好地为尊贵的先生们服务，请允许我享有出售机印报纸的权利……《通告》每周出版一次。

约翰·卡洛勒斯本以手抄新闻谋生，随着商品经济对信息的需求日渐增长，手抄新闻书供不应求，因此 1605 年卡洛勒斯购买了一个印刷设备，开始用印刷机印刷报纸。

二、北美殖民地的早期报刊

北美地区的报纸产生于 17 世纪末 18 世纪初。1690 年 9 月 25 日，北美殖民地时期的第一份英文报纸《公共事件：国外与国内》（*Public Occurrences，Both foreign and Domestick*）在波士顿出版。这份报纸只有四页，前三页是新闻信息，第四页是空白，专门留给人们给朋友写信。该报在出版四天之后就因没有特许出版证被殖民地当局关闭。直到 1704 年 4 月 24 日，波士顿邮局局长约翰·坎贝尔（*John Campbell*）创办了定期刊物《新闻信》（*News - Letter*）。该报刊头版中明确申明，该报已获得官方许可。《新闻报》只有两页，正反印刷，每周一期。报纸的内容并不是记者亲自采写的，而是直接摘抄自伦敦的报纸。当时从伦敦到波士顿的航行需要大约两个月的时间，所以报纸所登载的内容较为滞后。报纸的内容主要是英国政治，欧洲的战事，以及一些简短的消息，如轮船到港、讣告、事故、以及少量的广告。

北美殖民地时期的报纸多为周报，版数一般是四页，每页两到三个栏目。此时报纸的经营者都是印刷商，同时还负责信件邮递、卖杂货等。这一时期的报纸并不专门采写新闻消息，而是摘抄或听说多少消息就登载多少消息，所以并不是每期都有新闻消息。1750 年 1 月 2 日，本杰明·富兰克林在他的《宾夕法利亚公报》（Pennsylvania Gazette）上刊登了这样一则消息：

波士顿，12 月 4 日（Boston，December 4.）

星期六：尊贵的克莱上尉经历了非常单调和危险的航行从伦敦，从瓦尔因亚德到达这里。我们没有能够从他那儿得到任何值得关注的消息。

（Pennsylvania Gazette，Jan. 2，1749—1750）

17 世纪初到 18 世纪，世界近代报业经历了一个从无到有，从简单到复杂，从幼稚到成熟的发展过程。首先，报刊从一般的印刷出版物中分离出来，同书籍区别开来，形成了一门独立的以报道新闻评论实事为主要业务的行业。其次，在报业中又开始了分流，形成了报纸和期刊两个分支。书籍、期刊、报纸分工的明细化，标志着近代报业达到了一个比较成熟的阶段。

第三节　集权主义新闻理论

福柯认为权力和知识是不可分离的，"权力的行使不断地创造知识，而反过来，知识也带来了权力"①。所有的掌权者都希望掌控知识以垄断权力。故而，自新闻传播产生之初，权力者就企图垄断这种活动，进而垄断新闻传播活动传播的信息和知识。

集权主义理论认为，人类只有在作为社会一员的时候，才能发挥其潜力。国家是人类充分发展的基本要素。作为集体组织的最高形式，"国家有权决定它的目的和实现这些目的的方法"。

报纸作为一种通信工具，使用报纸被视为政府的一项垄断的权利。报纸的报道和言论必须支持和促进政府的政策和政治的安定。新闻传播只有服从于社会统一的价值观念，才能成为一种建设性力量。为了保证人们循规蹈矩，政府必须采用严刑峻法，并从行政上实施严格的控制。

一、《理想国》与《韩非子》

古希腊哲学家柏拉图的代表作《理想国》以哲学家苏格拉底和派拉麦克的哲学对话讨论了国家的道德、管理、教育、艺术等，共10卷。在这对话中，柏拉图描画了一个理想国的蓝图——"美好城邦"（kallipolis）。在《理想国》一书中，柏拉图先后两次借苏格拉底之口，批评了当时社会管理和教育的重要途径：诗歌。苏格拉底先是指出诗人的弊病，提出国家应该对诗歌进行审查，随后批评诗歌只是模仿者，不能抓住真理，并逢迎人性中低劣的部分，妨碍理性，甚至宣布要将诗人驱逐出理想国。"理性使我们不得不驱逐她。"这是为什么呢？

诗歌在古希腊城邦的管理和社会教育中扮演了极其重要的角色。希腊城邦在向神明献祭、祈祷的过程中产生了戏剧和诗歌，尤其是希波战争后，民主政

---

① 米歇尔·福柯. 福柯集［M］. 杜小真，译. 上海：上海远东出版社，2003：280.

治的活跃为戏剧、诗歌创作提供了自由空间。这些诗歌被游吟诗人广为传唱。荷马的《伊利亚特》(Iliad) 和《奥德赛》(Odyssey) 记述了特洛伊战争的神话传说、颂扬了英雄的伦理道德观。赫西俄德的《神谱》(Theogony) 描述了世界起源和希腊众神、英雄的谱系。图 2－1 为希腊瓶画上的奥林匹斯众神。

图 2－1　希腊瓶画上的奥林匹斯众神

古希腊的知识、价值观、道德、法规等主要以诗歌的形式保存并流传，诗歌发挥着公民教化的职能。但在诗歌中，神人一体，不论是神还是英雄，都有着普通人的喜怒哀乐、自私、欲望和妄行。在柏拉图看来，神和英雄的这些缺点的传唱不利于培养公民的勇敢、节制、理性，不应该出现在诗歌中。"绝不该让年轻人听到诸神之间明争暗斗的事情（因为这不是真的）并让儿童最初听得的必须是高尚的故事。倘若将描绘诸神斗争的故事和性格丑恶的故事流传出去，必然会让社会上大部分无法明辨是非的年轻人受到蛊惑而做出违反道德的事情，没有一个近乎完美的道德标杆，理想王国的良好政治风气也无法构建。"因而，在理想国中，国家建立并实施政治目标和文化目标的一致，这意味着对意见和讨论的严格控制。在国家分工中，政治权力应当完全集中于哲学王，护国者（军人）在哲学王的领导下保护国家，普通人则生产、纳税。哲学王应当利用一种严格的文化规范来调整公民的生活，凡是与他主张不合的各种艺术和思想，都加以禁止。

无独有偶，古代中国也有集权国家管控、垄断思想的主张。在《五蠹》中韩非子指出："儒以文乱法，侠以武犯禁。"所以，"言行而不轨于法令者必禁"，"太上禁其心，其次禁其言，再次禁其事"。意思是，儒家用文献文章扰乱人心，侠客依仗武力触犯禁令。故而，不符合法令的言行必须被禁止。统治国家最首要的是禁止不轨的思想，其次是禁止不轨言论的发表，最后才是禁止不轨的行为。与柏拉图一样，韩非子也主张思想和言论应该集中于国君的手中，"事在四方，要在中央；圣人执要，四方来效"①。

二、马基雅维利

尼科洛·马基雅维利（Niccolò Machiavelli 1469—1527）是意大利佛罗伦萨的政治家、外交家、思想家。1498 年，曾出任佛罗伦萨共和国第二国务厅的长官，兼任共和国执政委员会秘书，负责外交和国防。其代表作包括《君主论》《论提图斯·李维著〔罗马史〕前十卷》《佛罗伦萨史》《战争的艺术》等。图2－2 为马基雅维利的遗物。

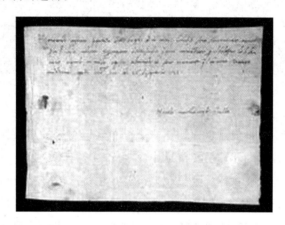

图 2－2　马基雅维利的遗物

中世纪时期，意大利四分五裂，邦国林立，到 16 世纪早期，意大利大部分地区处于哈布斯堡王朝统治下。马基雅维利主张结束意大利的政治分裂状态，建立强大的中央集权国家，其主要观点体现在《君主论》中。

1. 政治是为本国国家利益服务的。他认为：政治的目的就是要保持并增加国家的政治权力，而这一目标能否成功，乃是衡量评判政治家成败的标准。每一个人都必须把他对国家的义务置于所有其他义务和一切考虑之上。对一个政治家来说，首要的义务就是国家的安危，为此要勇于做出必要的决策，决策的道德评价并不重要。如果有利于增进国家利益，手段是否公正、人道甚至残忍，光荣还是耻辱，都可置之不顾。

---

① 韩非. 韩非子·物权 ［M］. 太原：山西古籍出版社，2003.

2. 国家政治制度的存在价值首先在于其存在本身。国家政权存在的基础不是道德，不是民意（公意），其存在的现实性就是合理性。他的名言是："专制是一种强烈的政治药剂，含有毒素，但有时不得不用。"在一般状况的社会中，共和国这种政体是最好的，而且也是唯一应当的政体。但是如果是为了创建一个新国家；或者为了改造一个腐败的国家，那么专制政治就是必需的了。

3. 他推崇罗马的独裁——"狄克推多制"，认为这就是罗马共和宪法的最主要的成功因素之一，它使得权力得以集中，成就了罗马帝国的霸权。马基雅维利认为，政治家必须掌握统治的艺术。在国家立法中，宪法必须具有弹性，一个国家必须允许在国家危急时，设置一个能应付紧急状态从而行使绝对权力的首脑。这是因为，共和国要在政治行动中协调多方意见，所以决策难免柔弱迟缓。所以在国家面临危急时应当让最高权力者便宜行事，快捷而有效的行动，甚至可以不顾宪法而采取。

4. 马基雅维利劝告君王要赢得民众的支持，这样就可以消除一些难以避免的祸根。人民有屈从权力的天性，君主需要的是残酷，而不是爱。人应当在野兽中选择狮子和狐狸，像狮子那样残忍，像狐狸那样狡诈。君主不妨对行恶习以为常，不要因为残酷的行为受人指责而烦恼；"慈悲心是危险的，人类爱足以灭国"。马基雅维利有句名言："只要目的正确，可以不择手段。"

三、专制政府控制新闻传播业的手段

1. 知识税和津贴制度

知识税最早出现在英国。政府通过对报刊征收高额税赋，既可提高新闻出版业的成本，使新闻出版商利润减少，甚至无利可图，进而自动关门，或者破产，又可以增加政府收入，缓解财政困难，支持对外战争，可谓一举两得。

1712 年 5 月 22 日，英国第一个印花税法案在国会通过，规定所有报刊一律征收印花税，同时对报刊使用的纸张征收纸张税，刊登广告的征收广告税，这三税合称"知识税"（Tax on Knowledge）。各税的税率是：半张或小于半张者，每份付税半个便士；半张以上，不超过一张者每份付税一便士；报纸和小册子超过 1 张（4 页）而不及 6 张者，每期每张付税 2 先令；超过 6 张的书籍、税单、报表等均可免税。广告每项付税 12 便士，纸张每吨征税 1 先令至 16 先令，本国纸张每吨自 4 便士至 1 先令 6 便士不等。法案还规定了"违法者"必须受到的各种严厉制裁措施。知识税严重打击了正处于幼年的英国资产阶级新闻出版业。该法案出台不到半年，伦敦的报纸就停刊一半有多。

　　法国政府也于 1797 年制定了出版物印花税法，并同时给予一些拥护政府的报刊以大量的津贴。

　　2. 诽谤罪

　　17 世纪的诽谤法规定，出版与发行侵犯王室和国会特权，反对政府的政策或官员的文章即构成煽动诽谤罪。诽谤罪成立的判定原则是对他人名誉造成损失。

　　诽谤罪的典型案例是富兰克林案。1728 年，印刷商理查德·富兰克林因出版抨击英国、法国和西班牙和约的小册子而遭到逮捕和起诉。法庭依据印刷出版小册子这一事实而不是小册子内容的真伪，裁定他煽动诽谤罪成立，判决罚款 100 镑，保证金 2000 镑，并处监禁一年。

　　英国依据报刊枢密院和皇家出版法庭的命令裁决违反出版规定的行为，包括叛逆罪、煽动诽谤罪、侵犯国会特权罪等。在伊丽莎白一世和詹姆士一世的统治时期，已知的就有 154 个人在法官巡回问案中因煽动叛乱的罪名被指控，这些人分布于埃塞克斯郡、赫特福德郡、萨里、苏塞克斯和肯特等地，其中只有 8 名乡绅、12 名牧师和 1 位商人，其余被指控的人中有 28 名自耕农、47 名工匠、10 名农夫、31 名劳工、11 名女性、3 名流浪汉和剩余的 3 个人①。

　　沙皇俄国对于报刊违反出版规定的处罚更加严格、残酷。1798 年，剧作家瓦西里·瓦西里耶维奇·卡普尼斯特的喜剧《毁谤》，被一些大官僚认为是在影射他们，于是"控告作者的告密信纷纷来到保罗一世的案头，保罗处事草率，当即下令停止演出，查封已经印好的剧本，并立即把作者流放到西伯利亚。"②

　　3. 特许出版制度

　　特许出版制度是指对少数一些统治者信任的出版商独占报刊经营业的特许专利权，首创于 16 世纪的英国。1538 年，亨利八世创建了管理出版物的皇家特许制度，规定所有印刷出版均须事先得到皇家许可方出版。1557 年，玛丽女王成立了皇家特许出版公司，规定除公司会员和获得皇室特许者外，其他任何人都不得从事出版业。1570 年，伊丽莎白一世女王将参议院的司法委员会独立为皇家出版法庭（即"星法院"，The Law of the Court of the Star Chamber），以进一步加强对新闻出版的管控。1586 年英国颁布了"出版法庭法令"。该法令进一步完善了特许出版制度，法令规定：一切印刷品均须送皇家出版公司登记；伦

---

①　FOX A. Rumour, News and Popular Political Opinion in Elizabethan and Early Stuart England [J]. The Historical Journal, 1997, 40 (3)：597 – 620.

②　索科尔斯基. 书的故事 [M]. 浥尘，尚劢，译. 太原：书海出版社，1988：159.

敦市外，除牛津、剑桥大学，一律禁止印刷；印刷任何刊物均须事先请求许可；皇家特许出版公司有搜查、扣押、没收非法出版物及逮捕犯罪嫌疑犯的权力。

法国的特许出版制度出现于 16 世纪末。法国大革命一度废止特许制度，但拿破仑为了巩固其统治，在 1800 年恢复了该制度，直到 19 世纪中叶，才彻底废除。1628 年，德国费迪南德二世发布命令，授予一位公爵出版报纸的特许权。1637 年后德国的特许权由邮政局长负责。意大利是 1645 年在撒丁王国出现了特许出版制度。

4. 新闻检查制度

《简明不列颠百科全书》对书刊检查的定义是："进行书刊检查就是进行判断和批评，作出评价和估计，以及实行禁止和压制。"[1]《图书情报词典》则将其定义为："政府对书报内容实行审查的制度。凡对内容淫秽或因政治，宗教等原因不宜公开出版发行的图书报刊，检查人员有权禁止其生产，发行，流通或销售。一般采取的措施有禁止入关与邮寄及诉诸法律等。"[2]

欧洲的书报检查早期由各地教会的宗教裁判所负责，后收归各国政府。

1608 年，神圣罗马帝国皇帝鲁道夫二世命令，报纸出版前须由教会或地方官检查。俄国叶卡捷琳娜二世于 1796 年革新书报检查制度，阻止欧洲"危险"书籍进入俄国。其继任者巴维尔指示，"以后所有标注着法兰西共和国某一年代出版的书都要被禁止流传"。亚历山大一世时期的禁令更加严格，组建专门的书报检查部门——国家书刊检查委员会，对书报出版和出版人进行监视，刺探，侦察，搜查，拘捕，审讯，押解，流放等。沙俄的书刊检查无所不包，科技的、宗教的、艺术的、军事的、政治的等，都在政府的监察之下。甚至连一些受政府资助的出版人也难以幸免。这种恐怖主义的书报检查促使出版商和作者进行更加严格的自我检查。

5. 严刑峻法

在欧洲各国中，对于违反出版禁令的惩处从罚金到监禁不等。其中，沙皇俄国的处罚最为严酷。沙皇尼古拉一世颁布了《建立最高警察机构草案》，由御前办公厅第三局搜捕、监视、审讯、羁押新闻出版人。第三局曾对车尔尼雪夫斯基进行持续多年的盯梢监视、收买女仆以告密、抄家拘捕、流放等迫害，直至其死去。

---

[1] 简明不列颠百科全书：第 7 卷［M］. 北京：中国大百科全书出版社，1986：342.

[2] 王绍平. 图书情报词典［M］. 上海：汉语大辞典出版社，1990.

第三章

资产阶级大革命与新闻传播

虽然 17 世纪以前，现代报刊已经在欧洲各地出现，但它们还只是少数人的装饰物，对于各国的社会生活几乎没有什么影响，甚至很多报刊与书籍没有明显界线。报刊真正成为人类社会不可或缺的重要部分，甚至影响历史的进程是从各国的资产阶级大革命开始的。在资产阶级大革命中，报刊不仅是历史的记载者，更是强有力的参与者。更重要的是，在大革命中，报刊终于完成了书籍、刊物和报纸的分工，形成了成熟的现代报纸——政治报纸。

第一节　英国清教革命时期的新闻业

英国清教革命影响深远，不但以宗教革命的方式完成了英国资产阶级大革命的启蒙，其思想也远播欧洲大陆和北美殖民地，使自由民主深入人心。在这场革命中，约翰·弥尔顿的言论自由主张成为新闻自由主义的基石。

一、亨利八世到光荣革命

13 世纪的大航海给欧洲带来的变革是颠覆性的。商品贸易的繁荣使得物资、人口频繁流动，商人的地位大大提高，一些中下层贵族也卷入了早期资本主义的生产方式，早期资产阶级开始形成。与此同时，黑死病的肆虐让教会的权威不断被质疑，人们对于天主教会的信仰开始动摇。到了 16 世纪，原本作为欧洲各国国教，权威凌驾于国家之上的天主教会收到了来自各种新教的冲击。国王支持着这场宗教革命，同时也接受商人们的资金，试图从教会手中收回世俗权力，并用土地和封爵回报商人们。这场王权集中的过程，最具代表性的是英国的国教改革，也称清教革命。

1534 年，亨利八世以皇后无子，梵蒂冈教廷却拒绝他离婚为由，颁布了

《至尊法案》，断绝英国教会与罗马教廷的关系。他规定国王为英国最高世俗和宗教首脑，没收不遵从法案的修道院财产归王室所有。随后，将修道院的土地整片出售，以争取新贵族和新兴资产阶级的支持。其子爱德华六世九岁继位，由摄政王摄政，将新教定为英格兰国教。爱德华六世在位五年，由于年幼体弱，没有子嗣，他的姐姐玛利女王继位。玛利是死硬派天主教徒，她登基后立即宣布恢复天主教，并对新教徒进行了大屠杀，其中包括新教的克兰默大主教。玛丽一世也没有留下子女，由其妹伊丽莎白继位。新教内的激进改革派人士热切盼望这位身为新教徒的女王按照加尔文教改革教会，教会由长老和大会管理，严肃教规。但伊丽莎白一世却希望教会服从于国王，于是，国教开始分裂，激进的教徒中发展出了分离派，并自称清教徒。伊丽莎白一世被称为"童贞女王"，依然没有子嗣。1603 年，英国国会迎苏格兰的詹姆斯一世为国王。詹姆斯一世更加强硬地要求清教徒臣服国王。因此，分离派的清教徒们开始向荷兰逃亡，继而远赴北美，建立了弗吉尼亚、马萨诸塞等殖民地，期望在那里建立能容许信仰自由和思想自由的"应许之地"。

17 世纪初，詹姆斯一世和查理一世时期国王与议会贵族的权力之争加剧，尤其是征税权的争夺导致国王多次解散议会。1640 年 4 月 13 日，查理一世召集议会，希望以筹措军费为名加征额外的赋税，遭到贵族们的反对后，查理一世于 5 月 5 日解散议会。11 月 3 日，查理一世被迫重开议会，英国资产阶级大革命以此为开端。本次议会通过了《三年法令》，规定议会应定期召集，不经议会同意不得将其解散；废除了刑室法庭和皇家特许出版制度。1642 年，查理一世出逃，英国内战爆发。在克伦威尔的领导下，国会军队战胜了国王的军队，并俘虏了查理一世。1649 年 1 月 30 日，英国最高法庭处死了查理一世并取消上院，废除君主制，英国成了"没有国王和上院"的共和国和自由邦。1653 年 12 月，克伦威尔推翻共和国，建立了护国公制（护国政体），重新恢复了限制言论的皇家特许出版制度。1660 年 5 月查理二世复辟，英国的新闻出版业倒退回了革命前。1688 年，辉格党和托利党发动光荣革命，废黜信仰天主教的詹姆斯二世，迎其女——信仰新教的玛丽和女婿威廉（时任荷兰奥兰治执政）为英国女王及国王，即玛丽二世和威廉三世，通过了限制王权的《权利法案》，国家权力由国王转移到了国会，英国的君主立宪君主制由此确立。

内战爆发之后新闻书便成为了革命中国会党和保皇党两派彼此攻讦的工具。内战期间支持王室的新闻书《王国议事录》的印数从战前的 250 册增长到了

1500 册①。英国学者鲍勃·克拉克曾这样描述当时的新闻书出版的状况：两派出版的新闻书都将对方描述成凶残的魔鬼，他们不仅记录国王与议会的分歧，而且还会扩大这种分歧。在这些"信使"到来之后，在超然于两党之外的人，只要阅读了这些新闻书，都不会相信英国社会处于和平之中②。

内战除了推动政治性报纸的发展之外，还有一个巨大的贡献在于推动当时的民间政治讨论的小册子的发展。小册子一类的印刷出版物不仅是内战之中两派政治斗争的阵地，而且也为民间公共表达和公开辩论提供了重要的空间。弥尔顿在 1644 年写就了著名的《论出版自由》的小册子，虽然弥尔顿所论述的出版自由的原则并没有延伸至当时许多昙花一现的新闻报刊，但是在当时众多印有政治信息和评论的新闻书和小册子的影响下，许多读者都共同形成了对于新闻出版自由的政治观点。甚至有一些人认为，出版自由已经成为宪法的中心支柱。当时有位辉格党人理查德·布林斯莱·谢里丹说："我反对那些公爵、下议院或者陪审团，反对任何形式的专制，只有让新闻出版自由得以施行，英国的自由才不会动摇。"这样类似的言论在当时被越来越多地使用，越来越多的人参与到了关于英国如何发展的讨论运动之中③。在革命时期，无论是官方还是个人，或者各种激进的政治和宗教团体，都纷纷以小册子作为自己的发言地，包括平等派、贵格派、喧嚣派等。这些团体出版的小册子，基本是有的放矢，或用于传播教义，或用于宗教讨论，或用于政治鼓动。其中贵格会是当时教派中在小册子出版领域最为活跃者之一，曾出版《呈送奥利弗·克伦威尔的一些相关法律资料》④《致英格兰所有审判官、法官以及司法大臣》⑤《暴露于众的荒淫之城巴比伦城的大秘密》⑥ 等小册子。在英国各地出现的小册子之中，有的遣责国王对天主教徒的宠信，有的批判宫廷的腐败行为，也有的反对劳德大主教及其他主教的独断专行。其内容之激烈，数量之多，超过了以前任何时期。

---

① 凯文·威廉姆斯. 一天给我一桩谋杀案：英国大众传播史［M］. 上海：上海人民出版社，2008：31.

② CLARK B. From Grub Street to Fleet Street：An Illustrated History of English Newspaper to 1899［M］. Hant：Ashgat，2004：26.

③ BARKER H. Newspapers, Politics and English Society, 1695—1855［M］. London：Longman，2000：16.

④ CAMM J. Some particulars concerning the law, sent to Oliver Cromwell［M］. London. 1654.

⑤ PEARSON A. A few words to all judges, justices and ministers of the law in England［M］. London. 1654.

⑥ FOX G. The great mystery of the great whores of Babylon unfolded［M］. London. 1659.

基佐在其《一六四零年英国革命史》中对革命时期英国的小册子的状况有如下描述："英格兰在这个时候刊行了许多小册子,有的是公家刊行的,亦有不是的,他们风行于全国各地。其中的言论,有大刀阔斧的,也有小心翼翼的;有的一片忠诚,也有心存伪善的。全国人民的热情是漫无边际的,运动是普遍的、前所未有的、无节制的。小册子、定期和不定期的新闻书,在伦敦和约克以及所有的大城镇成倍地增长。其中关于政治、宗教、历史问题、新闻、宗教经济无所不谈,此外还有计划、建议,还有骂人的文章,应有尽有、包罗万象。无论什么问题都有人提出来讨论。有许多人自愿在各处叫卖,有的在法庭前,有的在集日市场里,或者在教堂门口叫卖,人们争先恐后地买来阅读。"①

二、弥尔顿的自由观

约翰·弥尔顿(John Milton,1608 年 12 月 9 日—1674 年 11 月 8 日)是英国诗人、政论家,他也是虔诚的清教徒。代表作品有《论出版自由》(图 3 - 1)、《为英国人民辩护》《建立一个自由共和国的捷径》等。

图 3 - 1 《论出版自由》

1644 年,因为未获得皇家特许出版证出版记载与他太太离婚事宜的小册子,弥尔顿被星法院传讯。《论出版自由》(全称《论出版自由:阿留帕几底卡》)(*Areopagitica;A Speech for the Liberty of Unlicensed Printing*)就是他在星法院为言论出版自由所做的辩护。新闻学家赛伯特等对《论出版自由》的评价是:"在自由主义传统上写出了主张思想自由的光辉的论点。"《建立一个自由共和国的捷

---

① F. 基佐. 一六四零年英国革命史 [M]. 伍光建,译. 北京:商务印书馆,1985:173 - 174.

径》进一步强调了人类可以运用理性来实现个人对真理的认知和自由表达。约翰·弥尔顿的自由观后来被认为是自由主义新闻观的重要基石之一。

1. "理性"与真理

在《论出版自由》中，弥尔顿61次提及了"真理"。他将"真理"描述为："真理和认识不应是靠特许、法令、标准而垄断交易的商品"，而是"我们最有价值的商品"。真理"曾经以完美的形态和上帝一起降临世间，但是当上帝升天，使徒们长眠后，真理便被骗子们所撕碎，在上帝重降世间之前再也不可能全部找回"①。而人类要获得真理，不是靠教会和国王的训导和命令，而是需要运用上帝赋予人类的理性去不断追寻。弥尔顿相信真理是肯定的，是可以表达出来的，并且只要让真理参加"自由而公开的斗争"，真理本身就具有战胜其他意见而存在下来的无可比拟的力量。他说："虽然各种学说流派可以随便在大地上传播，然而，真理却已亲自上阵，让它和虚伪交手吧。谁又看见过真理在放胆交手时吃过败仗呢?"自由的表达无疑是真理战胜谬误的捷径，废除出版事前审查的主要目标就是"让自由出版的书本为通往美德和真理垫铺路径"②。

在弥尔顿那里，"真理"宗教神学语境下的真理，标准是清教徒对《圣经》的解读。自国教改革起到资产阶级大革命前，英国各教派纷争不断，弥尔顿出于清教徒的立场，也卷入了旷日持久的宗教论战。因此，新教坚决反对的罗马天主教是完全被弥尔顿排除在"真理"之外的。弥尔顿的"理性选择"是出于新教，尤其是路德宗的"因信称义"，指每个人都可以根据自己对《圣经》的理解去忏悔并得到救赎，信徒可以由于信仰而直接成为义人，而不需要主教或国王的权威。正如温森特·布莱斯（Vincent Blasi）1995年在耶鲁大学作的《弥尔顿的〈论出版自由〉与现代第一修正案》的演说中认为："由于弥尔顿的'真理'并不是通过经验证明而确立，而是通过弥尔顿对上帝的信仰而确立；弥尔顿倡导的真理求索过程同样建立在他的基督教教义之上，是新教教徒需要经历的心路历程，以达到灵魂的拯救；弥尔顿给予谬误的价值绝不是世俗的真理和谬误的参照学习过程，而是抵御诱惑坚持美德的历练。因此，弥尔顿与现代世俗言论自由并无共通之处，而他对现代的意义是强调活跃心智，以防堕入愚钝和盲从。"

2. "观点的公开市场"与"自我的修正过程"

弥尔顿的自由观与古典经济学中的自由市场是一脉相承的。17世纪，欧洲

---

① 约翰·弥尔顿. 论出版自由［M］. 吴之椿，译. 北京：商务印书馆，1958.
② 约翰·弥尔顿. 论出版自由［M］. 吴之椿，译. 北京：商务印书馆，1958.

的重商主义渐渐退出历史舞台，自由市场经济得以确立。自由市场认为，人在市场中会自觉运用理性，在买卖双方都满意的价格上进行自由交易，因此，市场无须政府的干预和调控，政府只需在法律的基础上，行使保障人民财产权的最低限度的职能。这种自由市场客观上要求买卖双方的平等地位和信息的平等获取与自由流动。

由此出发，弥尔顿阐述了现代关于"观点的公开市场"以及"自我的修正过程"的概念。所有想说什么的人都应当可以自由地表达自己的思想。真实的、正确的思想会保存下来，虚假的和错误的思想会被克服。政府不应该参加战斗，也不应该协助其中的一方。虽然虚假的可能取得一时的胜利，但真实的意见通过吸引了新的力量来维护自己，会通过自我修正过程最后战胜其他意见而保存下来。

3. 个人的表达自由权

弥尔顿在《建立一个自由共和国的捷径》中说："我们并不是要选出一个统治我们的国王，而是要选出一个我们自由的保卫者；自由议会不仅实现真正的自由，而且要保护公民自由人的权利。"

弥尔顿强调的自由是以普遍的自然法为基础的个人的自由。"无论自由的英国人怎样表述这种自由，它始终是自然法下的自由。"在此过程中，"信仰自由"（liberty of conscience）是必不可少的。在弥尔顿看来，个体权利与国王权力是相互对立的，对弥尔顿来说，"人不能同时服务于两个对立的主人——国王和上帝"。弥尔顿所主张的"个人"也并非每个独立的个体，而是被迫服从于国王和教会权力的总体①。

弥尔顿在《论出版自由》中明确排除对天主教礼仪和"公开的迷信"的容忍。同时，如果书刊"被认为有害、诽谤，则焚烧和公共执行官将是人类防范手段中最及时和有效的补救"。斯坦利·费舍在《没有言论自由这回事，这也是件好事情》中就明确指出："所谓言论自由总是以言论限制为前提的。对弥尔顿来说，除了当时基本价值观判断之外，他的言论自由没有任何规范原则：应该'根除'的言论不仅仅是他明确指出的天主教传统，而且包括所有'公开的迷信'，也就是他认为的任何'损害社会自身目的'的言论和主张"②。

4. 约翰·弥尔顿自由观的传播状况

今天，弥尔顿的《论出版自由》被看作古典自由主义新闻观的奠基之作，

① 约翰·弥尔顿. 论出版自由［M］. 吴之椿，译. 北京：商务印书馆，1958.
② 约翰·弥尔顿. 论出版自由［M］. 吴之椿，译. 北京：商务印书馆，1958.

但在其刚刚出版的时候，在英国的影响力微乎其微。戴维·米勒等在《布莱克维尔百科全书》中说道："尽管弥尔顿作为一个论辩家在国外很出名，但他在当时的英格兰并没有引起人们的重视。他为离婚的合理性进行辩护的几本小册子引起了一些震动，但除此之外，他的同时代人对他兴趣不大。"① 在弥尔顿逝世前，《论出版自由》只出版过一版。但在北美独立战争和法国大革命前后，弥尔顿的自由观却产生了重大影响。

在北美殖民地，弥尔顿的自由观备受青睐。《失乐园》是清教徒的标准宗教读物。托马斯·杰斐逊（Thomas Jefferson）在《弗吉尼亚宗教自由法案》（Statute of Virginia for Religious Freedom, 1779）之中几乎重述了弥尔顿关于真理的观点："真理是伟大的，如果对它不加干涉的话，他终将会占上风；真理是一位称职的反对谬误的斗士，足以战胜谬误，并且不怕去斗争，除非人为的干 涉解除了真理的天然武装——言论和辩论自由。"

1738 年，因为北美曾格案在英国引起的巨大反响，托马斯·伯驰（Thomas Birch）编辑出版了《弥尔顿散文集》，第一次将《论出版自由》作为单行本出版。

法国大革命之前，《论出版自由》被当作革命的启蒙读物，与罗伯斯庇尔的《对阿图瓦人的呼吁》、西哀士方丈的《什么是第三等级》一起，成为大革命前夕唤醒巴黎人民的著名政治宣传小册子。1788 年，奥诺雷·米拉波侯爵（Comte Mirabeau）出版了《论出版自由：模仿英国人弥尔顿》，指出正是出版自由带来的思想革命和思想解放使得英国获得了当时令人震惊的繁荣、令人羡慕的财富，以及无所不能的国力，因此向法王呼吁在法国确立出版自由。著名启蒙思想家伏尔泰甚至将弥尔顿与荷马相提并论。

《建立一个自由共和国的捷径》全称是《建立一个自由共和国的捷径，以及与在此一国度内重塑国王地位的困难与危险相比之优越性》（*THE READIE &. EASIE WAY TO ESTABLISH A FREE COMMONWEALTH, And The Excellence Thereof Compar'd with The Inconveniences and Dangers of Readmitting Kingship in This Nation*），最初是由弥尔顿口授完成的。第一版仅有 8 页，第二版共 108 页。这个小册子在 1698 年以前都未能公开发行，在 1791 年英国革命期间才再次流行起来。

---

① 戴维·米勒，韦农·波格丹诺. 布莱克维尔政治学百科全书 [M]. 邓正来，译. 北京：中国政法大学出版社，2002：513.

第二节 法国大革命时期的报业

法国大革命是现代报刊发展的里程碑。在大革命中,启蒙、宣传、组织革命者的新闻传播物从小册子转变为更通俗易懂,便宜,也方便获取的报纸,新闻传播物完成了它最重要的社会分工细化,新闻信息不再被少数上层人士垄断,革命的思想和信息通过报纸为全社会所知。

一、法国大革命的思想准备

与英国不同,法国历史上总是存在两种对立的力量,缺乏中间状态。绝对专制的历史长久,典型的官报时期代表是法国(1631—1789 年)而不是英国。从路易十一起,法国就开始了中央集权的过程,到路易十四达到顶峰。路易十四在法国的君主专制的中央集权王国,是欧洲君主专制的典型。他半强迫地要求大贵族集中居住在凡尔赛宫,派遣官员管理贵族领地,将整个法国的官僚机构紧握在国王手中。1685 年的枫丹白露敕令为甚。在热诚的天主教徒——战争部长卢福瓦侯爵与大主教博旭哀等人的鼓动下,他推翻了先王亨利四世于 1598 年签署的南特敕令,颁布枫丹白露敕令,重塑天主教在法国的权威,迫使不愿改宗的二十多万胡格诺教徒移居荷兰、普鲁士、英国、北欧和北美等地。

1631 年 5 月 30 日,法国新闻之父泰奥弗拉斯特·勒诺多(Théophraste Renaudot)创办了《法国公报》的前身《公报》(La Gazette),该报获得国王路易十三的出版特许状:"勒诺多本人及其子孙,在法国境内,得永远享有发行报纸的权利。"它自称是"地球上所有国王及强国的报纸",国王和首相还亲自为该报撰稿。1762 年,《公报》交外交部接办,改名为《法国公报》(图 3-2)。该报内容主要包括国外新闻、国会消息、国王谕旨、宫廷闲话、广告等,报上首开政治评论。直到 1915 年停刊。1665 年,议员萨洛创办了《学者报》(Journal des Savants);1672 年,国王的宠臣维泽创办《文雅信使》;1724 年改名《法国信使》(Mercurie de France)。在法国大革命前,这三家官报分别在新闻、科学、文学方面垄断了法国的思想传播。

除了官报,路易十四时代的文化管控加强文化国家化,国家对社会信息传播进行监控,建立国家文化机构和推行国家资助制度,以此避免受私人资助的文人在宗教纷争和政治争论中发表不利于国王的言论,维护王国思想统一性。

图 3-2 《法国公报》

博马舍讽刺说，"只要我的写作不谈当局，不谈宗教，不谈政治，不谈道德，不谈当权人物，不谈有声望的团体，不谈歌剧院，不谈别的戏园子，不谈任何一个有点小小地位的人，经过两三位检查员的审查，我可以自由地付印一切作品。我因为想利用这个可爱的自由，所以宣布，要出版一种定期刊物，我给这个刊物起的名字是《废报》"①。

凡尔赛宫巨额的衣装费、宴席和其他庆祝活动费用，法荷战争、大同盟战争、西班牙王位争夺等战争开支使国库空虚，国家不得不对人民课以重税。沉重的赋税、对贵族的削权、新教的不满和第三等级权利的被剥削，最终导致了1789年法国大革命爆发。

与此同时，伴随着法国宗教争端的激化和新兴资产阶级力量的增强，源发于英国的启蒙运动在法国达到了高潮。启蒙运动，又称理性时代（Age of Reason），启蒙运动思想家们相信，理性发展知识可以解决人类实存的基本问题。该运动为法国大革命和北美独立战争提供了理论基础。

伏尔泰从洛克的自然权利说出发，提倡天赋人权，认为人生而自由平等，主张为知识，科学和理性服务。他在《英国通讯》中，向法国人系统介绍了英国大革命后的政治、经济、宗教、科技、哲学、文学等。《路易十四时代》一书

---

① 彼·阿尔贝，弗·泰鲁. 世界新闻简史 [M]. 许崇山，译. 北京：中国新闻出版社，1985：17-18.

则提出了在"哲学王"指导下建立开明君主制的可能。

孟德斯鸠是西方分权制衡学说的集大成者，他的《法的精神》一书提出了立法权、行政执法权、司法权三权分立，以限制政府权力。《波斯人信札》更是公开告诫国王："如果君主不能给自己的臣民创造幸福的生活，反而想压迫和毁灭他们，那么，服从的理由就没有了。"

卢梭的《社会契约论》是法国大革命和北美独立战争最主要的理论依据之一。在《社会契约论》中，卢梭提出了国家创建的理性逻辑：人生而自由平等，但个体无法独自生存，个人的权利、快乐和财产在一个有序的社会中比在一个无政府的、各自为政的社会中更可能得以保护，因此人们会集合起来，形成国家。国家存在的目的就在于保护每个成员的人身权利与财产。国家是自由人自愿达成的自由契约。"创建一种能以全部共同的力量来维护和保障每个结合者人身和财产的结合形式，使每一个在这种结合形式下与全体相联合的人只不过是他本人，而且同以往一样自由。"《社会契约论》国家主权在民，政府是人民的受托方、法律的执行者，但是，政府由自利人组成的，可能受到各种利益的诱惑而滥用权力，"我发现，所有一切问题的根子，都出在政治上。不论从什么角度看，没有哪一个国家的人民不是他们的政府的性质使他们成为什么样的人，他们就成为什么样的人"。因此，人民要加强对政府的约束，如果政府不合人民的"公意"，人民就有权推翻它。

正是在这些自由思想的启蒙下，比小册子更容易阅读，更方便传播，更具煽动性的报刊在法国大革命中取代了书籍和小册子，成为大革命的主要宣传物和舆论斗争阵地。

二、大革命中的报业

法国大革命是法国报刊史上的一个重要阶段。它第一次确立了新闻自由的各项重大原则，并在一段时间内将它予以实施；它激起了公众对重大事件的强烈关注，有力地推动了报刊业的发展。

据记载，1788 年法国报刊被允许公开发行的约有 60 种，1789 年约有 250种，1791 年为 500 多种。整个革命时期出现过的报刊达 1350 种。革命前，报刊在政治生活中无足轻重；革命期间，报刊随着政治纷争而起伏动荡。从此，报刊自由度的大小成为衡量一个政权是否民主的标尺之一。

近代报刊的发展依照法国大革命的局势变化可以分为四个阶段：

阶段之一：大革命前夕（1788.7—1789.7）

英国旅行家阿瑟·扬正在大革命爆发时来到了巴黎，他在1789年6月9日的日记中写道："时下那些新闻（即新出版物）经销商的生意简直令人难以置信。我曾前往王宫询问有什么新出版物并打算弄一套目录。我发现每时每刻都有一本小册子在编辑中，今天就出版了13种。昨天出版了16种。而上周共出版了92种之多。""印刷价格，在两年前还仅为27到30英镑，目前已涨至60至80英镑。据说对政治的热情已经蔓延到外省，以至所有的法国报刊都无一例外地投入这洪流了。这些出版物的19/20都是赞同自由的，所有报刊矛头都指向贵族和僧侣。这些报刊中有不少是声名卓著的；当我对另一阵营的报刊作考察时，我发现，那里有价值的报刊只有二三种。"记录生动地表明，在大革命爆发前，革命早已在思想领域完成了。

这一时期，法国革命形势高涨。围绕三级会议的重新召开，资产阶级革命派掀起了猛烈的宣传运动，出现了一大批反封建小册子。持进步观点的思想家利用各种形式抨击封建专制制度和宗教，使法国资产阶级革命做了充分的思想准备。包括：弥尔顿《论出版自由》、罗伯斯庇尔《对阿图瓦人的呼吁》、杜雷《告善良的诺曼底人》、塔尔热《致三级会议的信》、西哀士方丈《什么是第三等级》。

在舆论压力下，政府不得不做出让步：允许小册子发行，禁止出版新报。到1788年5月19日，封建政府做出全面让步，不再对新闻出版进行审查，短短几个月，旧制度控制的报刊体系迅速土崩瓦解。

在革命宣传中，因为其丰富的内容、简单易读和廉价，报纸正迅速取代小册子，正如雅克·布里索在《法兰西爱国者报》的出版说明中所说：应该找到有别于小册子的另一种宣传方式来教育全法国人，这种宣传方式就是创办一份连续出版、价格低廉、形式轻松的政治性报纸。

法国近代报刊从政治报纸开始萌芽。

阶段之二：大革命爆发——重获自由的报业（1789.7—1793.5）

1789年7月，法国大革命爆发。同年8月，国民会议通过《人权宣言》。

其中第十一条明确规定：

自由传达思想和意见乃是人类最宝贵的权利之一；因而，每个公民都有言论、著作和出版的自由，但在法律所规定的情况下，应对滥用此项自由承担责任。

这是人类历史上第一个明确规定出版自由的正式文件。

与此同时，大革命废除了旧时代的行会制度，为报刊业的发展扫清障碍。

法律应赋予报纸永久之自由权，最不可侵犯之自由权，以及最无限制之自由权。报纸若无自由权，其他法律将无效可言。

——（法）奥诺雷·米拉波

1792 年 8 月，巴黎人民第二次起义，成立法兰西第一共和国。代表大工商业资产阶级的吉伦特派掌权。共和国通过了新闻自由立法，认为出版自由是一种基本人权，必须是完全的和无限制的，不然它就根本不存在。

这一时期，报刊业空前繁荣，各种形式的出版物纷纷问世，各种政治倾向显露报端。由于各报竞争激烈，又都怀有炽热的政治激情，因此大多数报纸笔锋犀利，又因面向群众而文笔通俗。这些报纸寿命一般较短，他们的宣传不同程度上推动了革命进展。

比较著名的革命报纸有：自由派贵族米拉波侯爵的《普罗旺斯邮报》、马拉的《人民之友报》、阿贝尔的《杜歇老爹报》、德穆兰的《法兰西和布拉班特革命报》等。

在革命报纸咄咄逼人的气势下，保皇派报纸也不示弱，仍在负隅顽抗。如《政治及国家报》《国王之友》《巴黎公报》等。

也有少数非政治性报纸不过于介入革命，虽平平淡淡，但寿命较长，如《巴黎新闻报》《普通箴言报》《论争及旨意报》等。

这一阶段，最著名的报人和报纸是马拉与他的《人民之友报》。

马拉在 1789 年 9 月 12 日创办了《巴黎记者报》，4 天后就改名为《人民之友报》，1792 年 9 月 22 日又改称为《法兰西人民之友报》。这是一份 8 开的出版物，并用卢梭的名言"将生命献给真理"作为题词。由于《人民之友报》极力宣传革命，并以犀利的笔锋和刻薄的语言抨击时政，很快就成为巴黎最著名的报纸。但这也使马拉在 1789—1792 年间屡受当局的追究和迫害，致使《人民之友报》的出版多次被迫中断。直到 1792 年 9 月，报纸才得以连续出版。到 1793 年 7 月 13 日马拉遇刺（图 3-3）前后一共出版了 900 多期。

《人民之友报》从一开始就以一份激烈论战的报纸、革命派的一个宣传工具的身份登上大革命的政治舞台。马拉给他的报纸指定了三重功能：揭发反革命、教育人民以培养公民和革命者、推动人民进行革命。《人民之友报》的内容正好符合这三个功能。它是资产阶级革命民主派的主要喉舌，是法国大革命中最有影响力的报纸。该报结合革命进程有力抨击封建势力的腐朽本质和反革命阴谋，及时揭露大资产阶级的两面性和叛变倾向，坚定地主张依靠人民，实行革命的

图 3 - 3　马拉之死

专政；及时反映人民的呼声和要求，主张颁布限价法，严惩情节恶劣的奸商。这些主张后来在雅各宾专政下付诸实现。

　　阶段之三：当报刊遭遇"恐怖时代"（1793.5—1794.7）

　　1793 年，因为普奥联军入侵，国王出逃，巴黎人民举行了第三次起义，政权从吉伦特派让渡到雅各宾派手中。之后，雅各宾派内部出现分裂。罗伯斯庇尔执政后，实行恐怖政策，并向整个自由新闻界进行打击。面对内忧外患，原本热情高歌言论自由的罗伯斯庇尔转向"对新闻实行严格的监督，毫不留情地制止新闻界乱说"。"凡是定出界线的地方，凡是出现意见分歧的地方，在那里就有某种仇视祖国利益的东西。"1793 年 9 月，罗伯斯庇尔颁行一项严格控制新闻出版的法令，规定发布煽动社会动乱、怂恿公众抵制执政者的文章皆属违法，作者一律处死，刊登该文的报刊一律查封。牧月法令规定，"内心确信"可以作为确认"人民之敌"的依据，"人民之敌"包括"传播假新闻的人""通过叛乱性文字迷惑舆论的人"，对这些敌人的惩罚只有一种——死刑①。法国新闻史上最黑暗的时期因此到来。一时间，罗伯斯庇尔的反对派的所有报刊或者被取缔，或者自行停刊。布里索、阿贝尔、德穆兰等不同政见者相继被处决。到后来公安委员会规定只能出版一份他们自己的《公安报》。雅各宾派专政后期，只剩

---

　　①　朱学勤. 道德理想国的覆灭 ［M］. 上海：上海三联书店，1994：237，264 - 265.

《小岳党报》《自由人报》和为数很少的官方报纸。

阶段之四：政府镇压报刊的斗争（1794.7—1799.12）

1794 年，热月党人推翻了罗伯斯庇尔的统治，建立了督政府。督政府一面不断封闭反对派报纸，一面创办和大额补贴拥护政府的报纸。至 1799 年，被停刊的报纸共 97 家，保留和新创办的报刊有 73 家。督政府重新建立了新闻检查制度，订立了出版物印花税。这些压制措施，接连不断地动摇了原有出版制度。

拥护政府的报纸读者日益减少，如《普通箴言报》《巴黎邮报》。保皇党报纸死灰复燃，如《闪电报》《每日新闻》。雅各宾派报纸在迫害中仍有幸存，如《自由人报》《人民之友报》。

三、大革命之后的报刊发展

拿破仑在法国革命后，民主力量与反民主力量处于均势状态下，以"超阶级"和"全民"利益的保护者自居，在政局动荡不定的形势下篡夺了政权，建立了大资产阶级军事独裁统治。他深知报纸的重要性。梅泰尼什记载："在拿破仑看来，报纸相当于一支三十万人的军队，一支三十万人的军队在安邦定国、对外威慑方面所起的作用，还比不上半打受雇的蹩脚记者。"拿破仑时期严格控制报业，恢复特性出版制度，重设新闻检查官，取缔了大部分报刊。1800 年，巴黎取缔了 60 家报纸，只保留了 13 家报纸。到拿破仑称帝，巴黎仅有《箴言报》《巴黎日报》《帝国日报》和《法兰西公报》四家官方报纸。大革命后新闻界再也没有像 1789 年—1793 年时的广泛的新闻自由了。

1814 年，波旁王朝复辟。在波旁王朝复辟七月王朝和二月革命后短暂的第二共和国时期，公布了 20 多种有关新闻的法律或法令，使报界在这一时期享有更多的自由。1819 年，由司法部长塞尔主持制定新闻法，称为塞尔新闻法。这是法国历史上第一个专门的新闻法，也是人类历史上第一部新闻法。它废除了 1814 年宪章规定的预先审批和抽查，减少收保证金和印花税等，规定由陪审团审理报界的一般政治错误。在处理政府与报界的纠纷中，陪审团通常是宣布记者无罪。但该法案三个月后即被废止。此后，波旁王朝对新闻的管制越来越严，1830 年，甚至废止了所有非官方报纸的发行权，恢复新闻检查。1848 年的二月革命成立了法兰西第二共和国，同年 3 月的一项法令规定，报界享有绝对自由，废除印花税与保证金，恢复陪审团。二月革命后是法国报业空前繁荣的时期，仅在革命后几天内，就有 450 家报纸创刊。政党报刊有所增多，产生了一批有共产主义思想的报刊，廉价报刊（《新闻报》《世纪报》）也在此时走上了舞台。

但不久后政府对于言论的管束再度缩紧，通过法案加强管制政治言论，重建对政治漫画的预审制度①。六月起义失败后，保证金和印花税重新恢复。此后，法国在共和国、帝国之间反复变动，新闻管制也时松时紧，保证金和陪审团制度时存时废，1881 年以后才基本确立新闻自由政策。

四、小结

在法国大革命期间，戏剧、歌曲、小册子、告示都起到了重要作用，但是到最后，只有报刊能够坚持下来并一直充当中介者的角色。勒德雷尔，本身是一名记者，法兰西第一帝国期间成为一位显贵。他曾指出，人们已经发现，报纸很早以来就是人民和人民之间的有效联系的纽带，只有报纸能使大众统治完全行使，并且保证他不是一个圈套。他解释说，这是因为报刊发行的规律性，在所有公共场合都有报贩传发报纸，也因为报纸阅读的简易性和价格的低廉。

报刊业的命运和革命形势的发展有着密切的联系，当革命高涨的时候，革命报刊就能因适合革命的需要而迅速发展，当革命形势暂时低落或遭遇挫折时，革命报刊就会受阻。报刊不仅构成了政治活动的一面镜子，同时也是政治生活的中心参与者。法国资产阶级革命时期，革命报刊所起的作用，从一个侧面说明了思想革命和政治革命的关系，具有普遍的意义。

第三节　北美独立战争与北美新闻传播业

北美殖民地的自由主义直接源于英国的清教革命，信仰自由和言论自由的精神借由逃亡的清教徒在北美生根发芽，并成为北美殖民地独立和美国立国的基本原则。由于独立战争的领导者们在战争中与法国结为了同盟，法国的启蒙思想也深刻影响了美国的立法、政治制度和革命实践。同时，北美独立战争实验的民权、独立、自由的诉求也传回法国，成为法国大革命的导火索之一。

一、来自英国的启蒙：《五月花公约》

1608 年英国的一批分离派清教徒为逃避国王的宗教迫害，逃亡荷兰。这批人多为农民和手工业者，他们在荷兰的生活很是困顿。这时正有英国商人组织

---

① 刘建明，王泰玄. 宣传舆论学大辞典 [M]. 北京：经济日报出版社，1992：1230.

向北美殖民，该商队得到了英国的特许，到英属殖民地弗吉尼亚建立殖民点，这些清教徒中的 35 人决定移居北美，他们将在七年之内用劳动偿还贷款和利息。1620 年 7 月 22 日，他们和其他殖民者一起，自荷兰出发，经南安普敦港，远赴北美。途中，因为船只破烂，就转往"五月花号"船上，与该船的 66 位殖民者一起继续航程。这 101 人（也有一说是 102 人）中，一半是因宗教迫害逃亡的清教徒，期待在新大陆找到基督之国（Kingdom of Christ），一半是去新大陆寻找发财机会的冒险者。他们经过了漫长的、险象环生的远航，遭遇风浪，偏离了航线，来到了科德湾角（今马萨诸塞州普罗温斯敦所在地）。是在此登陆，还是继续航行，船上的人员发生了激烈的争吵，几乎导致哗变，最后船员决定以"占有者主权"的名义在马萨诸塞登陆，建立新的殖民地。为了防止登陆后的混乱，清教徒的领袖之一威廉姆·布雷福德发起了一项倡议，要求船上 41 名成年男子签署一份共同的协议（图 3 - 4），遵守领导人起草的法规和公约，即《五月花公约》（图 3 - 5）。大多历史学家认为，《五月花号公约》的起草者是分离派清教徒的领袖之一约翰·卡弗（John Carver），他是《五月花公约》的第一位签字人，此后成为殖民地的第一任总督。

图 3 - 4　"五月花公约的签订"

《五月花公约》是在分离派清教徒主导下签署的，它集宗教信仰、平等、自愿自治、谋求本殖民地共同福祉为一体，被视为美国精神的起源。它所确立的自治原则成了北美第一个契约殖民地的自治基础，也为北美独立后的各州所普

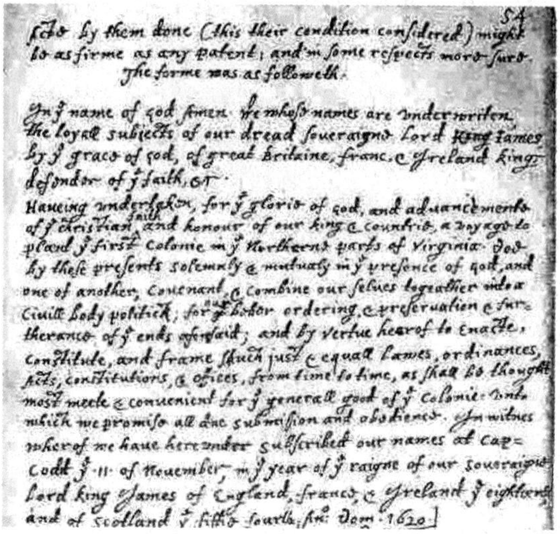
54
fede by them done (this their condition considered) might
be as firme as any patent; and in some respects more sure.
The forme was as followeth.

In ye name of god Amen. We whose names are underwriten,
the loyall subjects of our dread soveraigne Lord King James
by ye grace of god, of great Britaine, franc, & Ireland king,
defender of ye faith, &c
Haveing undertaken, for ye glorie of god, and advancemente
of ye christian faith and honour of our king & countrie, a voyage to
plant ye first colonie in ye Northerne parts of Virginia. doe
by these presents solemnly & mutualy in ye presence of god, and
one of another, covenant, & combine our selves togeather into a
civill body politick; for our better ordering, & preservation & fur-
therance of ye ends aforesaid; and by vertue hearof to enacte,
constitute, and frame shuch just & equall lawes, ordinances,
acts, constitutions, & offices, from time to time, as shall be thought
most meete & convenient for ye generall good of ye Colonie: unto
which we promise all due submission and obedience. In witnes
wherof we have hereunder subscribed our names at Cap-
Codd ye 11. of November, in ye year of ye raigne of our soveraigne
lord king James of England, france, & Ireland ye eighteenth
and of Scotland ye fiftie fourth. An: Dom. 1620.]

图 3－5 《五月花公约》

遍接受。《五月花公约》全文如下：

以上帝的名义，阿门。

我们下面这些签署人是蒙上帝保佑的大不列颠、法兰西和爱尔兰的国王，信仰的捍卫者詹姆斯国王陛下的忠顺臣民。

为了上帝的荣耀，为了增强基督教信仰，为了提高我们国王和国家的荣誉，我们漂洋过海，在弗吉尼亚北部开发第一个殖民地。我们在上帝面前共同立誓签约，自愿结为民众政治体。为了更好地落实、维护和发展前述目标，法律、法规、条令、宪章和公职将不时被制定、颁布或设置，只要其最符合、最利于殖民地的普遍福祉，我们都保证遵守和服从。

据此于耶稣纪元1620年11月11日（新历11月21日），于英格兰、法兰西、爱尔兰第十八世国王暨英格兰第五十四世国王詹姆斯陛下在位之年，我们在科德角签名于右。

二、曾格案件

经过100多年的发展，英属北美殖民地的经济日益发展，经济联系加强，初步形成了殖民地间的统一市场，英语也成为各殖民地的共同语言，文化认同初步形成。这导致殖民地要求对本地事务享有更大的自主权。但宗主国并不愿意满足殖民地的自治期待，而是试图保有对殖民地经济和文化上的控制。此时，英属殖民地仍然实行新闻出版的特许制度，殖民地仅有的一份获得特许出版的报纸是为殖民当局控制的《纽约公报》（*New York Cazette*），这远远不能满足殖民地对于经济、政治、文化信息的需求，更不可能发表推动殖民地自治的言论。1733 年 11 月 5 日，约翰·彼得·曾格（*John Peter Zenger*）在纽约出版了《纽约新闻周报》（*New York Weekly Journal*）。《纽约新闻周报》言辞犀利，内容多有对殖民政府的批评和嘲讽。纽约总督威廉科·斯比爵士（Sir William Cosby）对此极为不满，他向法庭控诉曾格"对政府进行无耻中伤和恶毒谩骂，试图煽动反政府情绪"，将曾格以"煽动闹事"的罪名逮捕。曾格在押期间，《纽约新闻周报》并未停刊，而是由曾格之妻安娜继续出版。曾格案吸引了费城著名律师安德鲁·汉密尔顿（Andrew Hamilton），他以六十多岁的高龄，自驾马车来到纽约，主动为曾格辩护。

此时，北美仍然遵循英国传统的诽谤法，诽谤罪的定罪与言论的真实性无关，只要有损政府的言论都构成诽谤。汉密尔顿首先承认曾格在报刊上发表过批评殖民总督和政府的言论。但他接着指出，每个公民都有"陈述无可非议的事实真相的自由"，都有"把事实真相讲出来、写出来以揭露和反抗专断权力的自由"。"我希望问题并不仅仅是由于我们印刷和发表了这两篇文章而构成诽谤，在宣布我的当事人是一个诽谤者之前，你还得做一些事情——你须得说明：那些言论本身确实是诽谤性的！也就是说，是假的、恶毒的、煽动性的，否则的话，我们就是无罪的！"

庭审最后，汉密尔顿陈辞：

总之，此刻摆在法院和陪审团诸位先生面前的，不是一件微不足道的私事；它不是你们正在处理的、仅仅事关一个穷印刷商或是纽约一地的事。不，绝对不是！它最后可能会影响英国政府统治下生活在美洲大陆的每一个自由人。它是一个最崇高的事业。它是一个自由的事业。我深信无疑，你们今天正直的行为，不仅会使你们赢得同胞的爱戴和信任，而且每一位热爱自由、反对奴役的人都会祝福和敬仰你们——挫败暴政的企图，并以一个公正无私的裁决为我们自己、我们的子孙后代，以及我们左邻右舍享有自然与国家赋予的权利——以言说和书写真理来揭露和反对（至少是世界上这些地区的）专制霸权的自由——奠定了宝贵的基础①。

---

① J. 艾捷尔. 美国赖以立国的文本［M］. 赵一凡，译. 海口：海南出版社，2000：131 – 132.

汉密尔顿的辩护词引起了全场听众的欢呼,陪审团判决曾格无罪释放。

虽然英国是海洋法系国家,但曾格案的判决对当时的诽谤法并没有产生任何影响。殖民当局对曾格的无罪判决只不过是为了缓和殖民地紧张局势的权宜之计。直到1790年,宾夕法尼亚州才最先认同:事实真相可以作为辩护及陪审团有权就与案件有关的法律和事实做出裁决。纽约州在1805年接受此原则。英国的《福克斯诽谤法》(Fox's Libel Act)直到1792年才授予陪审团裁决权,1843年,《坎贝尔勋爵法》(Lord Campbell's Act)终于同意事实真相可作为辩护。不过,从1735年后,殖民地法庭再未曾以煽动性诽谤罪来审判印刷商。①随后,关于曾格案的小册子《纽约周报印刷商约翰·皮特·曾格案的简要叙述》(*A Brief Narrative of the Case and Tryal of John Peter Zenger*, *Printer of the New York Weekly Journal*, 1738)1738年在伦敦出版,并多次再版。

三、托马斯·潘恩与《常识》

随着北美殖民地与英国的矛盾越来越激烈,英国相继出台了《糖税法》《茶税法》《汤森税法》《印花税法》,殖民地人们越来越不满宗主国的统治。在是否应该反抗宗主国的压迫,如何反抗的争论中,托马斯·潘恩(Thomas Paine)的《常识》起到了决定性作用。《常识》出版后,不到三个月就发行了12万册,一年时间再版25次,战争中,大陆军战士几乎人手一册。1776年5月,《常识》的法文版发行,1777年,德文版出版,其影响力扩展到全世界。1787年,潘恩重返欧洲,受到法国自由派贵族与英国辉格党人的欢迎。与英国保守主义者展开论战,于1791至1792年间撰写并发表了《人的权利》(Rights of Man)。他的激进的主张使得他在美国、英国、法国都遭到排斥,1809年,潘恩在穷困潦倒中去世。

1. 托马斯·潘恩的思想渊源

源于英国,张扬于法国的启蒙思想是潘恩思想的重要基础。从洛克到伏尔泰、孟德斯鸠、卢梭,这些启蒙思想家们都主张,人是生而平等自由的,生命权、财产权、自由权等基本人权是上帝赋予的自然权利,不可让渡,不可剥夺。潘恩以"理性"为基础,"以公众的利益作为其独一无二的目的"②,主张用民

---

① HAROLD L. N. Seditious Libel in Colonial America [J]. American Journal of Legal History, 1959, 3 (2): 160 – 172.

② 托马斯·潘恩. 潘恩选集 [M]. 马清槐, 译. 北京: 商务印书馆, 1982: 244.

主代议制建立一个民主政府，维护人民的基本权利。

洛克的《政府论》直接影响了潘恩的自然权利观。洛克认为，在自然状态下，所有人生而自由平等，生命权、自由权和财产权是自然权力的核心，政府是"对自然状态的不当之处的补救"。潘恩接受了洛克的自然权利说，并以幸福权取代财产权，阐述了无产者应当与有产者一样，平等享有政治权利。

在政府的起源上，潘恩几乎完全赞同洛克和卢梭的社会契约论，认为"人民之间相互产生并组成一个政府，这就是契约"。① 一旦政府违背契约，人民有权推翻他。洛克的民主代议制在潘恩的思想中也有体现。洛克认为，主权在民，但不可能所有人共同决定政治事务，所以每个政治社会中的人，都必须接受多数原则，代议制是实现这一原则的最好方式。同时，潘恩的民主共和政治明显有孟德斯鸠的影子。他提出了"均分与选择"原则。政府的权力应该均分，彼此监督。政府应是两院制的代议制政府，用投票制选举出代表人民行使权力的议员和行政官员，议员遵循轮换制。卢梭认为人类不平等的起源是私有制，因为私有制导致的经济上的不平等致使人们在政治上的不平等。潘恩受其影响认为，社会不平等的根本原因是私有财产导致的贫富差距，只有消灭私有制，才能消除贫富差距，保障人民在政治上的平等，进而让人类达到平等。

2.《常识》

1776 年 1 月 10 日，影响了美国和法国革命、英国激进主义运动命运的小册子《常识》出版，简单易懂的语言解释了人类社会的形成和英国的政体，阐明了北美革命的必要性和前进的方向。

首先，他反驳北美与英国是血亲，英美应该和解的说法，认为英国国王的暴政是一切罪恶的起源。"乔治三世只不过是大不列颠皇家畜牲"，英王的"始祖是某一伙不逞之徒中的作恶多端的魁首"。"在英国，一个国王所能做的事情，总结起来不外乎是挑起战争和卖官鬻爵，坦白来讲，这使国家陷入贫穷和四分五裂。一个人每年伸手拿八十万磅，而且还受人崇拜，这真是一桩好买卖。可对于社会，同时在上帝眼中，一个普通的诚实人也要比从古到今所有加冕的坏蛋有价值得多。"因此，"和解与毁灭密切相关"，"英国属于欧洲，北美属于它本身"，"现在是分手的时候了"②。

其次，北美应该建立维护人民权利的民主共和国。"社会在各种情况下都是

---

①　托马斯·潘恩. 潘恩选集［M］. 马清槐，译. 北京：商务印书馆，1982：254.

②　托马斯·潘恩. 潘恩选集［M］. 马清槐，译. 北京：商务印书馆，1982.

福佑，而政府在最好的情况下也是一种难以躲避的祸害，而在最糟糕的情况下，它就成了不可容忍的祸害。"但是，"君主政体意味着我们自身的堕落和失败，同样，被人当作权力争夺来的世袭制，则是对我们子孙的侮辱和欺骗"。北美应该建立一种源于人民，保护人民自然权利的民主代议制政府。这种政府通过制定承认自由平等的宪法来治理国家：

> 有人说，那么北美的国王在哪儿呢？朋友，我要告诉你，他在天上统治着，不像大不列颠皇家畜牲那样残害人类。还是让我们庄严地规定一天来宣布宪章，希望我们哪怕在世俗的德行方面也不要有缺点；让我们发表的宪章以神法和圣经为依据；让我们为宪章加冕、从而使世人知道，就赞成君主制而言，在北美法律就是国王。因为，正如在专制政府中，国王便是法律一样，在自由国家中法律便应该成为国王，而且不应该有其他的作用。但为了预防以后发生滥用至高权威的流弊，那就不妨在典礼结束时，取消国王这一称号，把它分散给有权享受这种称号的人民①。

再次，自由是革命的目的。

> 啊！你们这些不但敢反抗暴政，而且敢反抗暴君的人！请站出来！旧世界遍地盛行着压迫，自由遭到驱逐。亚洲和非洲早已把她赶走，欧洲把她当成怪物，英国已经对她下了逐客令。接纳这个逃亡者，为人类准备一个避难所吧！②

3. 《人的权利》

1791 年 3 月，潘恩的《人的权利》在伦敦出版，该书激烈抨击柏克的《法国革命感言录》，将英国资产阶级大革命与美国的独立战争，法国的大革命进行比较。他认为美国和法国的革命是先进的、正义的，这两场革命血脉相连。而英国的革命，尤其是光荣革命是向保守派的妥协。

他打破了整个欧洲对君主立宪的迷信，倡导民主共和才是法国革命的方向。"把代议制同民主制结合起来，获得一种能容纳和联合一切不同利益和不同大小的领土与不同数量的人口的政府体制。"潘恩以美国为例，说明这一政体已在比英国本土大十倍的美国试验成功，法国人无须犹豫观望。他们既不必迷信英国政体，也不必为卢梭式的难题所困惑，应该起而仿效美国，建立大国共和政体。

---

① 托马斯·潘恩. 潘恩选集 [M]. 马清槐，译. 北京：商务印书馆，1982.
② 托马斯·潘恩. 潘恩选集 [M]. 马清槐，译. 北京：商务印书馆，1982.

4. 托马斯·潘恩与英国工人激进运动

1792 年初，受法国大革命的影响，激进民主运动在英国各地蔓延开来。这一时期，各种政治传单、小册子以及新闻报道开始大规模销售，激进派与反对的声音都通过这些印刷媒介传播至更多的民众。托马斯·潘恩也在这一时期写就了 18 世纪激进派的非正式圣经——《人的权利》，当时尽管这本书售价高达 3 先令，但是在很短的时间里就销售出了 5 万册。第二年，这本书的一个更为便宜的版本问世，并且在 1 个月内就售出了 3 万册。潘恩以民主、反感贵族、支持所有个人表达自己的权利的观点，为劳动者初步发展自己的认同感和意识提供了支持。《人的权利》在英国被广泛传播，尤其是在工人阶级里。"伦敦通讯会""宪法知识会"等激进组织都受到《人的权利》一书的影响。"谢菲尔德知识会"被授权出版《人的权利》普及本，在日常的学习会上学习和讨论潘恩的思想。在"谢菲尔德知识会"的学习记录中有这样一段记载：发言中有个"陌生人"站起来为政府和法律辩护，说他们"为权力不受侵犯提供了保证"。"这引起全场骚动，会议打乱，维持秩序的要求一再提出，一个会员措辞激烈地坚称这位先生是智力障碍者，但是在这个拥护政府的朋友做出一番解释后，他的意见很快就得到谅解，不过他们表示可怜他因为他没有读过《人的权利》……"① 这种学习会将《人的权利》的影响扩展到识字率极低的下层民众中。"宪法知识会"将《人的权利》普及本发放给它的会员和其他群众。潘恩还曾被邀参加过"宪法知识会"的会议，并被授予名誉会员。

柯尔在《人的权利》的导言中写道："潘恩的《人的权利》成为英国工人阶级激进分子的福音至少有两个世代。"作为英国激进主义的代表作，

它被看作穷人的圣经，因为它是英国政治著作中第一本根据普通人观点阐明普通人情况的书。潘恩这个制作过船桅支索和当过收税员的人，是属于人民的：他知道怎样作为他们的一员向他们讲话。基于同一原因，他的书理所当然地在统治阶级手里遭到查禁。这是因为对统治阶级来说，这本书确实是危险的，而葛德文的《政治正义论》和当时其他许多激进的作品却不是这样。这本书是危险的，因为他不但用明白无误的语言系统地阐明了穷人的权利，而且还破天荒第一次提出了一项激进的社会改革方案，这个方案既给穷人提出了抽象的权

① 钱乘旦. 工业革命与英国工人阶级 [M]. 南京：南京出版社，1992：99.

利，又给他们提出了应为之斗争的实际利益①。

第四节　自由主义传统的确立

英、美、法国的资产阶级大革命完成后，资产阶级的政府相继通过了保障公民信仰自由、新闻出版自由的法律，并在各国人民的不懈努力下一步步落实。关于思想自由和言论自由的理论也逐步成熟。

一、约翰·密尔与言论自由观

约翰·斯图尔特·密尔（John Stuart Mill，也有译为约翰·穆勒）的名著《论自由》（On Liberty）被誉为自由主义的集大成之作。《论自由》的第二章"论思想自由和讨论自由"专门探讨了言论自由问题，该章占了全书篇幅的三分之一。《论自由》与弥尔顿的《论出版自由》被看作报刊出版自由理论的经典文献。

第一，言论自由是绝对的自由，无论真理还是谬误都有说出来的自由，言论自由有助于人类寻求真理。"思想言论自由，目的在获得真理，不论他是基督教徒或异教徒、富人或穷人、执政党或反对党、男人或女人，除了诽谤、讽刺以及人身攻击外，都有表达自由意见的自由"②，而"言论自由为竞争性的意见提供自由表达的场所，持有己见的个人自由进入这个场所，从错误的意见中区分出正确意见，加快追求真理的进程"③。如果没有充分的言论自由，没有各种意见的自由表达，真理就可能被压制。在密尔看来，真理与谬误可能存在两种关系：第一种，公认意见是绝对真理，被压制的意见是谬误。被压制的意见依然能够促进人们对真理的思考；即使是正确无误的真理也需要与对立的声音交锋以增强与保持自己的活力。"即便我们可以确定其错误，禁绝他仍为过错"，"因为经过真理与谬误的碰撞，会让人们对真理有更清晰的体会和更生动的印

---

①　G. D. H. 柯尔，托马斯·潘恩. 人的权利（导言）[M]. 上海：上海译文出版社，2018.

②　陈鸿喻. 约翰·密尔的政治理论 [M]. 台北：台湾商务印书馆，1981：164.

③　PASSAVANT A P. A Moral Geography of Liberty：John Stuart Mill and American Free Speech Discourse [J]. Social & Legal Studies，1996，5（3）：302.

象"①,"无论多么正确的意见,如果不能时常经受充分且无所畏惧地讨论,它都只能作为僵死的教条而不是鲜活的真理而被持有"②。第二种,被压制的意见是或部分是正确的。因为"我们永远不能确定我们所竭力要禁绝的意见是错误的"③,所以只有充分的言论自由才能不断纠正我们的错误,"在人类智慧的当前状态下,唯有通过意见的分歧多样,才能使真理的各个方面有一个公平竞争的机会"④,"真理必有赖于两组相互冲突的理由的公平较量"⑤。"如果整个人类,除一人之外,都持有一种意见,而只有那一人持有相反的意见,人类也没有更好的理由不让那个人说话,正如那个人一旦大权在握,也没有理由不让人类说话一样。"⑥ 且无论这个人的意见多么不道德,他都有"完全自由"去表达它,"任何信条,无论其可能会被视为如何不道德,都应该具有表达和讨论的完全自由"⑦。

第二,言论自由是个人价值的体现,帮助人们形成个性。言论自由是自由人的内在价值,自由人凭借自我的理性,自主选择、获取信息,表达观点,所以言论自由是公民的基本人权之一,人因此拥有尊严。言论自由能够帮助人们从不同角度认识世界,选择自己的生活方式,从而发展出自己独特的个性。约翰·密尔有感于法国大革命的"社会暴虐",认为社会将集体的意志强加于其社会成员,压抑人们的思想、言论,抹杀人的独特个性和选择权,只会造成社会的暴乱、堕落。"当社会本身是暴君时,就是说,当社会作为集体凌驾于构成它的各个人时,它的施虐手段并不限于通过其政治机构而做出的措施——这种社会暴虐比许多种类的社会压迫还可怕,因为它虽不常以极端性的刑罚为后盾,却使人们有更少的逃避办法,这是由于它透入生活细节更深得多,由于它奴役到灵魂本身"⑧。 所以,民主社会中首先要确保人民享有充分的言论自由。"言论自由是通向良好社会的手段,它能促进民主的发展,是个人发展的重要品质,

---

① 约翰·穆勒. 论自由 [M]. 孟凡礼,译. 桂林:广西师范大学出版社,2001:18.
② 约翰·穆勒. 论自由 [M]. 孟凡礼,译. 桂林:广西师范大学出版社,2001:38.
③ 约翰·穆勒. 论自由 [M]. 孟凡礼,译. 桂林:广西师范大学出版社,2001:18.
④ 约翰·穆勒. 论自由 [M]. 孟凡礼,译. 桂林:广西师范大学出版社,2001:53.
⑤ 约翰·穆勒. 论自由 [M]. 孟凡礼,译. 桂林:广西师范大学出版社,2001:39.
⑥ 约翰·穆勒. 论自由 [M]. 孟凡礼,译. 桂林:广西师范大学出版社,2001:18.
⑦ 约翰·穆勒. 论自由 [M]. 孟凡礼,译. 桂林:广西师范大学出版社,2001:62.
⑧ 约翰·穆勒. 论自由 [M]. 孟凡礼,译. 桂林:广西师范大学出版社,2001:5.

是个人权利和自由的基础。"①

第三，言论自由的界限。密尔在《论自由》中提出了著名的"伤害原则"，即当一个人的行为，其利害仅止于自身而不关涉他人时，他们都该完全不受法律和社会的束缚而自由行动；但只要个人行为的任何部分有损他人利益时，社会对此就有了裁夺的正当权力。② 与之前的自由主义者不同的是，密尔对于言论自由的发表和行动做了区分，即言论内容不应当受到限制，但言论行动（一种会直接引发某种犯罪行为的以言论的形式表现出来的行为，而非言论内容本身）应该以不伤害他人为原则。密尔用两个案例来说明言论内容和言论行动的区别。1858 年英国政府颁布的《政府出版检举条例》将"诛杀暴君具有合法性"认定为不道德的言论，发表传播此言论视作有罪。密尔说"任何信条，无论其可能会被视为如何不道德，都应该具有表达和讨论的完全自由"，言论内容是绝对自由，任何言论都应该不受制约。但是，如果有个意见说粮商是使穷人遭受饥饿的罪魁祸首，若这种观点仅仅发表在报刊上，那么就不应遭到限制。但若是对着一大群聚集在粮商门前的愤怒的群众以口头方式或者以标语方式进行宣传，那对此行为加以惩罚就不失为正当③。

二、英国国会新闻报道的历程

在正式的报纸发展起来之前，小册子是英国民间主流的印刷品。英国内战带来了新闻书出版的繁荣。内战结束后，小册子一直到 18、19 世纪仍然流行，而新闻书则逐渐发展具备了特稿、标题、插图、社论等现代报刊的诸多要素。由新闻书逐渐发展而成的报纸成为民众了解各种国内事务的消息来源，政府也有自己的官方报纸。尤其是 1679 年《印刷法案》宣告终止之后，报纸已经成为英国随处可见的东西。人们可以在书商和咖啡馆里买到报纸，很多城镇也都有报纸商店出售日报和周报，而那些买不起报纸的人则可以在商店的橱窗里看到最新张贴的报纸。很快，工业革命使得报纸一类的印刷传媒发展成为更加广泛的社会变革的重要方面，技术的变革增加了大众传播的发展潜能，曾经在 17 世纪成为英国内战时期政治和议会斗争核心的报纸，在 18 世纪仍然在政治上扮演

---

① CAMPBELL K G. Freedon of Speech, Imagination, and Political Dissent: Culturally Centering the Free Speech Principle [D]. Denver: the Faculty of Social Sciences University of Denver, 2004: 23.

② 侯健. 言论自由及其限度 [J]. 北大法律评论, 2000 (2): 62 - 127.

③ 约翰·穆勒. 论自由 [M]. 孟凡礼, 译. 桂林: 广西师范大学出版社, 2001: 65.

着重要角色。与此同时，18世纪末，资产阶级和工人阶级的政治意识先后觉醒，愈发想要争取自己的政治权利，而报纸则成为他们斗争的见证者。

在18世纪初的新闻报道中，对于议会的报道是受到政府严格控制的。即使新闻检查制度早在17世纪末就已经被废除，但是政府仍然对出版进行着法律上的控制，而当时还是围绕着王朝建立的寡头政治，就是通过控制出版社这一机制来阻碍新阶级来参与英国政治生活。詹姆斯·库兰在《大众传播与社会》一书中写道："对出版进行法律控制，目的是让人们接受事实上排斥大众的政治体系标准。对议会报道的限制——包括禁止报纸报道议会的辩论和禁止报道未经许可的议会投票等——就是要证明这些行为不利于议会商议问题。他们的目的与征收出版税一样，都是为了严格控制那些危及寡头政治的人参与政治。"①

面对政府对于报道的控制，资产阶级反而日渐提高了政治参与的意识。起初，没有人对日益增长的政治意识进行关注，但是1762年的威克斯事件却唤起了资产阶级想要争取政治权利的意识。1762年，约翰·威尔克斯（John Wilkes）创办了《苏格兰人》杂志（The North Briton），他在杂志的创刊号中主张"批评政府是每一个报人的神圣天职"。1793年，乔治三世在议会发表结束七年战争的演讲，威尔克斯在第45期《苏格兰人报》上撰写评论，他抨击大臣们是"专制和腐败的工具"，还指责国王是少数大臣的代表和发声器，整篇演讲不过是违心的"谎言"②，报纸鼓动公众的不满情绪，将其变成民族大众关心的论战。司法大臣动用"通用逮捕令"（general warrant），将作者、印刷者、发行者及贩卖者一齐逮捕，主审法官裁定威尔克斯无罪释放。随后，威尔克斯在议会选举中获胜，却在国王的施压下被逐出议会。由此伦敦爆发了大规模的民众游行，他们喊出"威尔克斯与自由！"的口号，"45"开始成为一个具有特殊政治文化意涵的符号，势头甚至波及整个英国，进而蔓延至美国。威克斯斗争的核心是反对国家控制出版自由。这次斗争使得议会默认开放国会新闻报道，并在1771年废除了对国会新闻报道的禁令，从长期来看，更为重要的是这次斗争引领了资产阶级更为广泛的政治参与，增强了资产阶级政治参与意识。

1803年，英国国会允许记者在议院后排旁听，并在1831年专门增设了记者席。1868年，承认记者报道和评论国会新闻不属诽谤罪。1907年，英国国会创

---

① CURRAN J, GUREVITCH M. Mass communication and society ［M］. Newcaslte, 1977：41.

② The North Briton ［J］. J. Williams, 1763, （45）（2）：227–240.

设新闻处，负责新闻发布和政策宣传。

三、威尔克斯事件对北美的影响

威尔克斯事件席卷英国的时候，正值七年战争后英国加强对北美的控制，英国与北美殖民地的冲突开始显现之时。

最早关于威尔克斯事件的信息是通过私人信件传到殖民地的。1763 年 8 月，本杰明·富兰克林收到了一位英国议员写给他的信，描述了法庭对威尔克斯（图 3-6）的审判情况。两周后，有人来信向他讲述英国议会关于"威尔克斯与第 45 期《苏格兰人》杂志"的表决结果。

图 3-6 "约翰·威尔克斯像"，英国漫画家威廉·贺加斯于 1763 年创作的讽刺版画

稍晚一点，北美的报纸大篇幅地报道了威尔克斯和第 45 期《苏格兰人》杂志的消息，向殖民地人民传递威尔克斯发表批评英王的言论和遭到监禁的新闻。例如，《宾夕法尼亚报》在 1763 年下半年的每个月都有关于威尔克斯事件的相关报道。

各种小册子则是更为直接地赞扬威尔克斯，威尔克斯本人的著作和演讲集也相继在北美殖民地出版。1763 年，波士顿和费城出版了一种翻印自伦敦的小册子，全称为："一份对艾尔斯伯里的英国议会议员、原白金汉郡民兵上校约翰·威尔克斯先生的可靠记录。从这位绅士被陛下的使臣拘捕到他在民事诉讼法庭上获释，包括了与这一令人瞩目之事件相关的全部文件。附有每个英国人的珍宝——《人身保护法》的摘要，以及导致威尔克斯先生被送往伦敦塔的文件——第 45 期《苏格兰人报》。献给所有自由的热爱者们。"其内容包括对威尔克斯事件的回顾、第 45 期《苏格兰人报》全文、《大宪章》摘要、威尔克斯在狱中的书信和在法庭上的演讲、支持者的来信、相关文章和诗歌等。威尔克斯被赞为："富有极大荣耀和才能的绅士，自由之友，他的国家之友，英国人珍贵的权利和特权的坚定维护者。"

通过私人信件、报纸、小册子，殖民地人得以直接获知威尔克斯的观点主张，威尔克斯事件的政治信息迅速扩散，在对威尔克斯及其思想的介绍和讨论中，威尔克斯逐渐成为"英国自由和宪法的保护者"、"坚定的爱国者"、殖民地利益捍卫者。

据马萨诸塞殖民地总督托马斯·哈钦森回忆，在 1763 年的波士顿，"威尔克斯与自由！"之声处处可闻，与伦敦别无二致[1]。当 1766 年 5 月，殖民地获知《印花税法》被废除的消息时，人们在波士顿的"自由树"上悬挂 45 盏灯作为庆贺[2]。殖民地工匠、"自由之子"组织成员保罗·里维尔设计了一种"自由方尖碑"，"献给每一个自由的热爱者"。方尖碑的底部绘有四幅象征画："自由树"旁，女性形象的"美利坚"担心着自由的丧失，转向英国的"爱国者"们求援，共同反对布特伯爵。历经磨难之后，"美利坚"终于从"爱国者国王"的手中重获自由。方尖碑的上部绘有威尔克斯等 16 个"美利坚自由之友"的肖像。波士顿的人们抬着这个纸质的"自由方尖碑"欢呼游行。威尔克斯俨然成为暴政的反抗者，北美自由主义精神的化身。

1768 年，威尔克斯在议会选举中获胜的的消息传到殖民地，《波士顿报》生动地描述了伦敦的场景：到处是写有"第 45 期"和"威尔克斯与自由！"的标语、旗帜，群众们高呼口号、打砸窗户、痛殴官吏，"爱国者"之间最流行的

① PETER S. American Patriots and the Rituals of Revolution ［M］. Cambridge, MA: Harvard University Press, 1981: 72.

② ALFRED F. Young. Liberty Tree: Ordinary People and the American Revolution ［M］. New York: New York University Press, 2006: 330.

祝酒词是"愿自由与每个威尔克斯派永远相随，愿威尔克斯永远自由!"① 两周后，威尔克斯逐出议会的消息传来，不少殖民地都爆发了抗议游行。

威尔克斯事件对殖民地的影响绝不仅仅限于激化了殖民地与宗主国的矛盾。"自由""爱国""反专制""大宪章""限制国王权力"等政治话语随后转化为北美独立战争的反抗口号，为殖民地普遍接受。另一方面，用小册子、集会、游行等方式宣传革命，讨论公共事务，反抗宗主国统治的抗争方式也为殖民地人民效仿（图3－7）。对英国议会和国王的不满在1773年的"波士顿倾茶事件"达到高潮，最终演化为北美独立战争和美利坚民主共和国的建国。

图3－7　保罗·里维尔的"自由方尖碑"设计图。第四个柱子左下角署名为"J－n W－s"的肖像为威尔克斯

四、法国出版自由法

虽然1848年11月的新宪法名义上规定了人民的出版自由，但"自由"身上带有沉重的枷锁。马克思分析法国宪法时说："宪法一再重复着一个原则：对人民的权利和自由（例如，结社权、选举权、出版自由、教学自由等）的调整和限制将由以后的组织法加以规定，——而这些'组织法'用取消自由的办法来'规定'被允诺的自由。"②

法兰西第二帝国时期巴黎只有11家报纸保住了发行权，新闻犯罪不再由轻

---

① May 30, 1768. Boston Gazette.
② 马克思恩格斯全集：第7卷［M］. 北京：人民出版社，1959：588.

罪法庭审理，而被归入刑事犯罪。拿破仑三世恢复了新闻检查制度，并且要求报纸必须发表官方公告，保证金和知识税在这一时期也继续征收。

法兰西第三共和国初期（1870—1881）。第二帝国在1870年的普法战争中垮台，9月4日巴黎爆发革命，宣布建立共和国，新闻出版自由立即完全恢复，尽管战争仍在继续，许多报刊得以自由出版，自由发表言论。

巴黎公社中短暂取消了对新闻传播的限制，但由于内斗和外敌很快失败，法国新闻业再次陷于重重重压之下。巴黎28家日报被查封、20家日报停刊、173家报纸不准公开在街市发行。1877年5月，总统麦克马洪（Mac - Mahon，M）为压制共和派的言论，数周内发起了2000多起报刊诉讼案。

在这次大选中，共和派获胜，几经辩论，终于在1881年7月29日通过了《新闻自由法》，法国的新闻自由才得以基本确立。该法替代了以往与新闻传播有关的42项法令的约300多个条款，实际上剥夺了政府当局对报业实行监督、施加压力的一切手段，授予报刊企业较多的活动权利，宣布了较为彻底的新闻出版自由，恩格斯总结说："法国的资产阶级共和派在1871—1878年间彻底战胜君主政体和僧侣统治，给法国带来了过去在非革命时期闻所未闻的出版、结社和集会自由。"[1]

---

① 马克思恩格斯全集：第38卷 [M]．北京：人民出版社，1972：176．

第四章

大众报刊的勃兴

随着第一次工业革命的深化，大革命之后的各国工商业经济蓬勃发展，这催生了消费主义和摆脱政治依附性的独立报刊。报刊的报道内容从政治转向日常生活，服务人群从政治精英扩展向社会各个阶层，走向大众化。

第一节　大众化报刊出现的历史土壤

在大革命后相对宽松的政治空气和保障言论自由的法律条件下，工商业经济的繁荣、城镇化、公共教育的发展和交通信息技术的改进，共同形成了大众化报刊出现的历史土壤。

一、政治民主化

近代大众报业以新闻自由为基础，而新闻自由又以民主政治为前提。所以，民主的政治秩序是近代大众报业发展的先决条件。18 世纪末 19 世纪初，英、法、美等国完成了资产阶级革命，"主权在民""天赋人权"学说深入人心，三权分立的民主政治秩序已经基本确立。公民的言论自由、出版自由、思想自由，大多已经在一定程度上得到了国家法制的保障。这种宽松、自由的政治环境直接转化成了大众化报刊滋生的沃土。

同时，英美的激进主义运动使公民选举权扩展到社会下层民众，平民开始拥有社会事务的发言权。平民阶层热衷于利用得之不易的选举权来获取信息，并为自身阶层争取利益。原本的政治性报纸仍然为社会精英所把控，平民的表达空间极为有限。在公民参政的热情中，廉价报纸开始自称为公众的代言人。

二、工商业经济的发展与消费主义

工业革命推动了工商业的发展，社会产品从来没有如此丰富，但这些产品如何售卖出去呢？如何让消费者在琳琅满目的商品中选择自家的产品呢？广告就成了工商业进一步扩张的重要手段。广告并不针对某种特定政治团体，而是希望赢取最广泛之受众，尤其是消费欲望旺盛的新兴中产阶级。处于上升阶段的中产阶级追求体面的消费，渴求物质享受和娱乐消遣，政治性报纸并不能满足这一需求。广告必须寻找一种面向更广大的受众群体的平台，推销他们的产品。

现代大众化报刊的经营支柱有二：一是发行收入，二是广告收入。随着经济的发展，广告的收入日益提高其在报业总收入中的比重，成为报刊的主要收入来源，进而成为降低报刊成本，降低报价的根本保证。当广告成为报纸的主要利润来源，报纸就逐渐地从为政治团体服务转变为普通消费者服务，进而为了迎合普通受众，拒绝政治性的津贴，摆脱经济上对政府和政治团体的依附地位，走上政治和言论的独立道路。

三、城镇化的出现

19 世纪初期，随着工业革命的进展，一些欧美发达资本主义国家的城市在数量和规模上有了很大的扩张。1833—1860 年间，美国人口增长了 2—3 倍。一方面，大量破产农民涌入城市，他们迫切希望了解城市；另一方面，由于人口的集中和各地区经济联系的加强，都市已经由过去的商品交易中心发展成为信息交流中心。

工业革命带来的最重要的社会变革是社会分工的细化，城市中的各种行业和社会现象是以往闻所未闻的。人们对城市信息的需求也大幅增加。因此，城市规模的扩张，不仅增强了社会对信息交流的需要，而且为报业的发展准备了更多的读者。

四、交通电讯科技的进步

工业革命给新闻传播业带来了印刷技术、造纸技术、电子通讯技术、交通技术的大发展，报纸印刷发行的成本大大降低，这使得报纸有了降价空间。

1830 年以前，美国的报刊都是手工印刷，劳动效率低下，报纸的印数每小时最多只有 300 张。1830 年，美国荷公司（Hoe and Company）生产出每小时印刷 4000 份的印刷机。

早期的报纸和信件主要是靠快马或商队传递，蒸汽机车的使用使得报纸可以利用轮船和火车迅速在世界各地散发。1818 年从纽约到利物浦的航船需要 22 天，到 1839 年只需要 5 天半的时间。电讯技术更是使得新闻的速度和内容、写作方式发生了历史性变革。依托电讯技术建立的通讯社进一步降低了报纸的成本，丰富了新闻报道的内容。

五、公共教育的初步普及

义务教育起源于 1619 年的德意志魏玛邦学校法令，但这个法令建立的是宗教教育。19 世纪，由于工业革命和科技的进步，大工业生产取代手工作坊，相较于手工业者，机械化生产对于工人的素质要求更高，他们需要一定的科学文化知识和生产技能，对于平民的教育成为工业发展的必要条件。这一时期，大量平民学校开始出现。美国最早在 1852 年，英国在 1880 年，法国在 1882 年，先后通过了各自的义务教育法。义务教育让社会中下层公众接受文化教育的人数逐步增多，文盲率大大下降。不过，这时的义务教育时间不长，教育水平不太高，公众的科学文化水平仍然较低。这就为廉价报纸培养了大批潜在的认得一些字，但文化水平有限、品味不高的读者。

第二节　英国大众化报刊

英国报刊的大众化在资产阶级大革命之后 100 多年才完成。19 世纪上半期的激进主义运动打破了政府希望借由知识税限制信息传播，将话语权掌控于有产者手中的企图。知识税被废除后，英国出现了以通俗小报为代表的廉价报刊，与传统的高级报刊分庭抗礼。

一、知识税的废止

为了压制激进主义的言论，英国政府提高了印花税，同时对那些驯服的报刊给予津贴，保证其利润。由于新闻检查和逮捕激进主义报刊的所有人，查封报刊，反而会激起社会的反抗，提升激进主义者的声望，英国政府越来越依赖于借知识税来打击在经济方面捉襟见肘的激进主义报刊。艾伦伯度爵士（Lord Ellenborough）对此有直白的说明："印花税绝不是针对那些'值得尊重的报刊'

的，其最终的目的是打击那些贫民报刊。"① 政府期望以此提高报刊成本，让办报权仅集中于有产者手中，如果报刊因此涨价就更好了，这样读者群也就被限制在有较高支付能力的社会中上层人群中。他们还相信收缴知识税可以迫使报纸涨价，使读报这一活动也限制在有支付能力的上层精英和中产阶级读者层中。这样，主要读者群体是社会底层民众的激进主义报刊就会因为经营困难而倒闭，政府也不必承担破坏言论自由的罪名。知识税的确给激进主义报刊制造了经济压力，所以从 19 世纪 30 年代开始，激进主义报刊开始有组织地大规模逃税。工人团体报刊《贫民导报》（Poor Man's Guardian）（图 4 - 1）公开抵制缴纳知识税。除了激进主义者们，自由主义者和正在走向大众化报刊的商业报纸也希望废除知识税。就连一些政府人士和议员也认为，废除知识税是有好处的。布尔法 - 里顿爵士主张，"应当废除知识税，印刷者和出版物能够比监狱和刽子手更好地为一个自由国家的和平与荣誉服务。廉价的知识比经费巨大的惩罚制度是更好的政治工具。"② 国会议员格罗特（Grote）也声称，印花税事实上限制了那些政治上可靠的、值得尊重的报纸为工人们提供恰当的指导与正确的信息③。在种种压力下，政府不得不将废除知识税提上了议事日程。

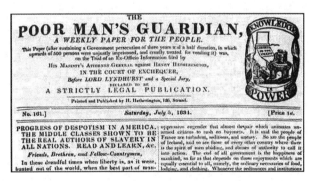

图 4 - 1　《贫民导报》

英国国会在 1833 年降低广告税，1836 年降低印花税与纸张税，印花税也从 4 便士降为 1 便士。广告税和附刊税于 1853 年废除，然后是印花税于 1855 年废除，最后才是纸张税于 1861 年废除。

知识税废除后，英国的报刊数量猛增，刺激了以营利为目的的大众化廉价

①　WILLIAMS R. The Long Revolution ［M］. Harmondsworth：Penguin Book，1965：20.
②　张隆栋，傅显明. 外国新闻事业史简编 ［M］. 北京：中国人民大学出版社，1997：83.
③　ONBOY M. Journalism：A Critical History ［M］. London：Sage Publications，2004：55.

报刊的普及。而激进主义报业因为读者被大众化报刊分流，狭隘的政治化议题，在这种商业化的冲击下逐渐消亡。

二、《福克斯诽谤法案》

为缓和威尔克斯事件引发的公众的不满，英国国会停止了针对报刊的总逮捕令，默认开放国会新闻报道。1769 年，英国多家报刊收到了笔名为"朱尼斯"的作者抨击国王的来信，大部分报刊刊登了这些信件。司法大臣以诽谤罪起诉了作者和这些报刊的负责人，陪审团却将涉事人无罪释放，从而确立了"批评国王无罪"的司法原则，原有的诽谤法被打破。1792 年，英国国会经过激烈辩论后通过了《福克斯诽谤法案》，其要点如下：陪审团对一切诽谤案件有总体判决权；在诽谤案件中，法官将自己的判断提供给陪审团斟酌参考；陪审团认为必要时，可对诽谤案件给予特别裁决（指陪审团只提出已查证检实的事实，由法庭据此进行判决）；被告逮捕后，经一位陪审团员认可，即可提请审判。

《福克斯诽谤法案》在英国近代新闻史上有着重大意义，它表明今后审理煽动诽谤罪案件必须依据严格的法律条款和程序进行，不能像过去那样凭国王和大臣的好恶随意逮捕报人；同时还认可了陪审团对此类案件的"总体判决权"，改变了司法当局单方面决定审判结果的局面，出现了有利于大众化新闻传播的双权制衡审理机制。

三、廉价报纸的出现

由于印花税的长期存在，英国廉价报纸的出现要晚于美、法。1855 年印花税法废止后，英国的廉价报刊才出现，其中最成功的是《每日电讯报》。《每日电讯报》于 1855 年 6 月 29 日创刊，售价为 2 便士，相当于当时报纸普遍售价的一半。不久之后，《每日电讯报》因为经营不善转卖给了约瑟夫·摩西·利维。利维家族对报刊进行了大刀阔斧的改革。首先，报刊售价降为 1 便士。其次，保持中产阶级口味不变。爱德华·利维·劳森和桑顿·李亨特接手后，提出"最大，最好，全世界最便宜的报纸（the largest, best, and cheapest newspaper in the world）"的口号，采用新式新闻模式，拓展报道的内容，加大了对社会新闻的报道，注重报道的趣味性，招揽著名的专栏作家。这些措施使得《每日电讯报》发行量激增，在 1877 年，其发行量达到 25 万份，成为世界上发行量最大的报纸。

除了《每日电讯报》之外，《谢菲尔德每日电讯报》（1855 年 6 月 8 日创办）、《利物浦每日邮报》（1855 年 6 月 11 日创办）和《伦敦晚报》（1855 年 8 月 14 日创办）等也是备受欢迎的廉价报刊。

虽然在经营手法上，这一时期英国的廉价报纸与美国的同行类似，也同样受到了普通读者的欢迎。但英国的廉价报纸并没有立刻肆无忌惮地采用黄色新闻的报道手法，吸引中下层读者，攫取广告费。它们仍然以中产阶级人群为主要读者人群，内容以平民化、趣味性为主，语言也依然追求温文尔雅，而不太过于耸人听闻、刺激眼球。那种黄色新闻还要几乎半个世纪才在英国泛滥开来。

四、高级报纸

英国很早就形成了高级报纸的传统，其中最具典型性的是《泰晤士报》。1785 年元旦，《泰晤士报》创刊，当时的报名是《环球世鉴日报》，其所有人是约翰·沃尔特（J. Walter）。1788 年 3 月才正式采用我们所熟知的"The Times"报名（图 4-2）。当时伦敦已有 8 家日报，以报道议会报告、欧洲新闻和刊登广告为主，有明显的政党倾向。《泰晤士报》却削减了政治新闻的报道数量，刊载更多的商业和航运消息，以争取广告。但是受限于英国高昂的知识税，《泰晤士报》此时也不得不和其他报纸一样，接受来自政府的津贴。在领取每年 300 磅

图 4-2　1788 年 3 月正式使用"The Times"报名的第 1 期版面

的津贴，与海关签订收入丰厚的出版合同后，《泰晤士报》投桃报李，大力批评法国大革命和英国的激进主义运动。

《泰晤士报》相较于同期其他日报，最大的优势是它的国际新闻报道。此时，英国日报的国外新闻很少自主采写，而是购买外国报刊，委托邮局翻译，再直接刊登在自己的报纸上。这不但让新闻迟滞，更使得政府邮政变相垄断了国际新闻。为了摆脱对邮局的依附性，《泰晤士报》着手组建自己的驻外记者和翻译队伍。1789 年法国大革命爆发和 1792 年路易十六被斩首，《泰晤士报》以远远领先于其他日报的速度做了独家报道。这让《泰晤士报》的销量大增，声名鹊起。到 19 世纪，《泰晤士报》作为唯一的世界级大报统领世界新闻潮流。19 世纪 50 年代，在克里木战争一战成名的《泰晤士报》记者威廉·霍华德·拉塞尔（William Howard Russell 1821—1907）被认为是第一位真正的战地记者，并以此成为英国第一个被封为骑士的记者。

进入 19 世纪初叶，《泰晤士报》开始力图摆脱对政府的依附，转而支持主张谨慎的社会革命的托利党。1819 年，《泰晤士报》独家报道了政府血腥镇压要求改革的群众的"彼得卢惨案"①，在社论中强烈谴责了政府的残暴手段。社论呼吁人民"为改革发出雷霆之声"，因而获得了"大雷神"的称号。《泰晤士报》由此确立了它在英国国内影响力最大报纸的地位。

《泰晤士报》作为高级报纸的代表，以提供专业性新闻服务为宗旨，专业的新闻报道和有深度的社论一直以来都是《泰晤士报》的重要组成部分。该报将主要读者人群定位在中产阶级，与底层民众和激进主义保持距离。在 1832 年议会改革中，《泰晤士报》支持扩大公民权，但仅仅只支持将公民权扩大至中产阶级，并认为未受过教育的，无法理性参与公共事务的下层民众没有必要拥有公民权。

1855 年，英国废止知识税，廉价报刊和地方报刊兴起，这给《泰晤士报》带来了巨大压力。加上在政治上日趋保守，《泰晤士报》一蹶不振，不得不在 1908 年转卖给了北岩勋爵。北岩勋爵为《泰晤士报》购买了最新的排版和印刷设备，降低报纸售价。北岩勋爵将新式的新闻报道手法应用于《泰晤士报》。他要求报纸增加趣味性的专栏，刊载轻松的短文，改进标题，改用活跃的版面编排设计。这些努力使《泰晤士报》重获生机，发行量超过 30 万份。在第一次世

① 1819 年 8 月 16 日，在曼彻斯特圣彼得广场，6 万群众和平集会，呼吁进行议会改革，政府出动民团和骑兵镇压，造成 11 人死亡，600 余人受伤的惨案，史称彼得卢惨案。

界大战中，英国议会大选、政府变局、凡尔赛会议的背后都有《泰晤士报》的影子。

1922 年，北岩勋爵辞世，《泰晤士报》再度易主。约翰·阿斯特在买下这份对英国和世界至关重要的报纸后，并不仅仅是将其作为一个营利工具，而是看中其公共性。为此，他决定成立一个托管委员会，以"保证《泰晤士报》的所有权永远不会被看作仅仅是商业的问题，或落入卑劣的人手中"，重新规定了业主、董事会、编辑部和经理部之间的关系，确保编辑部的独立性。

第二次世界大战后，英国社会结构发生了剧烈变化，《泰晤士报》却犹如一位老者，在传统的上流社会与新兴的青年文化之间游离不定。公众对于科技、文化、艺术、权利平等等新话题热度攀升，《泰晤士报》的政治新闻不再能满足读者的需要。虽然报纸也曾努力转型，但收效甚微。战后也是大工业集团进军新闻业的高潮时期，《泰晤士报》的家族企业模式屡受冲击。在 1966 年，这家历史悠久的报纸也不得不放弃家族所有，成为罗伊·汤姆森集团旗下的联合型报业。1979 年因报社工人罢工《泰晤士报》被迫停刊 11 个月，在 1981 年被默多克的国际新闻集团收购。

第三节　从政党报刊到大众化报刊的美国

美国的宪法第一修正案是美国言论自由的重要保障，被马克思称为了自由的榜样。在建国的前 50 年中，美国报刊仍然深陷党争，围绕《惩治煽动叛乱法案》的争论甚至导致了美国民众的护宪运动。当人们终于对政党报刊的相互攻讦感到厌倦，一种只售一美分的，标榜自己公正客观，服务所有公众的报刊——《纽约太阳报》，拉开了美国报刊大众化的大幕。

一、美国宪法第一修正案

北美独立战争结束后，美利坚合众国制宪会议在费城召开。虽然早在 1776 年的《弗吉尼亚权利法案》中就明确提出了"出版自由乃自由的重要保障之一，绝不能加以限制；只有专制政体才会限制这种自由"。然而，在由联邦党人主持起草的《美国宪法》中却没有包含保护公民自由权的内容。这引起了大部分州的不满。在美国第一届国会上，詹姆斯·麦迪逊提出了被称为"权利法案"的十二条有关公民权的条款，并在 1791 年 12 月为各州议会通过，这就是美国宪法修正案。

其中，《美国宪法》的第一修正案保障了公民的信仰自由和言论自由，成为美国新闻传播自由的保护法。

国会不得制定关于下列事项的法律：确立国教或禁止信教自由；剥夺言论自由或出版自由；或剥夺人民和平集会和向政府请愿申冤的权利。

Congress shall make no law respecting an establishment of religion, or prohibiting the free exercise thereof; or abridging the freedom of speech, or of the press; or the right of the people peaceably to assemble, and to petition the Government for a redress of grievances.

二、令人毛骨悚然的嚎叫

1783—1833 年，从独立战争结束到第一份廉价报纸《纽约太阳报》的创刊，中间的政党报刊时期，被史学家称之为美国新闻史上的"黑暗时期"。在新闻史上，这个一时期政党报刊的丑化性攻击被形容为"令人毛骨悚然的嚎叫"。

美国在建国初期就形成了两党政治：以乔治·华盛顿、亚历山大·汉密尔顿等人为领袖的联邦党人（Federalist Party），托马斯·杰弗逊、詹姆斯·麦迪逊等领导的民主共和党（Democratic – Republican Party）。围绕建国初期的经济计划、联邦权力和州权等，两党争论不休，党派报刊是他们辩论和相互攻击的工具。

联邦党人的代表报刊有：《美国公报》（1789）约翰·芬诺、《箭猪公报》（1787）威廉·科贝特、《纽约晚邮报》（1801）亚历山大·汉密尔顿等。汉密尔顿被誉为美国社论之父。其传记作家评价说，"他是一位天生的新闻工作者和小册子作者——美国社论之父之一。他的敏锐的判断力、深刻的洞察力、高度抽象集中的能力以及文字表达的清晰简练等，使第一流的社论作家所具备的品质……笔，就是他的权杖和利剑"。

民主共和党的代表报刊包括：《国民公报》（1791 年）菲利普·弗雷诺。这份报纸攻击汉密尔顿、华盛顿是"君主立宪的拥护者"，被华盛顿称为"无赖弗雷诺"。《曙光报》（1790）本杰明·富兰克林·贝奇屡屡发表攻击联邦党人的言论，也被联邦党人反击为"这个穷凶极恶的小人"。

就连极力推崇自由至高无上的托马斯·杰斐逊也不得不感叹，"从来不看报纸的人比看报纸的人更了解情况，正如什么也不知道的人比满脑子谬误邪念的人更接近真理"。"如今报纸上的东西,没有一样是可信的。"

这一时期的党派报纸在写作风格上,表现出强烈的煽情宣传特征,充满了政治论争的火药味。报刊的目的不在于报道新闻,而是为了宣传政党的主张、政策。

报道中往往使用夸张、带有强烈的煽动性的词汇,带有浓厚的党派对立、党派宣传色彩。而新闻要素却显得十分匮乏。不过,政党报刊时期也催生了专业化的编辑、社论,促进了美国人对新闻自由的认识①。

三、《惩治煽动叛乱法案》

1789 年法国大革命爆发后,美国两党对于如何评价法国大革命,如何处理法美关系产生了巨大分歧。联邦党人对法国大革命中的"社会暴虐"的非理性行动深感不安,更因大革命中的社会自行确定行为而产生了"法院至上"理念,希望进一步加强联邦权力。但民主共和党却大力赞扬法国大革命体现出来的人民自觉和权利的张扬。这场争论最终导致了两党矛盾的激化。以联邦党人为主体的政府和国会强行通过了压制反对意见,带有浓厚党派色彩的《惩治煽动叛乱法案》(Sedition Act of 1798)。该法案规定,

任何图谋反对合众国政府任何法令或措施的人,或是建议或劝说别人反对政府法令的人,或者是如果任何人书写、印刷、用言辞表明、出版,或者有意地支持或资助书写、印刷、用言辞表明、出版任何反对美国政府、议会任何议院或总统的任何捏造的、诽谤的和恶意的文章或著作。对他们或其中任何一个恶意中伤或加以轻蔑或丑诋者都要……被处以不超过 2000 美元的罚款,或者是不超过两年的监禁。

由于审判官和几乎所有陪审员都由联邦党人担任,该法案在实施过程中大力打压反对联邦党人的编辑与记者。

法令不仅遭到民主共和党的激烈反对,而且引起更广泛的抗议,从城市报刊到乡间酒馆,反对法令的声音不断扩大。联邦党、共和党、众多报刊编辑 与普通民众通过报刊、小册子以及公共场所等公共媒介围绕法令进行深入争论,并将自己的主张付诸实践。1789 年 12 月,詹姆斯·麦迪逊在弗吉尼亚州议会上发言:"(煽动叛乱法)行使了……一种宪法没有授予的权力,一种为某一宪法

---

① 卢俊卿. 美国政党报刊论战促进新闻业的发展 [J]. 新闻爱好者,2001 (1):57-58.

修正案明确禁止的权力，一种比其他权力更应当引起我们普遍警觉的权力，因为，这一权力与自由检查公众人物与公共事务的权利，与人民自由沟通的权利——这是每一种其他权利的唯一有效的保障，处于对立的地位。"

《弗吉尼亚决议案》以及杰弗逊起草的《肯塔基决议案》送往各州议会，与民间舆论一起，形成了美国第一次护宪州权运动。

1801年，托马斯·杰弗逊当选为美国总统后，立刻赦免了因该法而被定罪的人。"我以总统之名，赦免那些因《煽动叛乱法案》而受罚或被诉的人，因为，我过去和现在都认为：这个法律应被废除——犹如国会命令我们下跪而膜拜一个镀金偶像一样，这种法律的（无效）是绝对和显然的。"

1801年3月3日，该法令有效期满，自动废止。

四、美国的便士报

1. 《纽约太阳报》

美国本土的第一份报纸是1704年4月波士顿邮政局长约翰·坎贝尔创办的《波士顿新闻报》。到1771年，北美殖民地共有31家报纸。美国立国后，"创办报刊既简单又容易，只有少量订户，就足以应付报刊的开销，所以定期期刊和半定期期刊的样数多得令人难以置信。在美国，几乎没有一个小镇没有自己的报纸"。据统计，1830年，美国共有650份周刊，65份日报，日报的平均发行量为1200份，总发行量为7.8万份。短短十年后，1840年时，周刊达1141份，日报达138份，日报平均发行量为2200份，城市总发行量为30万份。到19世纪早期，商业报纸与政治报纸开始融合。这一时期报纸的读者主要是一些受过教育的精英阶层和政治上开始觉醒的市民与商人。

1833年9月3日，本杰明·H·戴创办的《纽约太阳报》（图4-3）是美国第一份便士报，在此之前，纽约报纸的售价是6美分。这是美国廉价报刊和大众化报刊的发端。"该报有四版。每版大小相当于现代小报的2/3，头版分3栏，没有任何花哨的编排。"① 由于售价便宜，《太阳报》的发行量在短短6个月就达到了8000份之多，1838年更是高达3万份，超过了纽约其他报纸发行量的总和。这为《太阳报》吸引了大量广告。

与其他报纸以中上层读者为主要受众群体不同，《太阳报》的主要读者是中

---

① 埃德温·埃默里，迈克尔·埃默里. 美国新闻史［M］. 展江，译. 北京：中国人民大学出版社，2009.

图 4－3 　《纽约太阳报》

下层民众。因此，《太阳报》的内容以趣味性和人情味为主。它刊载的新闻主要是关于自杀、犯罪、审判、失火等的社会新闻，更用煽情的文字，生动的语言来讲述普通人的生活。"报道内容主要是当地发生的事情及暴力新闻，取材大多是无足轻重的琐事，但读起来饶有趣味。"① 《太阳报》报道过一则矿难新闻，一个 19 岁的青年在新罕布什尔州矿井塌方时被活埋，新闻写道："要不是由于塌方丧身，这个可怜的小伙子好像在下个星期要举行婚礼的。"

为了吸引读者，《太阳报》也刊登一些奇闻逸事，甚至是虚假新闻。1835年，《太阳报》连续刊载了科学家赫斯谢尔通过望远镜在月球上发现了野牛、两足海狸、蝙蝠人的新闻。报纸说，那是一种褐色微型四足动物，"它们具有野牛的外部特征"。两足海狸"他们的小屋比穴居野人的洞穴还要精致，从外面冒出的烟来看，毫无疑问，他们已经会使用火了"。蝙蝠人"大约四米高，全身（除了脸部）都被短而平滑的古铜色毛发所包裹，舒适地平躺着"。这些匪夷所思的"月球骗局"让《太阳报》的销量一下从 4000 份猛增到 1.9 万份。

主动采用新的印刷技术使《太阳报》的印刷成本降低，质量得到保障。"《纽约太阳报》以手工操作的平台印刷印制它的创刊号，一小时才印两百份……到了 1835 年，当《太阳报》成为全美第一家买进蒸汽印刷机的报纸后，它的报份已增至近两万份。""是便士报将蒸汽印刷机引进美国报界，而不是因为有了蒸汽印刷机才有了便士报。"②

---

① 埃德温·埃默里，迈克尔·埃默里. 美国新闻史［M］. 展江，译. 北京：中国人民大学出版社，2009.

② 迈克尔·舒德森. 发掘新闻：美国报业的社会史［M］. 陈昌凤，常江，译. 北京：北京大学出版社，2009.

《太阳报》成功的另一个原因是拥有一大批著名的记者和编辑。威尔·欧文1906年发表了旧金山毁于地震和火灾的传世名作《城市不再》。查里斯·安德森·丹那说出了"狗咬人不是新闻,人咬狗才是新闻"的名言。卡尔·V·范安达后来是《纽约时报》最著名的总编辑之一。

1838年之后,《太阳报》几度易手,最终于1920年被迫停刊。

2.《纽约先驱报》

1836年5月6日,贝内特(J. G. Bennett)的《纽约先驱报》发刊。他公开宣称:我们将不支持任何党派,不做派系或小团体的机关报。……我们将致力于记录事实,记录公共的和主要的事件与问题。我们不说废话,不带偏见,公正地、独立地、无畏地和善意地进行报道,并且适当地加以评论。

但事实上,《纽约先驱报》从一开始就效仿《纽约太阳报》的办报手法,以耸人听闻的新闻吸引读者。在报道犯罪行为方面,《纽约先驱报》是无出其右的[1]。

相较于《纽约太阳报》,《纽约先驱报》的新闻涉及面更广泛,其新闻报道拓展到国际新闻、国内新闻和地方新闻。除了犯罪新闻,《纽约先驱报》率先提供体育新闻开辟了社交新闻,专门报道豪门聚会。南北战争期间,该报派出多名记者奔赴各大战场,在战争新闻上远快于其他各家报纸。《纽约先驱报》的金融专页即使在今天也是值得称道的,贝内特亲自采访华尔街,撰写金融新闻和评论,吸引了一批高端客户。此外,他还率先提供体育新闻,派记者常驻华盛顿特区,报道国会辩论。贝内特提出"自由民主主义",宣称要用报纸"改革社会"。为此,专门开辟了"读者来信"专栏,让读者对时政新闻发表评论,促进了批评性的评论栏和社交新闻的发展。[2]

贝内特大胆的办报方式赢得成功,到19世纪60年代,《纽约先驱报》成为纽约报界发行量之首。但他无所顾忌的报道内容和报道方式也引发了社会的批评。1924年与《论坛报》合并为《纽约先驱论坛报》。

3.《纽约论坛报》

霍勒斯·格里利(Horace Greeley)在1841年4月10日创办了《纽约论坛报》。这份报纸的定位是"具有吸引力的,关心政治,推动社会福利和人民道德

① 埃德温·埃默里,迈克尔·埃默里. 美国新闻史 [M]. 展江,译. 北京:中国人民大学出版社,2009.

② 埃德温·埃默里,迈克尔·埃默里. 美国新闻史 [M]. 展江,译. 北京:中国人民大学出版社,2009.

的报纸"。① 这让它与此时盛行的报道"不道德"的警局新闻的其他便士报大为不同。在《纽约论坛报》的创刊词中，格里利写道："它将努力地维护人民的利益和促进他们道德的社会的和政治的权益；它将摒弃许多著名便士报上的不道德的、下流的警察局新闻、广告和一些其他材料。我们将尽心尽力地把报纸办成赢得善良的、有教养的人们嘉许的受欢迎的家庭常客。"②

《纽约论坛报》一周出版 6 天，刊载地方新闻、国内新闻、政府文件、海外新闻和社论等。他的海外新闻由专门聘请的海外通讯员来采写，其中最著名的海外通讯员是马克思。《纽约论坛报》的主要读者是城市居民，但周末版主要面向农村居民发行，也相应地减少了城市新闻的内容。《纽约论坛报》加大了新闻的比重，注重时效性。为了保证新闻的时效性，格里利率先采用了电报等新的通信技术。在发行上，该报纸除了沿街售卖，也提供邮寄订阅。

与同时期便士报普遍标榜其独立性不同的是，格里利从不讳言自己的政治立场。他说，《纽约论坛报》"一方面不当政客的奴仆，另一方面也不伪装中立"，《纽约论坛报》应成为独立地发表自己的观点，依据自己的看法自由地选择支持或者反对某个政党，成为各个党派之间的快乐中间派。③ 格里利是辉格党党员，一度担任辉格党党报编辑，但随着党内斗争的加剧，他脱离辉格党，致力于创办一份真正促进社会改革，又受到平民大众欢迎的报纸。

《纽约论坛报》提倡尊重劳工权利；支持女性平权；支持废奴运动，宣传傅立叶空想社会主义，在经济政策上号召青年人到西部去。在 1849 年，他对《纽约论坛报》内部实行分配改革，将报纸的利润除了运营费用外，平均分给《纽约论坛报》的雇员。出于对欧洲工人运动和民主革命的关注，《纽约论坛报》长期聘请马克思和恩格斯为其撰稿。1851 年 10 月到 1862 年 3 月期间，马克思和恩格斯（全部署名为马克思）在《纽约论坛报》共发表通讯 465 篇（组）。

埃默里父子赞赏格里利的办报方针："格里利最受欢迎的秘密，在于他意识到要对读者负责……他带领大众化报刊从煽情主义的低俗水平，上升到促进文

---

① SCHULZE S. Horace Greeley：a Bio – Bibliography ［M］. Southcarolina：Greenwood Press，1992：17.

② 张昆. 论大众化报纸浪潮［J］. 新闻大学，2012（2）：59 – 61.

③ 埃德温·埃默里，迈克尔·埃默里. 美国新闻史［M］. 展江，译. 北京：中国人民大学出版社，2009：126.

化和启迪思想的地位，同时还能实现盈利。"① 1924 年，《纽约论坛报》与《纽约先驱报》合并为《纽约先驱论坛报》，1966 年停刊。

4.《纽约时报》

《纽约时报》（The New York Times）创刊于 1851 年 9 月 18 日，创刊时名为"纽约每日时报"（The New - York Daily Times），1857 年 9 月 14 日改用《纽约时报》这一报名，其创始人是亨利·贾维斯·雷蒙德（Henry Jarvis Raymond）和乔治·琼斯（George Jones）。他们当时打算发行一份比较严肃、平和的报纸，来打破当时在纽约盛行的花花绿绿的新闻报道方式。

《纽约时报》成为一份杰出的世界性高级报纸是在阿道夫·西蒙·奥克斯（Adolph Simon. Ochs）时期。奥克斯在 1896 年买下了亏损的《纽约时报》。出于对当时流行的黄色新闻的不满，他将《纽约时报》定位为：

本报所有新闻都是值得刊载的

All the news that's fit to print

本报不会玷污早饭的餐巾

It dose not soil the breakfast cloth

公正地报道新闻，不畏惧或不偏私，不卷入任何政党、派别和利益之中

To give the news impartially, without fear or favor, regardless of any party, sect or interest involved.

奥克斯增加了国际新闻报道、周一财经版、周六文学版和周日的严肃新闻版。他区分了新闻和广告，当广告内容与新闻发生冲突时，宁可放弃广告收入。《纽约时报》的办报方针和高质量的新闻赢得了国内和国际的赞誉。1901 年，《纽约时报》的日发行量突破了 10 万份，到 1935 年 4 月 8 日，奥克斯去世时，更是达到 50 万份。

第四节　法国廉价报刊

相较于英美，法国的报业发展和新闻自由的确立显得无比曲折和艰难。王朝、共和国、帝国的反复更迭，新闻管制时松时紧，保证金和知识税多次废立，

---

① 埃德温·埃默里，迈克尔·埃默里. 美国新闻史 [M]. 展江，译. 北京：中国人民大学出版社，2009：125.

政治局势动荡不安。这都给法国廉价报刊的发展制造了重重障碍。法国的廉价报刊售价高于英美便士报，接受政治团体津贴，与政治、经济集团保持着千丝万缕的联系。这也使得法国的廉价报刊并不是传统意义上的大众化媒体，它们带有更多的政治性报纸的色彩，有明显的党派倾向，同时又注重商业运营，尤其是积极争取广告，刊登文艺、生活常识等非新闻内容。

一、吉拉丹与《新闻报》

埃米尔·德·吉拉丹（Emile de Girardin，1806—1881）人称"通俗报界的拿破仑"，旗下拥有巴黎的多家报纸。1836年7月1日，吉拉丹创办了法国第一份廉价报纸《新闻报》（La Presse）。《新闻报》年订费为40法郎，只有其他报纸的1/3到1/4①。过于低廉的售价引起了其他报纸的嫉恨，《民族报》（Nationale）的阿芒·卡雷尔（Armand Carrel）约吉拉丹决斗，吉拉丹赢得了这场决斗，《新闻报》也得以在巴黎立足，甚至有法国新闻史学者把这场决斗，看作商业报刊战胜政党报刊的象征。

《新闻报》创刊号宣称，该报无意阐发某种学说。它是不偏不倚的独立报纸，旨在为民造福，等等。所以，《新闻报》一方面大量缩减政党报刊所注重的政治新闻与言论，一方面大量刊登民众所关注的、富有趣味的社会新闻和法院新闻，以及有关卫生、健康、食品、服装、家庭等方面的知识性、实用性信息。广告收入占总收入的40%—50%，接近于现代报纸，由此引发了法国新闻界的一场革命②。"法国报业主动地、大规模地经营广告，始自《新闻报》。"同时，《新闻报》与哈瓦斯通讯社合作，进一步降低报纸的成本。

为吸引读者，《新闻报》经常邀请著名作家在报纸上连载其作品。巴尔扎克的小说《老处女》最早就发表在《新闻报》上，分12期连载。《新闻报》与文学家的联姻开创了法国通俗报业，《新闻报》与法国其他日报一起，与文学家缔结了"神圣同盟"，越来越多地刊登小说连载。这种经营手段不但提高了《新闻报》的声誉，吸引了大批读者，帮助法国报纸在19世纪后半期的发行量跃居世界第一，也促进了法国文学的繁荣。

与英美大众化报刊排斥党派性不同的是，《新闻报》并不是独立报刊，而是保守派的喉舌，有明显的政治倾向。

---

① 展江. 1830年代法国的报纸文学与商业革命 [J]. 看历史，2011（4）：180 - 181.
② 彼·阿尔贝. 世界新闻简史 [M]. 许崇山，译. 北京：中国新闻出版社，1985.

二、迪塔克的《世纪报》

与《新闻报》同时期的另一份法国著名廉价报刊是迪塔克的《世纪报》。《世纪报》采用与《新闻报》同样的办报方式和低廉的定价，不过在人情味和可读性上更胜一筹，更关注下层中产阶级的诉求，发行量高于《新闻报》。

《世纪报》报道广泛，在社会新闻、法院案件、犯罪案件的报道上，比《新闻报》有过之而无不及。在编辑内容上注重社会新闻，文字通俗，又有著名小说连载，因而在中下层阶级中拥有广大读者。大仲马的《三个火枪手》就在《世纪报》上连载。

该报独立经营，在政治上是共和派的支持者，反对七月王朝的专制，主张通过合法途径，按照公众意见进行政治体制改革。

三、《费加罗报》

1826 年 1 月 15 日，莫里斯·阿罗伊和艾汀纳·阿拉果在巴黎创办了一本讽刺性周刊，这便是《费加罗报》的前身。因为过于犀利，周刊在 1833 年被迫停刊。1854 年 4 月，依波利特·德·威尔梅桑复刊了该周刊，并改名为《油灯》，1866 年 11 月 16 日，他将周刊改为日报，用《费加罗的婚礼》命名了这份报纸，并用《费加罗的婚礼》中的名言"倘若批评不自由，则赞美亦无意义（Sans la liberté de blamer, il n'est point d'éloge flatteur）"作为报纸的座右铭。

威尔梅桑对《费加罗报》进行了大刀阔斧的改革。他高价雇佣优秀的采编人员，力求新闻报道简洁明了，增设讣告和读者来信栏目。《费加罗报》的主要读者群体是巴黎的知识阶层，因此，威尔梅桑创设了"回声"专栏，介绍文字游戏、奇闻逸事和一些社会秘闻。

秉承法国报纸关注政治的一贯传统，《费加罗报》是右翼政党的支持者，也十分重视社会教化功能，因而，社论是《费加罗报》的重要内容。《费加罗报》的新闻报道并不是全面客观地报道事实本身，而是有意识地"编辑"新闻事实，框架新闻信息，引导读者赞同报纸的观点。同时以社论对这些新闻报道加以解说和评论，教导读者如何理解社会，进而改造社会。可以说，《费加罗报》的新闻报道是为社论服务的。不过，受限于法国的新闻管制，《费加罗报》也不得不小心翼翼地规避一些敏感话题。报纸的专栏《费加罗文学与政治》的讽刺风格一度触犯了政府的新闻检查制度，威尔梅桑不得不让编辑离职，以换取报纸的继续发行。

1922 年，《费加罗报》被卖给了化妆品商人弗朗索瓦·科蒂，风格流于平庸。在第二次世界大战期间，《费加罗报》为了躲避政府的检查，先后迁至波尔多和里昂，直到 1942 年法国沦陷。1944 年 8 月 25 日，《费加罗报》作为法国光复后唯一一份被允许继续出版的传统报纸，在巴黎重新出版，态度转而支持社会主义者。时至今日，《费加罗报》仍然是法国发行量最大的综合性日报之一。

四、普遍受贿的法国报业

英美等国报刊在政治民主化和报刊商业化后很快出现独立报刊，借由广告带来的丰厚利润，报刊开始拒绝政党或企业的津贴，在政治和言论上也获得了独立。与他们不同的是，法国报刊却长期接受各方津贴，其新闻伦理和新闻专业性饱受诟病。

"1880 年到 1914 年，法国政府每年都有一笔作为给报纸的津贴的秘密开支。一战后，法国政府将报纸津贴正视列入预算中，如 1933 年的预算为 7100 万法郎，合 132 万美金。其中外交部的宣传费就有 33 万法郎，内政部，商业部，殖民部，教育部，艺术部也有大量宣传经费。内政部以津贴地方报为主，殖民部则津贴殖民地报纸，其他部局的津贴均给予与本身主管行业有关的报纸。"①法国政府给予报纸的津贴主要以两种方式发放。一是直接资助：对广告较少的日报发放津贴；给予报刊投放、发行和通讯津贴。另一种是间接资助：减少对报业公司的税收；为报业公司筹募资金大开方便之门；报刊利用国家邮政系统发行可以享受优惠价；对新闻纸实行全国统一定价等。为了获取政府的津贴，法国的报刊收敛了对政府的批评，减少，甚至放弃了对政府的监督。

1904—1908 年期间，俄国为了获取法国政府的贷款，曾花巨资在法国所有主流报纸上投放广告，以换取这些法国报纸对沙皇俄国的经济危机和政治黑幕保持缄默。二战前，德国、意大利、西班牙的极权政府都曾投入巨资，用广告、定期招待记者、付费发表亲纳粹的宣传文章等方式，换取法国报纸对绥靖政策的支持。据称，法国在 1939—1940 年期间，这笔贿赂金高达 1 亿马克。

法国报业长期接受各方津贴和贿赂的原因是多方面的。首先，法国政局长期动荡不安。自资产阶级大革命到第一次世界大战，法国经历了从共和国到帝国、王朝的多次反复。政治活动和党派争端不但是报刊报道的主要内容，也造成了法国报纸长期处于政治报刊与商业报刊不分，政治性报刊在相当长时间内

---

① 郑超然，程曼丽，王泰玄. 外国新闻传播史 [M]. 北京：中国人民大学出版社，2006.

是法国报纸的主导者的状况。这些政治倾向明显的报纸往往因为政局变动，朝不保夕，自然也很难进行良性的企业化经营，自负盈亏。其次，由于政治的不稳定，法国经济起伏不定，工商业倾向于向海外投资，而不是发展本土产业。这导致法国报刊上的广告投入不足，报刊定价普遍不高，报刊的商业化、企业化经营困难重重。报刊利润无法保证，自然也不可能给记者们优厚的薪金。于是，报刊和记者都乐于接受津贴和贿赂。再次，因为政治体制的反复更迭，法国的知识税和高额的保证金在帝国和王朝统治期间一直存在，这也给报业压上了沉重的负担。

法国报业接受津贴和贿赂的状况直到 20 世纪 50 年代以后才逐渐改善。报业的这一恶习不但拉低了法国新闻传播业的评价，也阻碍了法国进步报刊的发展，报刊商业化发展不足，独立报刊迟迟无法出现。

第五节　日本报刊的庶民化

德川幕府时期，日本的官报体系沿袭自中国邸报。19 世纪，在幕府与倒幕派的斗争中，报刊成为另一个至关重要的战场。明治维新颁布了《报纸印行条例》，这是日本历史上第一个成文新闻法，鼓励新闻传播的活动，正是日本"脱亚入欧"、文明开化的重要组成部分。

一、明治维新前的日本报业

日报在德川幕府时期就学习中国的官方系统，由幕府刊行官报。封回状是给重臣的读物。御沙汰主要向官员告知幕府的"布令"、官吏的任免、拜谒、参诣等。御触书则是有关民政的布告，雕版印刷后向民众广而告之。此外还有进行海外情报收集的唐兰风说书。

日本民间报业起源于 17 世纪，在江户街头出现"瓦版"。"瓦版"是一种不定期发行的单面印刷品。出版商在黏土做成的瓦胚上雕刻文字和图画，烧制定型后印刷而成，故被称为"瓦版"，又因其贩卖方式是沿街边读边卖，也叫"读卖瓦版"。现存最早的读卖瓦版是 1615 年的《大阪安部合战之图》。瓦版以新闻报道为主，内容多为灾害、战争、奇闻逸事。明治维新之后，由于现代报刊的出现，瓦版逐渐绝迹。

自从 1853 年美国佩里舰队用武力打破日本的闭关锁国之后，在日本的外国人日渐增多。他们在集中居住地开办了一些外文和日文的报刊，尤以横滨、长崎为多。

1861 年 6 月 22 日，英国人汉萨德在长崎创办了日本第一份外文报纸《长崎航运及广告报》，同年 11 月又在横滨创办了《日本先驱报》。外国人在日本还创办有多种日文报纸，其中影响力最大的是《海外新闻》《万国新闻纸》《伦敦新闻纸》《各国新闻纸》。

二、维新运动的舆论战

幕府末期，为了挽救政权，争取多方支持，也出于收集海外情报的需要，幕府开始组织人员，翻译海外报刊，供幕府内部官员讨论。1811 年，幕府设立"蛮书和解御用挂"大量翻译海外报刊，以搜集海外情报和向地方贵族及普通民众解释幕府与外国往来的立场，其中包括翻译中国东南沿海的中文报刊的"官版华字新闻"和长崎荷兰商馆提供的《荷兰传闻书》。《荷兰传闻书》被认为是日本第一份具有近代色彩的、非公开的官方媒体。1862 年，幕府将荷兰印度总督府在雅加达的机关报《爪哇新闻》（Javasche Courant，1853 年创办，周刊）定为《官版巴达维亚》，公开发行。这些官方翻译的新闻主要是供大名、贵族和中上层武士阅读。不久之后，因幕府攘夷政策，官方翻译海外新闻的工作停止了。这些海外信息的传入激发了日本最初的办报热潮，其关注的重点也从开国、开港论与攘夷论的争论逐渐发展为佐幕派与尊王派的舆论战。

1867 年 10 月，德川庆喜宣称将政权返还天皇，史称"大政奉还"，但随即企图以武力阻止尊王派的发展。1868 年 1 月，幕府军队在鸟羽伏见之战中失败，长州、萨摩两个藩的军队紧逼江户，打算一举推翻幕府。在此生死存亡的关头，支持幕府的文人纷纷办报，在舆论上支持幕府。2 月 24 日，柳河春三创立了《中外新闻》，旗帜鲜明地支持幕府，攻击倒幕派。1868 年 4 月发行的《中外新闻外篇》中，一方面对新政府及其官兵极尽挖苦之能；另一方面，赞颂佐幕派人士的忠烈。第 13 号刊登了一幅漫画：一只猴子想扳倒一棵松树。旁边注：就是这样，松树根牢固，虽枯犹还荣。以此讽刺倒幕派的自不量力。《中外新闻》的读者不再只限于贵族和武士阶层，还拓展到普通平民。《中外新闻》的第九号卷首语中自称地写道："日本民间发行报纸的起源非此中外新闻莫属。"此后，幕府方面学者和幕臣所办的《日日新闻》《内外新报》《江湖新闻》《海陆新闻》等相继出版。

倒幕派也同样意识到争取舆论支持的重要性，开办报刊批评倒幕派，支持新政府。1868 年 2 月，维新派的政府公报《太政官日志》在京都发行，刊登天皇敕谕、政令及战报。《太政官日志》第一期刊登的政府声明中写道：……日本方面天皇亲政后外交关系无变化，外国方面已知道这一点……重视舆论（公论），完成太政官的职责。不过由于战事紧张，《太政官日志》不久就处于休刊状态。这一时期，大阪也出版了支持天皇的《各国新闻纸》《内外新闻》等。这些报纸在政治上支持倒幕派，以"贼军"称呼幕府军队，积极报道新政府军的胜绩，否认或不报有利于幕府的消息。为打击佐幕派的报刊，新政府逮捕并杀害了亲幕府的报人《讽歌新闻》的井上文雄。

三、明治维新时期的新闻业

1877 年的西南战争后，明治维新全面推行，其三大政策是：富国强兵、殖产兴业、文明开化。鼓励新闻传播活动正是"脱亚入欧"，文明开化的重要组成部分。

早在 1869 年，明治新政府就颁布了《报纸印行条例》。这是日本历史上第一个成文新闻法。其主要内容是：

·每份报纸必须有各自的名称；

·凡官方批准出版的报纸，不必每期送检，只要将当日发行的报纸向官厅呈送两份即可；

·每份报纸必须标明出版地点、年月日、编辑人、出版者姓名及各期期数；

·一切天变、地异、物价、商法、政治（不许对政、法妄加批评）、军事（言论错误而又不改 者应追究责任）、火灾、嫁娶、生死、文学艺术、服装、饮食、各种官方公报、洋书译文、海外杂 话以及与世无害的事项均可登载；

·刊登赠答文书、个人著作、杂谈等，应加注姓名（惟诗歌除外）；

·严禁在报纸上诬告他人罪责；

·不许对宗教妄加评说。

《报纸印行条例》附录：

·官方报纸的取缔权不属于开成学校（即原洋书调所）；

·各府、县出版的报纸，其检阅权归各府县裁判所；

·外国人用日文出版的报纸，必须向当地裁判所备案，当地裁判所必须加以监督；

·开成学校只负责监督东京出版的报纸；

·东京出版的各报如违反新闻条例，由开成学校向东京裁判所提出控告，再由东京裁判所进行审判定罪。

从以上条款看，《报纸印行条例》虽然规定了一些政治、法律、宗教的报道禁区，规定了出版许可证制度，但对于新闻传播是相对宽容的。在《帝国宪法》中也规定日本臣民享有言论、著作、出版自由。这一法令颁行后，日本的报业迅速得以发展，进入近代报刊时期。1872 年，中村正直将密尔的《论自由》翻译成日文，以《自由之理》为名出版。言论自由的思想迅速在社会各阶层传播。

据黄遵宪统计，明治十一年（1878 年），东京及其附属府县共有新闻纸 231种，当年的报刊总发行量为 36180123 张。当时报刊种类多元化，在这二百多份报刊中，除论说时事外，有宗教类 26 份，民令法令类 6 份，理财通商类 29 份，医学工艺类 26 份，文事兵事类 19 份，刊发方式也各不相同，有日刊，也有旬刊，还有月刊。外文报刊计英文 3 种、法文 2 种。

《横滨每日新闻》《读卖新闻》《东京日日新闻》《邮便报知新闻》《朝日新闻》《东京曙新闻》等相继创办，原佐幕派的报纸《中外新闻》《远近新闻》《内外新闻》等在放弃支持幕府力量后也相继复刊。

明治维新后，被誉为"日本近代教育之父""明治时期教育的伟大功臣"的福泽继续大力倡导"脱亚入欧"，鼓励西学。1882 年，福泽渝吉创办了《时事新报》。他亲自为报纸撰写社论，对于日本未来的发展方略，他撰写了"东洋政略论""脱亚论"；关于国内政治结构，提出"官民调和论"；提高妇女的社会地位的"妇人论"等。《时事新报》在政治上采取中立态度，以"独立不羁"的精神为办报方针。福泽渝吉说过："凡与此精神不悖者，无论是现任政府、诸多政党、各工商企业、各学者团体，不论对方是谁，我们都将其作为朋友相助。若是违背此精神者，亦不问谁，皆作为敌人而排斥之。"

这一时期的报纸分为以政论为中心的大新闻即大报纸和面向庶民的通俗小报。大报纸多用汉字书写刊印，记者是士族、洋学者，读者也多为士族、知识分子等社会精英人群，内容以政治新闻和政治评论为主。小报纸则多用假名或者汉字加注假名，记者与读者都以社会中下层的庶民为主，内容主要是文字通俗，有趣的社会新闻、娱乐材料、连载小说等。小报纸价格低廉，广告是其重要收入来源。日本的小报和欧美的廉价报纸在经营方式上类似，但日本没有明显的廉价报纸时期，这里的小报几乎是同政论报纸同时产生平行发展的。在政论报纸和政党报纸盛行时，有的小报也带有一定的政治色彩。在政党报纸衰落之时，这些小报在某种程度上取代了大报的位置，普遍增添了政治新闻和评论，分担了部分大报的功能。当然，政府对新闻传播的控制依然无处不在。除了管制言论的法律外，政府还用"新闻助成金"的方式向《大东日报》《东京日日新闻》《明治日报》《紫溟日报》《东京曙新闻》《东洋新报》《朝日新闻》等定期或不定期发放津贴。

四、庶民的报纸

1. 《读卖新闻》

《读卖新闻》（图4-4）是日本的三大综合性报纸之一，1874年11月2日由子安峻创刊于东京。创刊之初，该报是一份突出"群众性""庶民性"的小报纸。其名取自江户时代的读卖瓦版，以一般市民，中小企业主为主要对象，以刊载"俗谈平话"的通俗小说为主要特色。

图4-4 《读卖新闻》

1923年关东大地震后由正力松太郎接办。1942年该报与《报知新闻》合并，改名为《读卖报知》，销量跃居东京报界第一。1946年5月1日恢复原用名《读卖新闻》，发行范围扩展到日本全境，并设立有海外支局，铺设独立的国内外新闻采写网络。1977年以后，《读卖新闻》的日发行量居日本之首，至今仍雄踞世界报业协会的"世界日报发订量百强"首列。在政治倾向上，《读卖新闻》偏向保守主义。

2. 《朝日新闻》

1879年1月25日，出身武士阶层的村山龙平和富裕商人上野理一在大阪创办了《朝日新闻》（图4-5），内容包括消息、评论、娱乐等。虽然《朝日新闻》开办时只是一份通俗小报，但也兼顾社会教育功能。它的创刊号上宣称："这家报纸将编辑得通俗易懂，甚至儿童也可以阅读，附有插图和其他指导普通人阅读的方法，使他们懂得社会正义。"创刊号的销量达到 2940 份。两年后，《朝日新闻》的发行量突破了 1 万份。1888 年，《朝日新闻》买下了东京一家倒闭的小报，开设东京《朝日新闻》，增加了地方版，与大阪《朝日新闻》共用全国新闻和社论。

图 4-5 《朝日新闻》

与同时期的大报纸不同，《朝日新闻》为了让那些识字率低下的民众也购买报纸，不但文章多采用假名写作，更简化了 7000 个构成麻烦的、发音各异的日本文字。对新闻时效性的追求是《朝日新闻》广受欢迎的主要原因。1889 年 2 月 11 日，村山到东京参加日本新宪法的宣布仪式。村山在《朝日新闻》上开设了一个专版，从东京用电报即时传送宪法宣布的消息，这则消息全文 10730 个字，用电报传送了 5 个小时。1899 年，该报在大阪和东京新闻编辑室之间架设了日本第一条长途电话线。《朝日新闻》也是日本第一家引进新式印刷机的报纸。

《朝日新闻》以其自由派立场闻名。它支持现代化和市场经济，支持以普选为基础的议会民主制，经常发表批评政府的言论。1881 年，该报就因为刊登"关于议会制的通俗讲座"的系列文章被勒令停刊 3 周。1891 年，因为发表致内相的公开批评信被停刊整顿。1918 年 8 月，由于报道抗议首相的群众集会，《朝日新闻》两位记者被逮捕。

1918 年 9 月，日本爆发了米骚乱，政府严令禁止刊登一切有关米骚动的消息，由《朝日新闻》《大阪每日》主持，53 家大阪的报纸在 8 月 17 日召开记者大会，做出了拥护言论自由，要求弹劾政府内阁的决议。横滨、福井、石川、福冈等地的记者也纷纷响应。这一争取言论自由的行动由大阪扩展到全国，在 9 月 21 日，寺内内阁不得不解散。但《朝日新闻》也为此付出了沉重代价。在关西记者大会期间,《朝日新闻》发表了一篇报道:"在餐桌上就座的人们不能安心于酒肉之甘香。以金瓯无缺为自豪的我大日本帝国,难道不正面临可怕的最后审判的日子吗?古人说的'白虹贯日'的不祥之兆像闪电一样在默默地动用肉叉的人们的头上闪过。"因为文中的"白虹贯日"字样被认为,冒犯了天皇,暗示革命,监察局起诉了作者大西利夫和编辑田井新一,指控他们违反了报纸法第41条的规定,村山被迫辞职,报纸也一度被禁止发行。"白虹贯日"事件是日本新闻史上最大的言祸。自此,日本的言论日渐收紧,自由主义批评锋芒锐减。不久后,日本陷入军国主义泥泽,报业很快被纳入专制统治下的"战时体制",各大报纸也就成为"总体战"中的战争宣传机器。

二战后,随着日本经济的恢复,和在美国主导下以自由主义为核心的新闻管理体制的确立,《朝日新闻》重新焕发生机。根据 2004 年的报纸读者民调显示,在"值得信赖""社会评价高""能够代表日本""有社会影响力""积极应对社会问题""报道正确"等六个方面,《朝日新闻》当之无愧地排名第一。

第六节　政党报刊与大众化报刊的比较

以廉价报刊为代表的大众化报刊呈现出与政党报刊(表 4 - 1),以往的商业报纸截然不同的经营策略和新闻价值取向。

表 4 - 1　政党报刊与大众化报刊的比较

	政党报刊	大众化报刊
经济上是否独立	否 依靠政党津贴	是 依靠发行和广告
定价	高	低
报道领域	窄 主要是报道政治新闻和政论文,反映政党利益	宽 重视地方新闻 社会新闻 人情味新闻 煽情主义新闻
受众群体	社会上层和政党成员为主	社会中下层读者为主
版面编辑	单调 沉闷	通俗多样 白话文现代口语 多行标题 大量图片 刊登小说和知识小品等非新闻性材料编排活泼花哨

	政党报刊	大众化报刊
经营管理	政党全权负责	实行企业化管理，商业经营，广告是主要的收入来源
办报目的	政治宣传	营利

一、大众化报刊扩大了报纸的读者群

报纸不再是社会上层的专属读物，大众化报刊的廉价和内容的故事性、人情味吸引了大量的社会中下层读者。为了迎合这些读者的阅读口味，新闻的内容从政治新闻转向社会新闻，尤其是猎奇性新闻。虽然新闻的"道德水准"因此下降，但也不乏引导社会变革，反映底层民众苦难和诉求的内容。这也激发了社会公众参与政治和社会公共事务的热情。《费城大众纪事报》的威廉·麦克金（William V. McKean）提出，新闻就是要"对公众永远公正、公开"。"一张报纸之所以赢得人们的尊敬是因为它提供可信的消息和建议。误导人民是严重的问题。"19世纪20年代，美国工人的工资是周薪8美元。当时政党报纸的定价是每月5美元或10美元，对于大部分民众而言，报纸是他们无力问津的奢侈品。大众化报刊却只售1分钱一份，这大大降低了阅读成本。报刊的发行方式也从订阅变为更易为人获取的沿街叫卖。报刊真正成为民众的"大众"读物。

二、大众化报刊脱离了对政党的依附，争相标榜自己是人民的报刊，是独立的发言人

因为吸引了大量的广告，报刊越来越不需要来自党派的津贴和支持，更广泛的读者群体才是他们的利润来源。因此，《纽约记录报》《纽约先驱报》《纽约太阳报》《朝日新闻》都自称自己不支持任何党派。确实，这些报纸上的政治评论越来越少。在便士报等大众化报刊兴起后，美国的政治性报刊和党派社论在报纸中的比例逐年下降。1865到1871年，在非总统选举年，报纸中党派新闻所占的比例从18%下降到4%，政治性社论也从54%下降到40%。即使是在大选年，到1908年，党派新闻的比例也不到7%，社论则降到28%①。《纽约抄录

---

① KAPLAN R L. Polities and the American Press：The Rise of Objetivity，1865—1920［M］. Cambridge：Cambridge University Press，2002：148.

报》则在发刊词中公然宣称：我们没有政治新闻。由此可见，政治性报刊和党派新闻在大众化报刊普及后，不可避免地衰败了。

三、大众化报刊为新闻专业主义打下了基础

威廉·麦克金说，"准确是最重要的。新闻报道不及时很糟糕，但更糟糕的是报道不准确"。"尽量弄到第一手的资料和找到新闻发生的源头。"《纽约先驱报》的发刊词强调事实、不带偏见，公正、独立、适度报道和评论。《朝日新闻》即使屡次被禁也依然坚持准确、快速报道真实新闻，自由评论的原则。对新闻客观性、公正、准确、善意的追求在大众化报刊的新闻准则中都已经开始出现并部分践行。虽然有时候，这些原则往往只是停留在口号上，更可能是大众化报刊为了吸引无党派，对政治性报纸的谩骂感到厌倦的读者的一种营销手段，但仍然为新闻专业主义打下了基础。随着新闻传播事业的发展，这些原则被媒体、新闻人和读者所认同，成为媒体和新闻人的职业准则。报刊的内容不再以政治新闻和评论为主，转而关注社会日常生活。《纽约先驱报》号称要提供一幅世界的正确图画，包括华尔街、交易所、警察局、剧院和歌剧界。大众化报刊的发展同时也促进了报纸的职业化。报刊的新闻不再依靠主动投稿和街市传闻，而是雇佣专职记者实地采写。《纽约抄录报》和《纽约太阳报》派了4名记者轮班蹲守法院或警察局，以便随时跟随警方去采集第一手的新闻。《读卖新闻》和《朝日新闻》在日本各地常驻记者。大众化报刊沿街售卖的发行方式还直接导致了醒目的排版和字体等版面设计的改变。

四、在经营管理上，为了最大程度上吸引读者，提高报纸的利润，大众化报刊拓宽了广告的发行

与以往大报对广告的"道德"要求不同，大众化报刊将广告业务从船讯、商务消息或律师法律公告拓展到商业促销、彩票、专利药物广告、求才招聘等。《波士顿每日时报》上曾经解释：有些读者抱怨本报大幅刊登专利医药广告，对于这些抱怨，我们只能说本报为自身利益而刊载的职责仅在于确保这些广告没有不雅或不妥之语言，并无责任探究广告内容是否名实相符……对于登广告的客户，我们奉行秉公原则，绝对不会因为刊登广告的版面小而对行业、个人有任何歧视。人人都享有相同的权力，只要他支付费用，都可以在本报展示他的商品、货物、灵丹妙药、职业专长等。对广告来者不拒，不做道德评价，利益至上，大大增加了大众化报刊的利润。

五、大众化报刊追求低成本和快速发行的经验方式推动了新闻技术的革新

正是为了追求更快的出版速度、更多的印刷量，《纽约太阳报》《朝日新闻》才分别引进了美国和日本最早的蒸汽印刷机。《巴尔的摩太阳报》和《朝日新闻》率先在美国和日本铺设了电子通信线路。很大程度上，是大众化报刊推动了新闻业的技术革命，而不是技术革命推动了大众化报刊的发展。

第五章

通讯社的出现

通讯社的出现是社会分工进一步细化的结果，也是新闻专业主义发展重要的一步。与报刊不同的是，由于通讯社建设对于资金和政府支持的依赖，通讯社与政府和大资本集团关系密切。这也加速了大资本对新闻传播业的介入和垄断。同时，当时的世界四大通讯社依托各自国家的殖民力量，完成了对世界信息流通市场的瓜分。

第一节　通讯社的历史概况

自从德国哈瓦斯通讯社成立之后，通讯社组织在世界各地纷纷建立，他们的组织结构各有特色，报道方向各自不同，服务范围和影响力大小也有所不同。

一、通讯社出现的原因

近代通讯社有别于报刊及其他新闻媒介的根本特点，在于它实际是一个大规模的消息批发商，或者说是消息工厂。作为新闻传播专业化分工协作的产物，它为各种新闻发布机构，提供新闻采访、新闻写作诸方面的服务。

1. 工业革命的发展

随着工业革命的进展，世界市场逐步形成，跨越大洋的贸易和外交，海外新殖民地的开拓和风土人情，世界性工人运动和民主运动的发展成为与上至政府和社会上层，下至普通公众息息相关的事情，人们不再满足于了解身边的琐碎社会新闻，更希望知晓国家外面的世界变化。这要求一种能提供跨国界新闻信息的新式媒体机构的产生。

2. 电报技术的出现

陈力丹认为，电报技术是传媒形态演变的一个重要分水岭。在它之前，传媒的诞生呈算术量级的增长，而之后则呈几何量级的增长①。在电报技术诞生前，信息的传递主要依靠火车、轮船，甚至马车，也有媒体使用鸽子这种安全性不太高的方式传递信息。电报技术的出现，满足了人们对新闻信息传递速度的迫切需求，对早期通讯社的发展起了决定性作用。

3. 新闻业社会分工的细化

工业革命带来的社会分工细化也出现在新闻业中。通讯社就是这种细化的体现。大众化报刊越来越普及，要吸引读者，就需要报刊有更多新的内容。但向全国，甚至海外派遣常驻记者并不是每家报社都能负担得起的，这会大大增加报刊的成本。那么，如何在控制成本的同时又能向读者提供更丰富的新闻内容呢？向通讯社购买稿件就成为可行的办法。通讯社承担了新闻采访和写作的职能，报刊负责新闻的编辑和发行。这种分工不但降低了报刊的运营成本，也让新闻更加专业化，新闻的质量得以提高。

可见，通讯社的诞生和发展是工业革命和近代报业发展的必然，没有以上历史条件，通讯社的出现是不可思议的。

二、通讯社的分类

近代通讯社根据运营方式大致可以分为三种基本类型：

纯商业性通讯社，如路透社和哈瓦斯社。这类通讯社以营利为目的，将通讯社作为商业性企业经营，多为私人创办。

报业合作社性质的通讯社，如美联社和德新社。这类通讯社在创办之初就是为报纸服务的，多为多家报纸联合创办，其新闻由这些报纸共用。

国营通讯社，如塔斯社和新华社。国家出资创办，工作人员为国家任命，政府控制其报道方向。多出现在社会主义国家和第三世界国家。

根据通讯社的组织规模、业务范围及影响的大小，世界通讯社也可以划分为两大级别：

一等的通讯社，世界性通讯社。它由一个国家或集团建立，营业范围遍及世界大多数国家和地区，拥有遍布世界各个角落的通讯网，人才济济，设备精良，财力雄厚，工作效率高。它不仅收集和编发本国新闻，而且还收集编发国际新闻，并且向世界范围内许多新闻机构提供全球范围内的各种消息。世界性通讯社在20世纪后期迅速崛起，影响巨大。包括美联社、路透社、法新社、塔

斯社、德新社、安莎社、埃菲社、新华社等。国际性通讯社分发稿件一般有三种方式：通过国外分社发给该国媒体；将新闻分发给订有协议的国内其他通讯社；直接发给国外的订户。

二等的通讯社，国家级通讯社。一般只采访国内新闻，发稿范围也在国内，一般与一个或几个世界性通讯社签有协议以获得国际新闻。有的国内通讯社也采访国际新闻，但一般只供给国内媒体，作为本国国际新闻的补充。这类通讯社可以细分为全国性通讯社、地方性通讯社、专业性通讯社，如经济、体育、图片通讯、特稿辛迪加等。

三、世界各国的通讯社发展概况

1. 欧洲的通讯社

意大利通讯事业的历史开始于 1853 年。1945 年，在史蒂芬社的基础上，成立了安莎社。1925 年，罗斯塔社改组为塔斯社，成为苏联的国家通讯社。西班牙最早的通讯社成立于 1882 年。在 1938 年 10 月，埃菲通讯社成立于布尔哥斯，当时是西班牙最大的通讯社，也是全世界讲西班牙语国家规模最大的通讯社。

2. 亚洲、大洋洲的通讯社

日本最早的通讯社出现于 1887 年。是年，六角政太郎创办东京急报社。用电报传递大米买卖的行情。1890 年，矢野文雄创办了新闻用达会社。1892 年，新闻用达会社与时事通讯社合并，成立了帝国通讯社，是 19 世纪末最大的通讯社。

1872 年，路透社在中国上海设立分社，由此开始了中国通讯事业的早期历史。中国人最早的通讯社，是 1905 年成立的广州中兴通讯社。1931 年，中共在江西瑞金创办红色中华通讯，1937 年改名为新华社。

在印度尼西亚，于 1937 年 12 月，由印尼人创建了安塔拉通讯社。该社总部设于雅加达，是印尼最大的通讯社。

3. 美洲、非洲的通讯社

1907 年斯克里普斯在美国创办了合众社。在合众社创办两年后，即 1909 年，美国赫斯特创办国际社。1958 年，合众社与国际社合并为合众国际社。

加拿大最大的通讯社是加拿大通讯社，创建于 1917 年。

巴西最早的通讯社是南方通讯社创立于 1931 年 8 月 20 日。

第二节 哈瓦斯社到法新社

如前所述，法国的报业由于受到政治、经济、军事等原因，其发展远较英美大众化报刊艰难，法国报刊售价高，与政治团体有千丝万缕的联系，政治倾向往往压过了商业性。"政治报纸的出现并不是为了商人，而是相反，商人围着报纸转。"① 另一方面，法国大革命后，各界政府对于新闻的管控相较于英美严格得多，国外新闻，尤其是政治、军事新闻几乎长期被掌控在官方报纸或政治性报纸手里。这两大因素使得即使在 19 世纪世界市场形成后，国外新闻在巴黎各界依然是稀缺资源，尤其是世界金融信息即使是政客和大商人也难以及时获取。对国外信息的迫切需求正是通讯社首先出现在法国的原因。

从 1825 年开始，巴黎的银行家夏尔·哈瓦斯（Charles Havas）开始向金融家、大商人及政界政要、外交官售卖主要来自伦敦、布鲁塞尔等主要金融城市的政治、金融、经济信息。这一买卖出乎意料的丰厚利润让哈瓦斯把消息收集的"小作坊"发展成一个"新型商品"的采集、加工、销售的正规新闻企业，这就是 1835 年的"哈瓦斯通讯社（Agence Havas）"。哈瓦斯通讯社几乎可以看作欧洲通讯社的起源，沃尔夫通讯社的沃尔夫、路透社的路透都曾经为他工作。

哈瓦斯通讯社迅速占领了法国外国新闻报道市场，1836 年，巴黎发行量最大的便士报纸《新闻报》和《世纪报》的国外新闻部分多为购买的哈瓦斯通讯社稿件。巴尔扎克在 1840 年的《巴黎杂志》感叹道，"一般人都认为巴黎有好多家报纸，但严格说来全巴黎只有一家报纸，那就是在卢梭大街开过银行的哈瓦斯先生经营的'哈瓦斯通讯社'编发的新闻稿。这家通讯社的办事处坐落在邮局前面，因此，世界各地的报纸都会很快就到了哈瓦斯的手里，换言之，哈瓦斯先生比巴黎的任何人都要最先获知世界各地的消息。从这个意义上说，除外交机关外，哈瓦斯无所不知，无事不晓"②。到 1845 年哈瓦斯通讯社几乎垄断了法国大部分地区的外国新闻供稿，其业务还扩展到地方新闻及全国新闻。

在垄断了法国国内的信息传播后，哈瓦斯通讯社将眼光投向世界。1845 年，哈瓦斯设立了伦敦等分社，传送巴黎至伦敦间的全国和本地新闻。1845 年 4 月，

---

① 哈贝马斯. 公共领域的结构转型［M］. 曹卫东，译. 上海：学林出版社，1999.

② 邱沛篁. 新闻传播百科全书·世界报业简史［M］. 成都：四川人民出版社，1998.

哈瓦斯通讯社建立了巴黎——里昂的电报线路，传递商品价格信息。1848年，又在巴黎——布鲁塞尔之间开通电报业务，同时在布鲁塞尔、罗马、维也纳、马德里、纽约等地开设分社，其业务扩大到世界范围。

由于法国新闻界对广告业务的重视，1857年哈瓦斯通讯社与巴黎通用广告社合作，用新闻稿换取广告版面，收拢了约200家地方报纸的广告版面，然后再把它们转卖给广告客户。到第一次世界大战后，哈瓦斯通讯社控制了巴黎报纸80%以上的广告。这种集团化的营销方式重组了巴黎广告业市场。

1879年，哈瓦斯通讯社被卖给了朗热公爵，改组为股份公司，逐渐发展成了一个世界性通讯社。和法国新闻界长期依赖政治津贴一样，哈瓦斯通讯社也接受政府补贴。仅在1931年，哈瓦斯社就接受了法国政府3600万法郎的补助。二战中，法国战败，哈瓦斯通讯社四分五裂。在巴黎的部分成为纳粹控制的宣传工具。维希政府管辖下的分社在1940年12月被切分为广告社、法国新闻社和世界电讯社，并实际处在政府掌控中。

1944年法国光复，戴高乐政府以法令的形式解散了哈瓦斯通讯社，改由独立社、法非社、自由社在原哈瓦斯通讯社的资产上组成法国新闻社（AFP）。法新社名义上为各报刊的联合通讯社，但由于部分接受政府的资助而成为半官方的通讯社，是目前法国唯一的大型通讯社。

1957年1月10日，法国政府发布一项法令，规定法新社应准确、迅速、清晰并完全独立地一年365天、每天24小时向全世界各地发消息，报道世界政治、金融、体育新闻和传送各种图片。法新社的报道分别用法、英、西、德、阿、葡文向全世界160多个国家和地区供稿，其中法文稿11条线路，占所发消息文字的60%，英文稿3条线路，占所发消息文字的15%。

第三节　路透社

保罗·朱利斯·路透（Paul Julius Reuter）是一个德裔犹太人，早年曾在哈瓦斯通讯社当过翻译。1849年，他在德国亚琛开办了一家通讯机构，用45只信鸽在亚琛与布鲁塞尔之间传递股市行情，但生意并不好。随后，他又希望能在巴黎建立一个综合性的欧洲通讯社，但已经有了哈瓦斯通讯社的法国并没有兴趣。1851年，路透来到伦敦，在旗舰街的皇家邮局对面租下了一个格子间，开始了路透社的草创。早期，路透以银行家和证券经纪人为主要客户，通过翻译外国报纸，售卖财经消息，后来又逐渐增加政治及外交消息。因为《泰晤士报》等大报的抵制，伦敦报业在很长时间内并不接受路透社的售卖消息的方式，拒绝向他购买稿件。直到 1858 年，因为报纸竞争激烈，为了丰富报纸的内容，降低成本，伦敦的《广知晨报》开始订购路透社的稿件，路透社才为伦敦报业所接纳。在一百多年的历史中，路透社已经发展成为提供经济、政治、外交、军事和其他消息的世界级新闻通讯社。1941 年，路透社改组成为英国报业联合组织的托拉斯，但保持着最初提供金融信息的优势。财经新闻始终是路透社的报道重心，它向全世界提供市场行情，金融形势，世界政治、经济的新闻，并提供较为准确、客观的评价。2007 年，路透社被加拿大汤姆森集团控股，占据世界金融咨询业务的三分之一。

路透社以稿件的及时、准确、客观享誉世界。在路透社的《采编人员手册》中，对新闻采编人员第一条要求就是准确性。

在我们的报道中，准确性高于一切。

切勿歪曲事实，切勿加入不公正的感情色彩，切勿为了一个引人注目的导语或生动的短语而失去平衡。

记者在搜集材料时必须核对每项事实。编辑必须对报道中前后不一或未注明出处的有争议的说法提出质疑。记者和编辑都必须确保报道的意思和平衡不因使用不精确的文字而受到损害。

如果你对报道中的某个重要事实有疑问，在未弄清其准确性之前不要发稿①。

此外，路透社还秉持独立、客观的报道原则：

独立性是我们作为一个无国别概念的全球新闻通讯社的根本原则，也是使得我们能够从冲突或者争端的各个方面进行公平报道的基本原则。我们在金融市场领域报道公司、公共机构和个人的能力至关重要，很多报道对象同时也是我们的客户，对此我们只需要考虑报道的准确、平衡和真实。我们的独立姿态不仅源自路透社的组织结构，同时也来自我们作为记者的责任，那就是我们要避免因为我们的报道而导致各种利益之间的冲突，或者引起各方产生冲突感。以下不是可能引起的冲突的无遗漏的列举，如果你认为你的任何行为有引起利

---

① 杨晓白. 路透社新闻手册之"标准和价值观"（一）[J]. 青年记者, 2010（16）：79 -
82；杨晓白. 路透社新闻手册之"标准和价值观"（二）[J]. 青年记者, 2010（19）：
93 - 97.

益冲突的潜在可能，你都应该向你的上级做出汇报①。

出于对准确性和即时性的追求，路透社对于技术革命十分看重。路透有句名言："跟随电缆走"。正是对电报通信技术的大力投入和积极应用，使得路透社在当时的通讯社竞争中脱颖而出。1851 年 10 月，路透在伦敦皇家股票交易所抢先成立海底电报线办公室，向伦敦证券交易所提供欧洲大陆股市行情，以此换取英国股市信息的发布权。一个月以后，英国多佛尔与法国加莱之间的海底电缆才架设成功。就是通过这条海底电缆，路透社与巴黎信息市场互换消息。1859 年，路透社利用英法海底电缆的专门包租权，抢先发布了拿破仑三世的国会演说，拿破仑三世在演说中暗示要参与普鲁士—奥地利战争。美国内战爆发后，路透社投入巨资，在爱尔兰的克鲁克黑文专门修建了电报基地，保证其新闻发布比伦敦其他媒体要快 8 小时。林肯遇刺的新闻就是由路透社在伦敦独家发布的。

路透社在海外的发展是伴随英国殖民势力的扩张而扩张的。1865 年，路透社击败沃尔夫通讯社，与德国的汉诺威王朝签署协议，成立了路透社电报公司（The Reuter's Telegram Company），铺设德国诺德尼岛（Norderney Island）到英格兰的海底电报专线，进而与经欧洲通往俄国和中东的电缆联为一体。1869 年，路透社兴建了自德国、俄国、伊朗通往印度孟买的电缆，这条电缆逐渐延伸到锡兰（今斯里兰卡）加勒、新加坡和上海，并在上海设立路透社远东分社，垄断了亚洲地区的信息采集与交换权。1866 年路透社建成了横贯大西洋海底的电缆，欧洲与北美的信息传输方式就此改变。

第四节　德国沃尔夫通讯社

1848 年，曾经在哈瓦斯通讯社当过编辑的伯恩哈德·沃尔夫（Bernhard Wolff）在柏林创办了《国民报》。1849 年，普鲁士国家电报局架设了柏林和亚琛之间的电报线路，允许民间开办电报通讯业务。沃尔夫抓住机会，依托《国民报》在柏林创建了德国最早的新闻通讯社——沃尔夫通讯社。该社利用柏

---

① 杨晓白. 路透社新闻手册之"标准和价值观"（一）[J]. 青年记者，2010（16）：79 - 82；杨晓白. 路透社新闻手册之"标准和价值观"（二）[J]. 青年记者，2010（19）：93 - 97.

林－亚琛电报系统收集和发布股票行情等金融信息，1855 年起增加政治新闻等其他非经济信息，同时为《国民报》服务，到 1860 年与德国报界形成了稳定的合作关系。1856 年，沃尔夫通讯社与路透社达成了互换经济及股票行情的协议，但第二年就因为英德海底电缆铺设权竞争的失败而撕毁了协议。

沃尔夫通讯社在建立之初就接受普鲁士政府的津贴，1865 年，卑斯麦将其改组为股份公司，受政府直接控制，在实际上成为半官方通讯社，垄断德国地区的信息交换。正是政府的支持使得沃尔夫通讯社迅速崛起，成为世界四大通讯社之一。1933 年希特勒当选后将沃尔夫通讯社与胡根贝格报团的联合电讯社一起改组为德国通讯社，成为纳粹的宣传工具。1945 年，纳粹德国战败投降，沃尔夫通讯社也就不复存在了。

第五节　美联社

关于美联社的创办年份，新闻史学界说法不一，主要有 1848 年、1849 年、1860 年、1900 年等说法。

在美国与墨西哥战争期间，纽约的六家报纸《纽约太阳报》（The Sun）、《纽约先驱报》（Herald）、《纽约论坛报》（Tribune）、《快报》（Express）、《纽约信使及问询报》（Courier and Enquirer）以及《纽约商报》（Journal of Conunerce）共同组建联合采访部，报道战争消息。战争结束后，这六家报纸决定合股共享两艘船只，在驶入纽约港的轮船上采集新闻，共同分担费用，这就是"港口新闻联合社"。1851 年，《纽约时报》成为第七个成员。但埃默里父子在《美国新闻史》中认为，关于在 1848 年正式组建通讯社一说，没有直接的证据。现代美联社正式创办最确切的日期是 1849 年 1 月 11 日。1851 年，改名为"电讯与综合新闻联合社"（Telegrap－hic General News Association）。1857 年，港口新闻联合社开始向纽约之外的报业集团供稿，并改称"纽约联合新闻社"。这一时期，开始出现"费城联合新闻社""西部联合新闻社"等二级新闻社组织。

1892 年，纽约联合新闻社在与芝加哥合众社（与今天的合众国际社无关）的竞争中败北，一些会员与西部联合新闻社联合成立了"伊利诺伊联合新闻社"（Associated Press），重新与合众社竞争市场。伊利诺伊联合新闻社的第一任社长斯通（M. E. Stone）一就任就加入了由哈瓦斯通讯社、路透社、沃尔夫通讯社主导的连环同盟。虽然付出了巨大代价，但完全切断了合众社的海外稿件来源，最终，合众社于 1897 年倒闭。

1900 年，伊利诺伊联合新闻社将总部迁往纽约，这就是今天我们所熟悉的美联社。此后，美联社基础日益巩固，成为美国报界最大的供稿者。第一次世界大战后，随着美国国家力量的提升，美联社才真正走出美国，成为世界性通讯社机构，更在第二次世界大战后确立了其世界最大通讯社的地位。印度的甘地曾经说："我猜想，当我死后站在天堂之门的时候，碰到的第一个人会是名美联社记者。"

与欧洲三大通讯社不同，美联社从成立之日起就是一个报纸合作社，它的目的不是营利，而是为报界提供新闻。

新闻学界一般认为，"美联社是后来称之为'客观报道'的先驱"。在《美联社新闻报道手册》中有这样一段话：新闻依旧是公平和客观的，虽然今天的记者必须在如实报道事件与发表个人见解之间蹚出一条自己的路。作为一个被各种性质的报刊所共同拥有的合作团体，它不可能根据某种观点或偏见报道事件，这最终也成为整个新闻行业的行为标准①。"客观报道"这一概念正是奥利弗·格拉姆林在描述美联社历史时提出的。曾任美联社总经理的肯特·库珀认为客观性法则是"真正公平"的新闻报道，是"作为一种至善至新的道德观念，发展于美国，奉献于世界"②。

第六节　联环同盟及其解体

联环同盟的缔结与解体都与成员通讯社各自国家的政治、经济发展状态有着密切关系。其缔结是为了确认对世界信息流通市场占有的既成事实和彼此的垄断权与势力范围，而其解体是因为原有的力量平衡被打破，新兴国家追求更大活动空间与老牌殖民国家维护自身势力范围之间的矛盾不可调和。

一、"联环同盟"的缔结

到 19 世纪后期，通讯社利用自己的技术优势和供稿权成为信息、技术和资

---

① 杰里·施瓦茨. 美联社新闻报道手册 [M]. 曹俊，王蕊，译. 北京：中央编译出版社，2014.
② J. 赫伯特·阿特休尔. 权力的媒介 [M]. 黄煜，裘志康，译. 北京：华夏出版社，1988：152.

本垄断的国际运营商。15 世纪开始的殖民活动在 1870 年前后达到顶峰，世界殖民地几乎被英法等国瓜分殆尽。与此相伴的是，各大通讯社在各自国家政府的支持和资助下，也瓜分了世界通信市场。

1870 年 1 月 7 日，为了确认既成事实和彼此的垄断权与势力范围，哈瓦斯通讯社、路透通讯社和沃尔夫通讯社根据各自新闻收集与售卖的势力范围，对世界电报线路垄断占用，签订了名为"联环同盟"的协议，瓜分了世界通讯市场。各通讯社只在本势力范围内收集和售卖新闻，协议通讯社之间互换新闻信息。1892 年，美联社加入"联环同盟"，负责美国本土的新闻收集和售卖。因为美联社并未参与"联环同盟"规则的制定，也不被允许参与世界其他地区的信息采集，"联环同盟"也被称为"三社四边协定"。

二、"三社四边协定"对世界的瓜分

与报纸的独立经营不同，通讯社在资金、技术和政策上非常依赖政府的投入。在对英德电缆的争夺中，正是因为普鲁士政府支持了路透社，才使得沃尔夫通讯社在竞争中失去了主导权，陷于被动。通讯社作为新闻信息批发商，很大程度上垄断了一国一地媒体的新闻稿件，这也使得各国政府力图对这个会对舆论产生巨大影响力的机构施加影响，甚至控制它。哈瓦斯通讯社长期接受法国政府津贴，沃尔夫通讯社则干脆成为了半官方通讯社，正是基于这一考虑。在各国争夺殖民地的时候，通讯社既是政府的通讯伙伴，也是战果的瓜分者。各大通讯社对于世界线路的占有和消息收集、售卖范围的垄断几乎与各国殖民地的控制范围完全一致。

哈瓦斯社：法国、瑞士、意大利、西班牙、葡萄牙、埃及（同路透社共享）。

路透社：大英帝国、埃及（同哈瓦斯共享）、土耳其、远东。

沃尔夫社：德国、奥地利、荷兰、斯堪的纳维亚、俄国和巴尔干各国。

美联社：美国。采集的新闻经伦敦供给欧洲三社，欧洲三社发往美国的消息也只供给该社。

三、"联环同盟"的解体

第一次世界大战打破了四大通讯社的力量平衡。战前，美国获得美西战争的胜利，夺取了西班牙的殖民地关岛、波多黎各和威克岛，并在实际上控制了古巴与菲律宾。这就打破了美联社只能在美国本土经营的限制。战后，美联社

借美国崛起之机，开始向全世界拓展其业务。与此同时，德国战败，失去了对东欧各国的影响力，沃尔夫通讯社也就退居德国一国。布尔什维克推翻了沙皇的统治，建立了苏俄（苏联），开始建设自己的通讯社事业，也不再遵守联环同盟。1934年，路透社与中国国民政府中央通讯社签订协议，路透社不再直接对中国（上海除外）报纸直接供稿。"联环同盟"已经名存实亡。

1914年，美联社宣布退出"联环同盟"，开始向南美及远东地区寻求市场。1934年，各大通讯社在苏联拉脱维亚首府开会，会议宣布废除过去的一切信息交换协定，通信市场完全遵循新闻自由的原则，由各通讯社根据自己的需要和实力发展业务。世界通讯领域重新回到了自由竞争时代。

第六章

新闻自由的泛滥

自由主义将自由视作至高无上的真理，报刊的自由神圣不可侵犯，并认为理性的人可以达成舆论的自清。但事实真的如此吗？在 19 世纪下半叶激烈的市场竞争中，大众化报刊不但没有优胜劣汰，反而越来越迎合公众低俗的娱乐需求，黄色新闻大肆泛滥。

第一节　黄色新闻的出现

一、黄色新闻的定义

1900 年，美国学者德罗斯·维尔克斯（Delos Wilcox）在对《纽约新闻报》与《纽约晚邮报》的内容进行了比较分析之后，从学术上得出了黄色新闻的概念，黄色新闻是指这样一种新闻报道：以犯罪和色情为主要内容，大量使用插图和软广告，从而使报道和报纸本身受到更为广泛的关注[1]。弗兰克·路德莫特（Frank Luthur Mott）认为黄色新闻在形式上大量使用夸张及捏造的手法大肆渲染色情及暴力，内容上以政界要人、明星们和名女人的私生活（特别是凶案丑闻等）为主，同时习惯运用大量图片（有时甚至伪造图片）、通栏大字标题、漫画和彩色连环画来吸引人们的眼球，以推销报纸，提高发行量。黄色新闻的基本要素是：犯罪、色情、图片和其宣传或广告目的，其中涉及了报道手段、报道内容和报道效果三方面[2]。我国学者李磊对黄色新闻的定义是黄色新闻是

---

[1] CAMPBELL J. Yellow Journalism：Puncturingthe Myths，Defining the Legacies［M］. Westport：Greenwood Publishing Group，2001：7.

[2] 周光明. 黄色新闻概念的传入与演变［J］. 新闻与传播研究，2012（12）：117 - 124.

指一种大量运用煽情主义的浅层次感官刺激的手法，集中渲染、夸大报道耸人听闻的色情、暴力、犯罪、天灾人祸等新闻事件，旨在赚取高额利润的新闻样式。① 综上所述，黄色新闻（yellow journalism）是形式上大量使用夸张及捏造的手法大肆渲染耸人听闻的新闻，内容主要是色情、暴力、丑闻、犯罪等，达到获取高额利润的新闻。

　　"黄色新闻"这个词得自美国著名报业大亨约瑟夫·普利策（Joseph Pulitzer）和威廉·赫斯特（William Randolph Hearst）的一次报业竞争。19 世纪末，普利策的《纽约世界报》（*New York World*）以煽情主义在纽约报业市场独占鳌头，其中，著名专栏画家理查·奥特考特的漫画专栏"黄孩子"（Yellow Kid）（图 6－1）是《纽约世界报》的招牌之一。这位名叫 Mickey Dugan 的六七岁小男孩有着光光的大脑袋，穿着一件脏袍子，讲述纽约大街小巷中发生的故事。1895 年，威廉·赫斯特来到纽约，收购了《纽约新闻报》（*New York Journal*），向普利策的《纽约世界报》发起了挑战。花费重金将《纽约世界报》星期日版的全班人马挖走，其中就包括奥特考特。普利策企图用高薪将这些人挖回来，但赫斯特又用更高的薪水将他们买走。奥特考特在《纽约新闻报》继续画着"黄孩子"。普利策无奈之下聘请画家乔治·拉克斯在《纽约世界报》重开"黄孩子"专栏，并起诉赫斯特侵权。《纽约世界报》和《纽约新闻报》借人们对这场官司的关注，用刺激性语言大肆宣传自己的报纸和专栏，并衍生出很多的"黄孩子"副产品，纽约的商店、戏院也纷纷打出黄孩子的广告。《纽约客》的编辑欧文·华德曼（Ervin Wardman）将这种报道风格称为"黄色新闻"。

图 6－1　黄孩子

---

① 李磊. 外国新闻史教程［M］. 北京：中国广播电视出版社，2001：262.

　　大量刊登黄色新闻的报刊也就被称作黄色报刊。黄色新闻的报道方式给《纽约世界报》和《纽约新闻报》带来了巨大的利润，引得报界争相效仿。1899年—1900年间，美国全国的主要报纸中，有三分之一都是纯粹的黄色报刊。

　　《美国新闻史》评论黄色新闻"从最坏的情况来说，是一种没有灵魂的新式新闻。黄色新闻记者在标榜关心'人民'的同时，却用骇人听闻的、华而不实的、刺激人心和满不在乎的那种新闻塞满了普通人赖以获取消息的新闻渠道，把人生的重大问题变成了廉价的闹剧，把新闻变成最适合报童大声叫卖的东西。最糟的是，他们不仅不起社会领袖的作用，反而为犯罪和暴行开脱"①。

　　黄色新闻并不只在美国一国出现，随着报业竞争的日渐激烈，欧洲、亚洲，乃至全世界都出现了黄色新闻浪潮。

二、黄色报纸出现的历史背景

1. 经济方面

　　经过两次工业革命的推动，到19世纪末，北美洲的美国，欧洲的英国、法国、亚洲的日本等国的经济飞速发展，自由市场中的资本竞争已经开始出现垄断的趋势，辛迪加、托拉斯、卡特尔在各个行业都开始形成。从自由竞争走向垄断恰恰是市场竞争最为激烈的时期，报业也不例外。为了追求更高的利润，占领更大的市场，报纸降低格调以吸引更多的读者，进而争取更多的广告，看来是可行的。

2. 城镇化的进一步发展

　　工业化伴随着城镇化的发展，越来越多的人口因为工业生产、贸易集中在城市，或者原本的乡村发展成城镇。这一时期，医疗卫生条件的进步降低了人口死亡率，也使得城市中的人口越来越多。数量庞大的城市居民都将是报刊的潜在客户。商品的丰富，无节制的物质追求和对金钱的崇拜冲击着人们的价值观，纸醉金迷的城市中诱惑与罪恶并存。一方面，人们沉迷于享乐，充满对新事物的好奇，黄色报刊满足着他们这些消费主义欲望。另一方面，城市的繁荣并没有带来共同富裕，而是加剧了贫富分化，政治腐败、权钱交易、罢工、诈骗、抢劫、强奸、谋杀层出不穷，社会矛盾尖锐。底层民众对于社会的不满需要一种宣泄渠道。而黄色新闻不但将这些黑暗直接呈现在公众面前，吸引读者

---

①　埃德温·埃默里，迈克尔·埃默里. 美国新闻史［M］. 展江，译. 北京：中国人民大学出版社，2009：323.

眼球，也让底层读者发泄他们的不满，抱怨社会的不公。

3. 政治层面

19世纪末期，欧美国家的言论自由相继确立，在政治性报刊和廉价报刊的培育下，公众的民主意识极大提高。新闻媒体被认为是"第四权力""民主的声音""社会改革的发动机"，新闻从业人员成为"受教育的民主的无冕之王""博爱的使徒"。自由民主的政治土壤催生了独立的报刊。公众参与政治，公共事务的热情使得他们越来越需要报道社会政治和日常生活的新闻媒体。同时，这些热情的公众也为报刊提供了令人眼红的广阔市场。

4. 文化教育层面

19世纪后期，欧洲和美国已经形成了比较完整的初级公共教育体系，即使是社会底层的民众和外来移民都可以接受初级教育，识字率大大提高。但大部分的民众所接受的也仅仅只是初级教育而已。他们的文化水平不高，审美水平也不高，对于严肃的大报、一本正经的政治新闻、严谨的分析类文章、长篇大论的政论文毫无兴趣也无法理解，倒是对简单的文字、有趣的故事、大幅的图片表示欢迎。

5. 科技层面

19世纪末，电报、照相机、电话、留声机等电子通讯技术和打字机、轮转印刷机、整行铸排机、自动折页机等高速打印印刷机器都已经发明、改进并应用于新闻报刊的生产，彩色印刷也出现在报刊上。这些技术促进了报业的大规模生产，降低了报业成本，提高了新闻出版的质量，改善了新闻排版。以轮船、火车为主体的世界交通网络开始形成，不同地区的信息和报刊更快速地流动着。这大大提升了新闻的时效性和信息传递的速度。

6. "孤独的大众"

19世纪末，"大众社会"正在成型，人类社会正在从温情脉脉，彼此联系紧密的传统农业社会走向钢筋铁骨的城市中疏离冷漠的工业社会。大众社会的特点是："个人处于心理上与他人隔绝的疏离状态；非人格性在人们的相互作用中盛行；个人比较自由，不受非正式社会义务的束缚。"① 所以，布鲁姆与塞尔兹尼克说："现代社会由大众组成，其意义是'出现了大量隔绝疏远的个人，他们以各种各样的专业方式相互依赖，但缺少中心统一的价值观和目的'。传统联系的削弱，理性的增长以及分工制造了由松散的个人组成的社会。在这个意义

① 德弗勒. 大众传播学［M］. 杜力平，译. 台北：五南图书出版公司，1991：174.

上，'大众'一词的含义更接近一个聚合体，而不是一个组织严密的社会群体"①。"大众"按各自的自由意志生活行事，自由得到了最大张扬，但权威并没有消失，而是伪装成公众舆论、社会常识，无时无刻不在压迫着人。公众直接把自由作为目标本身，自由被认为是一种绝对状态，走向极致。"大众"处于这种最自由的不自由状态。但"哪儿有公众，哪儿就有欺骗性……即使每一个私下里各为自己的个人掌握了真理，但是，一旦他们全都聚集在一个人群里——一个任何有决定性的大事都由它解决的人群，一个进行表决的、吵吵嚷嚷的、喧声震耳的人群——那么，虚伪性就立即显示出来"②。

第二节 美国黄色报业

从 19 世纪后期到 20 世纪初，美国报业空前扩张，尤其是那些商业经营的私人报纸。据记载，从 1870—1900 年，全美报纸数目增加了 3 倍，每天的销售量增加近 6 倍，报纸订户从占全国成年人口的 10% 上升到 26%，周刊数目增加了 2 倍③。1880 年全美报纸有 7000 家，到 19 世纪 90 年代增至 12000 家④。与此同时，报纸销量也在飞速上升。所有日报总销量从 1870 年的 260 万份上升到 1900 年的 1500 万份⑤。由此美国报业形成一条"90 年代的分水岭"，报业高度市场化、社会化、大众化。在面对残酷的竞争，许多报纸为了提高发行量，掠取高额利润，转而采用黄色新闻的报道手法，追求刺激性新闻，吸引读者。其中的代表人物是约瑟夫·普利策和威廉·赫斯特。

一、普利策与他的黄色报业

普利策的办报生涯起于 1878 年的《圣路易斯快邮报》，该报以针砭时弊，倡导社会改革的口号，迅速成为当地发行量最大的报纸。圣路易斯也和辛辛那

---

① 斯宾格勒. 西方的没落 [M]. 齐世荣，田农，译. 北京：商务印书馆，1963：199.
② 宾克莱. 理想的冲突：西方社会中变化着的价值观念 [M]. 马元德，陈白澄，王太庆，等译. 北京：商务印书馆，1983：177.
③ 埃德温·埃默里，迈克尔·埃默里. 美国新闻史 [M]. 展江，译. 北京：中国人民大学出版社，2009：270.
④ 郑超然. 外国新闻传播史 [M]. 北京：中国人民大学出版社，2000：332.
⑤ 郑超然. 外国新闻传播史 [M]. 北京：中国人民大学出版社，2000：332.

提、旧金山一起，成为美国黄色新闻的中心。

1883 年，普利策买下了亏损严重的《纽约世界报》，当时这份报纸的日发行量只有 11000 份。普利策对这份报纸进行了大刀阔斧的改革。他仍然保持重大政治新闻和国际新闻报道版面，同时增加了犯罪、灾害、突发事件、奇闻逸事、市井闲谈的报道，强调报道的细节和趣味性。他还在报纸上率先采用木刻插图，刊载彩色连环画，满足读者的视觉要求。这些改变让《世界报》的发行量两年后就达到了 150054 份。1892 年，该报已经发展成为资产 1000 万美元，年纯利润过百万的大报。

《世界报》的特点是：

1. 浅显的语言、及时报道、高质量的评论和生动的标题。《世界报》沿袭了便士报通俗易懂的文字，人情味的报道风格和煽情的新闻手法。普利策说，"报纸每天要把一块石头投入池塘。如果报纸只依靠现成的随手拈来的消息，是不会成功的。我们的报纸每天至少要有一条独特的新闻，每一期都要有一条爆炸性新闻。要提前准备，不要守株待兔。"不过该报并不只将目光局限在家长里短的社会日常新闻上，而是随时关注重大政治新闻和国际新闻报道，并以公众的名义发表相关社论。《世界报》在 1884 年总统大选中支持格罗弗·克利夫兰，报纸刊登了支持他的四个理由："他是个老实人；他是个老实人；他是个老实人；他是个老实人。"语言简洁明了，却又极富煽动性。《世界报》的新闻标题也很有特色。普利策要求报刊的标题一要短，二要意义深，三要生动。

2. 以人民和民主为口号，揭露社会阴暗面，策划新闻事件，推动公共事务变革。普利策接手后的《世界报》在第一期上这样阐述自己的宗旨："从今天开始，《世界报》将由不同的人，按照不同的方式方法管理；遵循不同的追求、政策和原则；有着不同的目标和志趣、不同的情感和信念、不同的心智……在这个伟大的、成长着的城市，应当为这样一份报纸提供空间，这份报纸不仅廉价而且智慧、不仅智慧而且厚实、不仅厚实而且真正崇尚民主—致力于人民的事业而不是有权有势者—致力于新世界的新闻而不是旧世界—揭露一切欺诈与虚伪、与一切社会邪恶和滥用权力斗争。这份报纸将热切地、忠实地为人民而战。"① 普利策策动了美国自由女神像纪念碑的建设。自由女神像是 1876 年法国为纪念美国建国 100 周年，赠送给美国的礼物，在 1884 年完工后于 1885 年 6

① MOTT L F. American Journalism：A History of Newspapers in the United States Through 250 Years，1960—1940 ［M］. NewYork：The Macmillan ComPany，1941：434.

月运至纽约。由于国会迟迟未能通过建设基座的拨款，这尊铜像只能滞留于纽约港。这时，《世界报》在其头版发表了一篇社论"我们该为巴托尔迪伟大的雕像做些什么"，文中写道："我们只能去做一件事，我们必须筹措到那笔资金！"至于如何筹措，普利策建议，"我们不要再等着百万富翁来捐款。她不是美法两国百万富翁们之间馈赠的礼物，她是所有法国人民送给所有美国人民的礼物。"凡是捐款者，不论多少，即使是纽约最贫困者的一美分，其名字都可以和范德比尔特、惠特尼、罗斯福这样的豪门同列在一张报纸上。于是，一尊铜像似乎代表了美国人民的权利，代表了民主和平等。《世界报》的宣传激起了纽约人的热情，人们纷纷捐款，自由女神像很快在罗德岛上站立起来，普利策的铜像也被安置在自由女神像脚下。这次新闻策划让《世界报》周日版的发行量在美国所有的报纸中高位居第一位。《世界报》自豪地宣称，"在这个地球上，还没有哪份报纸的新闻用纸量能够达到《世界报》昨天的用量"。

3. 大量使用图片和漫画。起初，图画在报刊上并不是作为新闻图片来使用的。英国的《每周新闻》早在 1638 年就刊登过整页的木刻画。1873 年，美国的《纽约每日画刊》全刊刊登图片。不过，普利策却是第一个将图片用于新闻报道的，此后图片才发展成新闻图片和图片新闻。开始时，《世界报》在犯罪新闻中使用人物图或地图注明嫌疑人和犯罪地点。在 1884 年总统大选的新闻报道中，《世界报》开始使用卡通图片。同时，普利策也没有放弃图片的非新闻功能。他开设了专门的漫画专栏，就是著名的"黄孩子"。《世界报》的漫画是彩色套印的。

4. 不断地自我宣传。1885 年 4 月 12 日的《世界报》"报耳"有这样一则广告：

用数字说话

在 3 月份，《世界报》在"招聘"一栏中的广告达到 24939 个。报社还收到了读者来信 59610 份。有 5000 万读者阅读《世界报》的招聘广告。

理所当然

一个每天有着 5000 万读者的报纸可以刊登无数好的、特别的"招聘"广告。

《世界报》"招聘"广告的价格就是基于这个假设。

此外，各种有奖竞猜、折扣奖券等也经常出现在《世界报》上。

5. 重视娱乐新闻报道。《世界报》的星期日版有专门的女性、青年、体育新闻专页。

普利策被认为是美国新式新闻的开创者，其新闻报道手法和报业经营方式被众多报纸效仿。

二、黄色新闻大王赫斯特

威廉·赫斯特是爱尔兰移民的后裔，其父是一位成功的淘金者，在加利福尼亚拥有多家金矿、银矿。出身富豪家庭的赫斯特生性豪放不羁，热爱冒险。在父亲的安排下，赫斯特进入哈佛大学学习。但他对课程毫无兴趣，却热衷于办报纸，尤其偏爱普利策《世界报》的办报风格，甚至曾经进入《世界报》做过见习记者。他担任经理的杂志《讽刺文》深受哈佛学生欢迎。但也正因为赫斯特在《讽刺文》上恶意攻击当选总统克利夫兰和哈佛教授，被哈佛大学勒令退学。回家后，赫斯特进军新闻界，他接手了濒临破产的《旧金山观察家报》，宣称将创办一份令读者"吃惊、惊叹、惊呆"（Startling，Amazing，Stupefying）[1] 的报纸。

赫斯特对黄色新闻的热爱比普利策有过之而无不及，他被称为美国的黄色新闻大王。赫斯特的报纸上大量使用煽情、夸张的新闻，强调报纸的娱乐功能，导演各式新闻事件，甚至引发社会运动。"赫斯特降低了新闻事业水平，他出版了美国最坏的报纸。"[2]

1. 煽情、夸张的新闻内容和新闻版面

赫斯特偏爱煽情性和夸张、鼓动性的新闻。1887年的蒙特堡大火期间，赫斯特为大火的报道亲自拟题"饥饿而发疯的火焰"（Hungry，frantic flames），用冲突感、紧张感和现场感的描述将火灾现场展现在读者眼前。1900年，前肯塔基州州长贝格尔遇刺身亡，赫斯特在他的《纽约日报》（图6-2）上刊登了一首十四行诗："枪弹穿过科贝尔的胸膛，寻遍整个西部不知它飞向何方；它很可能向这里飞来，击中麦金莱把他送进停尸房。"第二年，麦金莱总统被一名无政府主义者刺杀，凶手的口袋里就装着这份《纽约日报》。煽动性的新闻终于给赫斯特带来了厄运。美国人开始抵制《纽约日报》，《纽约日报》的销量一落千丈，最后不得不改名为《美国人报》。

---

① SWANBERG W A. Citizen Hearst [M]. New York：Charles Scribner's，1961：19.

② 郑超然，程曼丽，王泰玄. 外国新闻传播史 [M]. 北京：中国人民大学出版社，2000：336.

在版面设计上,赫斯特的报纸充满视觉冲击力。他采用大字号的标题,大量采用图片和照片,力图用图片"吸引眼球并鼓励下层阶级的想象力"。

图6-2 《纽约日报》

在缅因号沉没的报道中,如上图,《纽约新闻报》使用大字号的通栏大标题,配以占据了半个头条版面的大图片,力图在第一眼就震撼读者。

2. 热衷于犯罪新闻和带有色情味的新闻报道

19世纪末,面对混乱的社会状况,美国兴起了进步主义运动,在新闻界,出现了一大批"揭黑幕"的新闻和扒粪记者。他们揭露政府和资本家的幕后交易,同情社会底层的劳动人民。赫斯特的报纸也是其中之一。赫斯特以人民的保护者自居,在他的犯罪新闻中,人民是受迫害的受害者,警察、官员、资本家要么是腐化无能的,要么是阴谋的幕后黑手。只有记者和赫斯特的报纸才是揭露黑幕、拯救人民的英雄。克莱门西·阿让是古巴革命政府的同情者,她被古巴的西班牙殖民政府驱逐出境,辗转来到美国。在被驱逐的时候,阿让小姐受到了很多非人的待遇。她的故事被刊登在《纽约新闻报》上,并配上了一位古巴女性赤裸着身体,被一群西班牙警察强迫搜身的图片(图6-3)。这则报道激起了美国人对西班牙殖民的强烈不满。

在另一则新闻的报道过程中,赫斯特的记者们干脆充当了侦探的角色。1898年,纽约河上发生了一起分尸浮尸案,赫斯特派遣了30名记者去侦破案

图 6 - 3　一位古巴女性被西班牙警察强迫搜身

件。记者们通过包裹尸块的油布，跟踪发现了凶手。原来，这是一起两男争一女的桃色争端引发的血案。赫斯特的"调查式报道"在美国轰动一时。"当老式新闻业的代表们无所事事坐在一边等待一些东西被证实的时候，像往常一样，《新闻报》已在行动。"①

3. 为获取爆炸性新闻不惜制造新闻

赫斯特被认为是引发了美西战争的人，这得之于他利用自己的报纸，不断激化美国和西班牙的矛盾，制造舆论，煽动了战争。1897 年，古巴反西班牙革命党人卡马奎被西班牙殖民政府判处死刑，他的女儿西施尼洛丝为了营救父亲险些杀死了看管卡马奎的西班牙军官。为此，西施尼洛丝被判叛乱罪，遭到囚禁。赫斯特派记者去采访狱中的西施尼洛丝，随后在报道中将西施尼洛丝描述成反抗西班牙人暴政，保护自己贞操的女英雄。赫斯特旗下的《新闻早报》还刊登了一封请求赦免西施尼洛丝的请愿信，号召美国各地妇女，乃至欧洲的知名女性签名联署。这场签名运动征集到了 20 万个签名，迫使西班牙摄政女王签署了赦免令。获知赦免令已经签发，正在送往古巴的途中，赫斯特急忙派遣记者去营救西施尼洛丝，让他"一定要在西班牙人赦免她之前完成"。赫斯特一路护送西施尼洛施到纽约，并为她举办了隆重的欢迎会，就连总统麦金莱也不得不与西施尼洛丝握手寒暄。此举严重激怒了西班牙人，美西战争一触即发，但

---

① LUNDBERG F. Imperial Hearst: A Social Biography [M]. San Francisco: Kessinger Publishin, 2010: 60 - 61.

也使《纽约新闻报》声名大噪。

4. 娱乐是赫斯特报纸的重要目的

赫斯特曾在《纽约新闻报》的社论中说："《纽约新闻报》的政策是，在获得新闻的同时愉悦大脑，因为公众喜爱娱乐甚于信息。"① 报纸是个"充满魔力的游乐场"。为此，赫斯特的报纸网罗了一切在当时可以找到的能够愉悦公众的新闻。

《旧金山观察家报》的头版经常刊登各种体育比赛报道和各类文学作品，甚至在 1895 年专门派记者和插画家不远千里到巴黎去采访当红女演员，开辟"穿着睡衣的安娜"专栏。其报纸的星期日版上有百老汇的演出消息，名人的绯闻，外星人的奇闻，体育赛事消息，流行小说摘抄，色情新闻，包治百病的偏方等图文并茂的新闻和非新闻。

5. 坚持新闻的优先地位

新闻始终是赫斯特报纸的核心。在 1930 年的一篇文章中，赫斯特将报纸的内容按重要性分为三个等级：新闻、专题特稿和社论②，新闻居于首位。

普利策和赫斯特的黄色新闻在社会上和新闻界引起了关于报刊道德的讨论。"高雅"的主流报纸从 1897 年 1 月开始发起了抵制黄色新闻运动，《纽约太阳报》《纽约时报》和《纽约论坛报》是抵制运动的发起者。这些报纸批评普利策和赫斯特"邪恶、无耻、道德败坏"，呼吁"做体面的新闻"，号召公众将黄色报刊从公共阅读室、报亭中驱逐出去。但因为黄色报纸活跃的市场营销手段和普通公众的阅读需要，抵制运动并未取得成功，反而是黄色报刊的销量大增③。

效仿普利策和赫斯特的黄色报刊层出不穷，20 世纪 20 年代，黄色新闻重新席卷美国报业市场，这一时期被称作"庸俗小报"时代。伯纳尔·麦克法登与埃米尔·高夫洛的《每日写真报》为了迎合大众爱看"火热的消息"，"认为向通讯社订购新闻稿是自找麻烦，而只在报上登一般的'重大新闻'……记者用第一人称自述故事的方法写消息，请当事人签名，编辑则给加上这些标题：'我报道谁杀死了我的兄弟''他打我—我爱他'，以及'我在另一个女人的爱情生

① SWANBERG W A. Citizen Hearst [M]. New York：Charles Scribner's, 1961：90.

② HEARST W R. Radio no Menace to The Press. Tompkings, E. F. Selections from the Writings and Speeches of William Randolph Hearst [M]. San Francisco：Kessinger Publishing, 2010：326.

③ CAMPBELL W J. Yellow Journalism：Puncturingthe Myths, Defining the Legacies [M]. Westport：Greenwood Publishing Group, 2001：36.

活中度过了三十六个小时'。①《每日新闻》对"辛奈德谋杀案"的报道更是让黄色新闻的发展达到一个高峰。辛奈德夫人与情夫合伙杀害了自己的丈夫,在辛奈德夫人被处死刑时,《每日新闻》的记者把相机绑在脚上带进了禁止拍照的处刑室,拍下了辛奈德夫人坐上电刑椅被处死的照片,并刊登在《每日新闻》的头版上。

第三节　英国小报的盛行

通俗小报是英国报业的一大特色。有趣易读,注重人情味,追求爆炸性,大量运用图片和漫画的小报是英国大众文化的象征。它们虽然格调不高,但深受广大读者喜爱,是英国真正的全国性报纸。

一、英国通俗小报

黄色新闻在 19 世纪末也影响到了英国的报业。由于知识税的长期存在,英国的廉价报刊相较于美国出现得较晚,带有黄色新闻特征的小报也晚于美国出现。1896 年和 1900 年,英国两份最具代表性的两份小报《每日邮报》和《每日快报》分别面世。

《权力与媒介》中说:"以往西欧的报纸大抵是公开的党派喉舌或至少充当特定政治运动的辩护士,如今这种模式正在发生变化。尤其是首都以外的城市报纸越来越注意报道地方和本地感兴趣的问题,其结果是要吸引更多的广告商和读者,至今为止,在欧洲发行量最大的报纸要数街头刊物,如西德的《图片报》——斯普林格新闻帝国的主要出版物。《图片报》像英、法、意等国的同类报纸一样,没有号称自己在报道新闻。……即使报刊上内容不真实,对于读者来说也似乎无关紧要。的确,报纸这个词的词意延伸了,以上这些出版物也称得上报纸。传统的报刊注意到以上这类出版物的数量正在日渐增加,其发行量一直很高。意味深长的是,传统报刊正在步其后尘,仿制他们的做法,以取得成功。"②

---

① 埃德温・埃默里,迈克尔・埃默里. 美国新闻史 [M]. 展江,译. 北京:中国人民大学出版社,2009:485.
② J. 赫伯特・阿特休尔. 权力的媒介 [M]. 黄煜,裘志康,译. 北京:华夏出版社,1988:289 - 312.

报纸这种小报化的转变导致谋杀、犯罪、色情等耸人听闻的报道占据了欧洲报纸的大部分版面。和美国同业一样，欧洲的报纸也通过刊发大幅的插图和图画，革新版面设计，使用故事叙事式写作手法、煽情的大标题改变了报刊的形态。美国的新式新闻开始在英国等欧洲国家的报刊上大展拳脚。作为英国第一家采用新式新闻模式的报纸，《每日电讯报》的头条主要是性、犯罪和暴力，如"伯明翰意外发现男女同体""疯狂袭击女性"等报道成了报纸的主要内容。《每日电讯报》强调"人情味信息"，而不是传统的政治和时事新闻。《每日电讯报》的成功引得众多英国报刊纷纷效仿。这些报刊面向"全新的从不看周刊和月刊的公众"，而且力图争取"公共马车顶上坐着的男人们"①。

英国著名的小报《太阳报》以展示人体美为由，在第三版上推出裸露上半身的女性照片，即"三版女郎"，销量大增。同时，报纸还附赠"百万英镑幸运抽奖券"，吸引读者购买。英国小报热衷于报道各种独家秘闻、绯闻。如名人的婚外情、政客的出语惊人、皇室的私生活等。但小报也绝不排斥国际新闻和时事新闻。《太阳报》也曾大篇幅报道海湾战争、美国大选、索马里战争、Metoo运动等时政新闻。不过在选题上多含有暴力、血腥、冲突、情色等信息。大量使用大幅图片、大标题，语言富有煽动性，版面多为套红，甚至新闻采集方式也偏爱偷拍、窃听等。

英国著名小报几乎都是全国性报纸，不但发行量大，影响力也很大。到20世纪90年代，在20家英国全国性日报和星期日报中，有11家是小报，包括《太阳报》《每日镜报》《星期日镜报》《世界新闻》《每日邮报》等。发行量第一的《太阳报》发行量达到370万份，第二的《每日镜报》为220万份，而大报中最著名的《泰晤士报》的发行量不到70万份，《每日电讯报》也不到100百份②，拥有巨大发行量的小报也拥有巨大的政治影响力。《太阳报》一直在政治上倾向于支持英国保守党，其政治新闻中时常带有右倾鹰派的政治色彩。因此，在20世纪70至80年代，《太阳报》是撒切尔夫人重要的舆论资源。《太阳报》在撒切尔夫人当选中竭尽全力，而撒切尔夫人甚至曾经参与过默多克报系的编辑会议。撒切尔夫人与默多克报系的友谊贯穿了她执政的所有时间。

美国学者约翰·蒂贝尔说："英国在出版了世界上最好的报纸同时，出版了

---

① 迈克尔·舒德森. 发掘新闻：美国报业的社会史 [M]. 陈昌凤，常江，译. 北京：北京大学出版社，2009：25.

② 杨孔鑫. 谁改变了舰队街：英国报业的变迁 [M]. 台北：台湾正中书局，1996.

世界上最坏的报纸"①。

二、诺斯克里夫革命（Northcliffe Revolution）

谈到英国的小报，就不得不提及北岩勋爵和他的诺斯克里夫革命。艾尔费雷德·查理士·威廉·哈姆斯沃斯（Alfred Charles William Harmsworth）生于1865年，1905年因为对英国新闻业做出的贡献受封为北岩勋爵（Lord North-cliffe）。他是英国现代报业的奠基人，开创了富有英国特色的大众化报刊事业。

北岩勋爵将自己的顾客从上层精英和中产阶级扩展到之前报纸与主流社会不屑一顾的妇女和社会下层人群。他在《舰队街与唐宁街》一书中曾说："不要忘记，你正是为那些知识浅陋的人们写作。"因而，他致力改革英国新闻的写作方法，主张简短易懂的新闻报道，常常用地图、照片和图片解释新闻。

1896年，北岩勋爵创办了全国性早报《每日邮报》（Daily Mail）（图6-4），他为这份报纸做了盛大的宣传，广告词就是"这是忙人的报纸，这是穷人的报纸"。这份报纸售价仅为半个便士。报纸强调，"解释、简洁、清晰"，便于阅读。在内容上，《每日邮报》高薪聘请的记者和专栏作家们每日向公众提供时政新闻、国际新闻、法庭新闻、政治漫谈、股票行情、体育新闻、社交新闻、杂谈趣闻、妇女园地、小说连载等，可谓无所不包。《每日邮报》近百万的发行量使之成为英国历史上"第一张真正意义上的大规模发行的日报"。

1903年，北岩爵士创办了《每日镜报》（Daily Mirror），并将其称为tabloid，此后也就出现了"tabloid journalism"一词，中文译为"小报新闻"。

起初，北岩勋爵将《每日镜报》定位为"女性读、女性写、写女性"的中产阶级妇女报纸。他认为女性迷恋"镜像"②，所以将报纸命名为"镜报"，在促销时大量赠送镀金的搪瓷小手镜。但是，女性对于《每日镜报》对她们的消费主义定位毫无兴趣，以致《每日镜报》的销量和广告收入每况愈下。羞恼之下，北岩勋爵说："看来，女人既无写作能力，也不能阅读！"于是干脆将《每日镜报》改造成拥有大量插图和庸俗趣闻、耸人听闻新闻的半便士小报。这次被称为"诺斯克里夫革命"的改革大为成功，报纸在1909年达到100万份的日销量。

---

① 张隆栋，傅显明. 外国新闻事业简编［M］. 北京：中国人民大学出版社，1997：326.
② 消费主义的女性观认为女性迷恋幻象空间中完美的女性形象，女性通过这些由媒体的文字、图片、广告所构成的镜像来完成自我认知和自我建构，并对这些超真实的景象深深迷恋。

图 6 - 4　《每日邮报》

第四节　日本黄色新闻

日本新闻史学家有山辉雄的《近代日本新闻业的构造》中写道："在报纸大众化的过程中，日本出现了与美国的黄色新闻类似的情况，报纸通过耸人听闻的报道对读者进行刺激，特别是以都市中下层读者为中心制造'兴奋'，从而获得新的读者。"① 日本黄色报刊的代表是黑岩泪香的《万朝报》和秋山定辅的《二六新报》。

《万朝报》和《二六新报》被看作甲午战争后日本报纸低俗化和煽情新闻的始作俑者。明治中后期，社会矛盾不断累积，《万朝报》和《二六新报》将民众的不满通过黄色新闻的方式表达出来，揭露社会黑幕，煽动社会变革。内少芳美认为这时期的揭丑运动所代表的是尚未组织起来的民众愤怒情绪的表达，"日清战争后，社会逐渐闭塞化。一方面，富豪与藩阀勾结，组成上流阶层……另一方面，处于恶劣的劳动条件之下的工人、贫民以及从成名成家的阶梯上被

---

① 有山辉雄. 近代日本新闻业的构造［M］. 东京：日本东京出版株式会社，1995：36.

排挤下来的书生等，形成了社会的另一阶层"①。

一、《万朝报》

黑岩泪香在 1892 年创办了《万朝报》。《万朝报》以低廉的售价，社会丑闻以及黑岩泪香的小说招揽了大批的读者。黑岩泪香曾说："不管如何，最便宜的报纸，让任何人不得不看的报纸才是最好的报纸。"②

《万朝报》以社会底层民众为主要目标受众，在创刊号中，《万朝报》说道："至今为止的政治论、实业论都是空谈，我们这些人拿着笔站在报坛上，空论的政治和实业论对多数人民都没有实际的用处。一朝获得暴利的豪族绅商不是我们的朋友，为了一分一厘勤勉工作的良民才是我们的朋友。"③

1. 低廉的价格是吸引底层读者的第一步

当时《时事新报》的售价是一个月 50 钱，《东京朝日新闻》和《国民新闻》每月定价 30 钱，而《万朝报》的价格只为 1 份 1 钱，1 个月 20 钱。《万朝报》一直使用日本最便宜的红色纸张印刷，以节约成本，因而也被称作"红色新闻"。

2. 为文化水平不高的中下层读者提供简单易读的新闻

《万朝报》的新闻文章短小，故事性强，措辞简单通俗，大部分民众都可以读懂。当时《万朝报》的宣传语就是，"不论是一家之主还是家中最小的孩子，不论是男人还是女人，只要一家有一份报纸，全家任何一个人都可以看得懂"④。同时，《万朝报》编辑纲领是"硬新闻"遵循"一简单，二明了，三痛快"，"软新闻"遵循"一短，二易懂，三有趣"⑤。

3. 独特的三面记事

所谓三面记事，是指报纸第三版的消息，即社会新闻报道。《万朝报》的三面记事以犯罪新闻报道和揭露社会黑幕的新闻为主，报道主题是反映上流社会的不法事件，腐败堕落，包括攻击莲门教、蓄妾调查、相马事件、农商务次官大石正己的通奸事件等。明治维新时期，日本学习欧洲，推行一夫一妻制，

---

① 新井直之，内川芳美. 日本新闻事业史 [M]. 张国良，译. 北京：新华出版社，1986：22.

② 黑岩周六. 黑岩泪香文集 [M]. 东京：日本止善堂，1919：448.

③ 黑岩周六. 黑岩泪香文集 [M]. 东京：日本止善堂，1919：326.

④ 佐藤林平. 黑岩泪香与万朝报 [J]. 英学史研究，1979 (12).

⑤ 佐藤林平. 黑岩泪香与万朝报 [J]. 英学史研究，1979 (12).

1800 年就取消了户籍上的"妾"，1898 年民法上正式确立了一夫一妻制。对应这一法律上的变化，《万朝报》进行了蓄妾调查。该报社论说："应该可怜的是没有比我国妇女境遇更坏的了，自古到今，一直处在被男人玩弄的地位……在日本当今社会，不管具有什么地位，什么思想的男子，都在实行着一夫多妻制，即事实上对妇女伦常的破坏。现在我们所知道的范围里，摘发数百实例，欲问社会，羞也不羞。"① 于是，在"蓄妾实例"一文中，公布了 500 余名社会知名人士的妾室的数量、姓名以及妾的父亲的职业，报道引起了巨大的社会反响。《万朝报》的三面记事情节夸张，极富戏剧冲突性，刺激公众对社会不公的反感，更像是报纸自导自演的"惩恶扬善的情景剧"。② 也应和了黑岩泪香自称的"眼中无王侯，手中有斧钺"。

二、《二六新报》

秋山定辅的《二六新报》创办于 1893 年，一度停刊，1900 年重新出版。再版后的《二六新报》接受政府的秘密资金补贴，实际上并不是真正的独立报刊，但这也让它的售价再创新低，一个月只要 10 钱。与《万朝报》一样，它的主要读者群体也是下层民众。

《二六新报》的社会新闻报道在揭露上层社会腐朽上更加直白。该报曾经揭露三井财团的财阀岩谷松平玩弄女佣的恶性，以"衣冠禽兽岩谷松平"为题发表系列文章，迫使其公开谢罪。除了爆炸性新闻，该报也关心民众身边的琐事。例如，《二六新报》曾经报道过米商在米中掺杂沙砾的事情，引发民众对米商的集体不满。该报还曾提倡妓女自由歇业。

三、小结

日俄战争中，日本的军费高达 17 亿日元，其中大部分被转嫁到日本人民身上，他们迫切希望用战争赔款来降低赋税，改善生活。但日俄《朴次茅斯和约》并未约定战争赔款。此时报纸利用简单明快的言论主张，将民众的失望和愤怒投射到"软弱的政府"和敌国身上，大量使用低俗及刺激性的言论，产生了强烈的煽动性。1905 年 9 月 5 日，日本发生全国性骚乱，抵制该条约。正如桂太

---

① 新井直之，内川芳美. 日本新闻事业史 [M]. 张国良，译. 北京：新华出版社，1986：22.

② 高桥康雄. 物语·万朝报：黑岩泪香与明治的报人们 [M]. 东京：日本经济新闻社，1989：226.

郎在给山县有朋的信里所言："追求商业利益的报纸将政事与社会事务混同，煽动社会不满，扰乱下层民众的思想，导致了以前从来没有出现过的社会骚动，那是知识阶层，作为读者的时候所不会出现的情况"①。

以《万朝报》和《二六新报》为代表的三面记事也给日本带来了新式新闻事业，影响着同时代的其他日本报纸。为了赚取更多的利润，各报争相撰写刺激性的三面记事。然而，不是所有的报纸都有《万朝报》和《二六新报》的信息来源和针砭时弊的勇气与名望，大部分报纸只是东施效颦，将犯罪新闻用耸人听闻的方式加以报道而已。黄色新闻的泛滥引发了日本社会对报刊的公器与盈利工具的争论。陆羯南认为三面记事的"犯罪报道反而教唆了犯罪，破坏了风俗，每天报道奸淫杀人事件不是报纸应该做的事"②。一些知识分子批评黑岩泪香，"黑岩不如村山③正直，他是靠毒辣的文字成功的。《万朝报》不仅流毒于社会，它的成功也会产生多个小《万朝报》，如今没有比《万朝报》更让人愤恨的报纸了"④。

第五节　如何评价黄色新闻

黄色新闻不但未能守望社会，反而败坏了人们的心灵，甚至消解人民对不公的反抗。但黄色新闻也并非一无是处，它给报刊带来丰厚的利润，新式的新闻报道方式、活泼的版面设计和先进的印刷发行技术。

一、黄色新闻的特征

1. 在新闻内容及版面上，黄色新闻用夸张煽情的手法进行新闻报道，为了吸引读者，甚至不惜捏造新闻，歪曲事实

黄色新闻青睐灾难、犯罪、政治丑闻、名人绯闻、色情新闻等刺激性内容，热衷于简单易懂的文章和滑稽连环画，渲染不重要但容易引起人们同情或愤怒的新闻内容。版面设计上，黄色新闻习惯使用煽情性标题，加以大字号，甚至通栏、彩色标注，使用大图片。

①　有山辉雄. 近代日本新闻业的构造［M］. 东京：日本东京出版株式会社，1995：36.
②　小野秀雄. 日本新闻史：创始、指导、企业时代［M］. 日本良书普及会，1947：91.
③　指时任《朝日新闻》社社长的村山龙平。
④　小野秀雄. 日本新闻发布史［M］. 日本五月书房出版社，1982：29.

2. 同情被压迫者

有时候这种同情只是虚伪的。黄色新闻以改造社会，维护人民权利的名义发起社会运动，声称是大众的支持者与保护者。

3. 滥用新闻图片

黄色新闻的图片通常醒目夸张，甚至与新闻内容无关。有时候，为了达到吸引眼球的目的，不惜伪造、偷拍图片。

二、黄色新闻的消极意义

埃默里父子说："黄色新闻从最坏的情况来说，是一种没有灵魂的新式新闻。黄色新闻的记者在标榜关心'人民'的同时，却用骇人听闻、华而不实、刺激人心和满不在乎的那种新闻塞满了普通人赖以获得消息的新闻渠道，把人生的重大问题变成了廉价的闹剧，把新闻变成最适合报童大声叫卖的东西。最糟的是，他们不仅不起社会领袖作用，反而为犯罪和暴行开脱。"① 在黄色新闻时期，美国报人戈德金就说过这样一句话："这类报纸制造谎言，是因为说谎有利可图；换句话说，使他们愚蠢可悲和臭名昭著的原因就在于此，他们投了一部分道德败坏的人的所好。"②

1. 违背新闻真实性、客观性的原则，败坏社会道德

黄色新闻一味追求刺激性、煽情性的报道，夸张的语言，虚构的情节，夸大新闻中不重要的事实，误导公众。这些都违背了新闻的基本原则，降低了新闻业的专业水平和道德水准。这些不道德的新闻会给社会带来不良的示范效应，荼毒读者心灵。虚假的科技、医疗新闻误导公众的认知。一些军事和政治的黄色新闻甚至会危害国家安全，挑起国际争端。

2. 消解人们对社会现实压迫的反抗

黄色报刊虽然号称维护人民权利，推动社会变革，但本质上，他们是以营利为目的的，黄色报刊的社会运动的主要目的是吸引中下层民众关注报刊，进而购买报刊，以便获取更多的广告，而不是启蒙和教育公众。古希腊的昔兰尼学派认为，"人的肉体上的快乐远大于灵魂上的快乐"。当黄色新闻通过媒体的

---

① 埃德温·埃默里，迈克尔·埃默里. 美国新闻史［M］. 展江，译. 北京：中国人民大学出版，2009：323.

② 埃德温·埃默里，迈克尔·埃默里. 美国新闻史［M］. 展江，译. 北京：中国人民大学出版，2009：322.

议程设置，将公众的目光吸引到血淋淋的现场，圣母的同情心，肉体的色情、个人英雄主义的救赎等肤浅的报道上。当人们习惯了色情、暴力、丑闻、奇闻逸事的阅读，就很少有人再能去思考自身所受压迫的根源是什么。那些真正需要关注的严肃新闻、经济和政治的诉求、严谨的理性分析就不会得到公众的关心，真正的社会变革难以进行。就如，普利策的建造自由女神像基座的运动并不可能带给美国公众自由平等，黑岩泪香的蓄妾报道也不可能改变日本女性地位。因此，香港媒介批评家何良懋在《主流传媒的小报化现象》中说："传媒工作者在小报化的狂潮下不自我反省，加强专业意理水准，报业主于是在绝对利润挂帅下走上商业化不归路……粗鄙的小报化内容不甚了了，则传媒不过是商家另一生财工具，传媒人一旦有乖监察政经权责的天职，只懂得取悦市场，片面强调报社利润，试问公众利益由谁保护？"

三、黄色新闻的积极评价

虽然黄色新闻饱受诟病，但在客观上，它也在新闻报道技巧、报刊经营管理、新闻专业主义和社会进步上有一些积极意义。

1. 黄色新闻扩展了新闻报道的手法

"故事性写作"是黄色新闻常用的报道手法，有人认为它破坏了新闻的客观性，但新闻并不可能做到完全的客观。当社会剧烈变化，客观的新闻无法反映社会巨变中的人的情感和诉求，引入文学写作手法的黄色新闻，新式新闻就应运而生了。20世纪60年代，这种写作手法进而发展出非虚构新闻写作。赫斯特那种英雄记者的报道方式也催生了调查性报道的新式新闻报道形式。图片在黄色新闻时代，从单纯的图画发展为新闻叙事，成为新闻图片和图片新闻。报纸对社会新闻的高度关注也是自黄色新闻而始。黄色新闻的版面此后被报纸普遍学习。根据坎贝尔教授对1899—1999年间美国报纸的研究，到了20世纪晚期，报纸上普遍出现了多栏插图、新闻图片和通栏标题。可以说，黄色新闻为新闻界带来了一场新闻业务的革命。

2. 黄色新闻在受众定位上也有独到之处，重新定位了报刊的娱乐功能

根据伊莱休·卡茨的使用与满足理论，媒介接触行为遵循"社会因素—心理因素—媒介期待—媒介接触—需求满足"的过程，接触使用传媒的目的都是为了满足自己的需要，无论满足与否，都将影响到以后的媒介选择使用行为，人们根据满足结果来修正既有的媒介印象，不同程度上改变着对媒介的期待。

黄色新闻满足了受众以自我为中心的需求，忽视公共需要，注重人的自由和自我价值的实现，忽视社会对人的约束、教育和指导。这正与"媒介的使用与满足研究和自由主义理论以及约翰·米尔的人类理性的概念颇为相符，这二者均强调个人自我实现的潜力"①。也就是说，黄色新闻恰好满足了受众对自我"自由"需要的强调。而受众的这种自由、自我的需要主要集中于人性本能的需要上，如娱乐、窥视欲、情感宣泄与刺激上。黄色新闻正是填补了传统的端庄新闻所缺少的这部分受众的本能需要。相较于政治性报纸和高雅报纸主要是服务于社会精英人群，黄色报刊更加重视社会中下层读者和女性读者。几乎所有的黄色报刊都用低价销售的方式吸引不那么富裕的人群，《每日镜报》更是将当时被排斥在理性人群之外的女性读者作为自己的重要目标人群。这种精准的受众定位既为报纸带来了高额的利润，也满足了被传统报刊忽略的公众的信息需求，让报刊不再被特定阶级垄断，真正成为社会的公器。对于这些底层的，被忽视人群的阅读口味的满足也绝不仅仅是庸俗化、媚俗，而是对媒体功能的再定义。媒体的娱乐功能虽然在 19 世纪上半叶的大众化报刊上就已经被关注，但并不被新闻界所承认。而黄色新闻却将"愉悦"作为新闻报道的目的之一，正视报纸的娱乐功能。

3. 让报刊成为社会中下层民众意见表达的媒体渠道，在一定程度上促进了社会变革，捍卫了公共利益

社会财富分配不均，社会歧视的普遍化是小报新闻得以流行的重要原因。美国的黄色新闻是与进步主义运动同时发生的，揭黑幕新闻正是进步主义运动的一种。报纸揭露政府官员的贪腐无能、滥用职权；抨击富豪们朱门酒肉臭，路有冻死骨，"老板花在一瓶葡萄酒上的钱就够他的工人过上一个星期了"②；关心工人们恶劣的劳动环境，窘迫的生活条件。对黑人和女性的歧视导致平权运动的兴起也往往是黄色新闻关注的题材。黄色新闻直白简单的文字让底层民众有可能了解国家的政治和经济决策，进而发出反对的声音。这促进了民主运动的进展，使得底层民众有了参与社会公共事务的可能。赫斯特投入大量经费用于重要时政新闻的报道，曝光政府机密文件和美西战争的密约，将报纸社会

---

① 沃尔纳·赛佛林，小詹姆斯·坦卡德. 传播理论：起源，方法与应用［M］. 4 版. 郭镇之，译. 北京：华夏出版社，2000：320.

② 威·安·斯旺伯格. 普利策传［M］. 陆志宝，俞再林，译. 北京：新华出版社，1999：232.

监督和捍卫公共利益的功能发挥到极致。

4. 独立性

几乎所有的黄色报刊都宣称自己是独立的，不偏向某个党派，为公众服务。不论其真实性如何（实际上，《二六新报》接受政府津贴，赫斯特是民主党成员），都强调了报纸应该是独立于政党的这一观念。在黄色报刊大行其道的时候，政治性报纸日渐衰微，媒体独立这一新闻专业主义意识深入人心。独立性不仅仅表现在报刊独立上，更表现为社会和公众对权力集团的独立性。费斯克认为小报的读者在对文本进行解读的过程实质上是抵抗权力集团主流话语的活动。他认为，权力集团生产的信息越多，它就越无力控制多元化的社会主体对信息多样性的阐释。"带有怀疑性质的笑声，这种笑声提供了疑惑的快乐和未上当受骗的快乐。这种'看穿'他们（指此时此刻手中有实权的人）本质的大众快乐，是许多世纪以来顺从的历史性结果，可民众没有让这种顺从发展成为屈从"①。

---

① 尼克·史蒂文森. 认识媒介文化 [M]. 王文斌，译. 北京：商务印书出版馆，2001：149.

第七章

社会责任论

面对黄色新闻的泛滥和大资本对新闻媒体的控制，自由主义理论的理性和自清已经无力解释和改变日益败坏的报业风气。20世纪30年代的大萧条不但让自由放任的经济原则分崩离析，也让人们陷入了对民主、自由、人性等传统价值观的深深怀疑。《一个自由而负责任的新闻界》开启了对自由的另一条探索之路，开始关注新闻媒体服务于公共利益和社会整体。

第一节　新闻自律的发展

19世纪末20世纪初，新闻界就已经开始注意到新闻业的自由不应当是无限度的，新闻界需要对自身的强大力量进行自我约束，从而在政府直接干预之前，保持新闻业的"干净"、可信。

一、社会背景

1. 从自由竞争到垄断的报业

19世纪末到20世纪初，自由竞争的开放市场经过激烈的"优胜劣汰"，大多数行业先后出现了垄断，新闻业也不例外。以美国的报业市场为例，"就媒介来看，1900年后，拥有2份以上报纸的城市数持续下降。到1930年8个超过10万人口的城市，或者只有一份报纸，或者仅有同属于一个老板的一份早报和晚报。在1940年，甚至连曾拥有20家日报的纽约，此时也只剩下早报和晚报各4家"。① 显然，此时的美国报业由于资本的高度集中，报业集团的垄断已经

---

① 黄旦. 负责任的公共传播者：事业化和商业化冲突中的新探索：学习美国新闻传播思想史札记［J］. 新闻大学，2000（3）：5－11.

形成。1870 年的连环同盟确定了四大通讯社对世界通讯信息市场的瓜分，世界范围内的信息流动被完全垄断。古典自由主义中所谓"观点的公开市场"的理想状况不复存在。

2. 牟利还是为社会服务？

从商业报纸取代政治性报纸成为报业主流，报纸争相标榜自己是"独立、客观、公正"的报道，站在民众一边，为社会公共利益服务，推动社会变革的报纸。但真是如此吗？正如施拉姆所说："信息媒介的集中化已经改变了媒介、政府和民众的古老关系。在 18 世纪和 19 世纪，小型的众多的媒介是作为人民的代表来监督政府，实际上也就等同于人民。但是这些更大、更集中的媒介，在某种程度上已经离开了民众，变成一群独立的体系。"① 这些大媒介集团已经无法代表人民进行社会监督，而是成了一群拥有特定利益的资本群体。

3. 黄色新闻的泛滥

从自由竞争向垄断发展的时期竞争是最为激烈残酷的，大的媒介集团为了争夺市场，利用黄色新闻、打压小媒体等恶性竞争手段层出不穷，尤其是黄色新闻的泛滥使得刺激性新闻、虚假新闻、低俗化新闻极大地降低了社会道德水平，破坏了新闻业真实、客观的基本原则。严肃地、有思想地承受了极大的生存压力，小规模经营的报纸纷纷破产或被收购。在自由主义者所设想的自由市场中，人们运用理性，自我纠正的言论自由被逐利，劣币驱逐良币取代。

二、早期的新闻自律准则

1868 年，时任《纽约太阳报》主编的查尔斯·A·达纳（Charles A Dana）制定了 13 条报社守则，要求记者引用他人材料必须注明来源；人物采访的内容未经被采访者许可不得发表；分离新闻与广告等②。这被认为是世界上第一个新闻伦理规范。虽然在实际运营中，这些守则会时常让位于对利润的追求，但也可以体现出当时的新闻工作者和经营者们对新闻伦理的期许。反思自身在商业报刊中的多年实践，1903 年，普利策在《北美评论》上发表著名的"新闻大学"一文，文中说道："报人应有高尚的理想，追求真理的热望，与高度的道德责任感，并且认为报人不应专意追求自私的目的与商业的利益，而应以服务社

① SCHRAMM W. Responsibility in Mass Communication ［M］. New York：Row Publishers, 1957：5.

② 黄瑚. 美国新闻道德建设及其理论基础 ［J］. 新闻大学, 1995（4）：43-47.

会增进公益为目的"①。

随着新闻专业主义意识的觉醒，20世纪初，美国的新闻人们开始自发地组建行业协会，制定自律的新闻伦理规范。1911年，密苏里大学新闻学院院长沃尔特·威廉斯（Walter Williams）主持制定了《报人守则》。这是美国第一份"整个行业性的新闻道德规范"②。1922年，美国报纸编辑人协会（American Society of Newspaper Editors）成立，这个协会几乎包括了美国东西两岸所有主要日报。协会的原则声明中着重强调了新闻业对公众的责任，公布了六条"责任原则"：责任、新闻自由、独立、真实和准确、公正、公平处理。美国职业新闻工作者协会（Society of Professional Journalists）于1926年正式通过第一个伦理规范《道德守则》（SPJ Code）：探究与报道事实真相、最小伤害原则、独立报道、具有责任心。

第二节 社会责任论的产生

浪漫主义哲学和新的自然科学发现、心理学的发展，为社会责任论提供了理论渊源。哈钦斯委员会的《一个自由而负责任的新闻界》第一次正式提出媒体拥有言论自由，但也应对社会负有责任。

一、社会责任论的理论根源

社会责任论的理论前提是：人的理性并不完善，仅靠辩论不可能得到结论，没有任何人能宣布自己是胜利了还是失败了，人们有时难以从无休止的意见交锋中摆脱出来。人不可能绝对或天生地有一种动力来寻求真理，在他们厌倦的时候，思想懒惰的时候，容易被人操纵和智力退化。人的生存目标也不是寻找真理，而是满足直接的需要和欲望，在这种情况下，容易被动接受所见所闻和所感觉的东西。

1. 对理性的质疑

亚里士多德说："求知是人类的本性；人是理性动物；人的德行源于理性功

---

① 李瞻. 新闻道德 [M]. 台北：三民书局，1969：3.
② 黄瑚. 美国新闻道德建设及其理论基础 [J]. 新闻大学，1995（4）：43–47.

能的卓越展示。"① 这一观点为古典自由主义者普遍接受和继承。古典自由主义新闻观认为，人是理性的动物，人性本善，上帝赋予每个人平等的理性，人能够独立地运用理性，分辨是非，评价善恶美丑。因此，即使是谬误也有自由表达的权利。只要拥有不受限制的自由表达，人们自然会追随真理，使得真理战胜谬误。人类社会的终极目的是不断追求和实现真理。只要保障言论出版自由，人们就会在理性的指引下自由讨论问题，自我修正，推动社会不断完善。康德、卢梭、约翰·弥尔顿等人都深信，如果没有政府、教会等权威的干预，人类会自然地发展成为思想公正、判断正确的理性动物。

　　社会责任论者并不同意这一看法。社会责任论质疑人的理性，认为人类并不总是依据理性做出合理的判断，人类生活的目的也不是为了追求真理。功利主义（utilitarianism）哲学家们认为：人类行为的唯一目的是追求最大快乐，人类的行为完全以快乐和痛苦为动机，对快乐的促进是判断人的一切行为的标准。人不是理性的动物，趋利避害是人的本性。人类并没有天生去寻求真理的动力，人具备理性，但利益或懒惰让他们违背真理或者盲从他人。弗洛伊德在潜意识行为理论中指出，人类行为不是完全出于理性判断，却常常是懵懂、懒惰和自私的。他说，人类行为主要受潜意识的支配，生活的目的不是寻找真理，而是满足当前的迫切需要及愿望。在经济学和社会学领域，学者们也认识到，放任自流的自由竞争的结果，只会导致必然的独占。19 世纪后期的市场竞争已经反驳了自由主义经济学的"无形的神手"和"自我正确的原理"。个体的完全放任，不是促进了优胜劣汰，而是势必危害社会公共利益。第一次世界大战后，"人们对理性产生怀疑，在政治上不相信代议制民主能够做出明智的决策……公众是具有强烈偏见、依靠原始本能行动的群体"②。李普曼（Lippman，W）则直接指出，"新闻业过于脆弱，无法自动提供民主主义者希望它天生就能提供的真相……把单个读者设想为理论上的全能读者，让新闻机构承担起代议制政府、行业组织或外交机构都担负不动的重负"③ 是不现实的。

---

① 亚里士多德. 亚里士多德全集：形而上学卷 [M]. 苗立田，译. 北京：中国人民大学出版社，1999.

② 迈克尔·舒德森. 发掘新闻：美国报业的社会史 [M]. 陈昌凤，常江，译. 北京：北京大学出版社，2009：114.

③ 沃尔特·李普曼. 公众舆论 [M]. 阎克文，江红，译. 上海：上海世纪出版集团，2006：258.

2. 自然权利说的反思

古典自由主义最为坚持的主要观点是自然权利说，"每个人都有一些天赋和绝对不可剥夺的权利"，上帝确定了自然法则，人遵从这种法则，不断探寻终极真理。作为古典自由主义的哲学基础之一的牛顿力学认为，宇宙是不受时间影响的永恒不变的空间，上帝是宇宙唯一永恒的主宰，是自然和人类社会的第一推动力。古典自由主义者们推论，上帝造人，并赋予他们平等的理性和绝对不可剥夺、不可让渡的自然权利，其中最为可贵的是言论自由权。

然而，达尔文的进化论和相对论、量子力学却挑战了古典自由主义的理论基石。达尔文的进化论认为，时间对自然和人类社会是有效的。宇宙随时间自然演化，物竞天择。既然宇宙和自然法则会随时间进化，那么以自然法则为基础的社会法制、价值观念、道德意识、权利的边界当然也会随着社会的演化而不断变化，终极真理的存在，康德所说的"绝对命令"自然也就值得怀疑了。相对论和量子力学问世后，进一步对自然权利说提出了挑战。量子力学的不确定理论指出，人类的观测行为本身会不可避免地扰乱被观测物的状态，没有什么完全不变的终极规律。基于以上自然哲学的发展，现代政治学者否定了自然权利不可侵犯的观念，认为自然权利说只是当时反抗神学和王权专制统治的一种政治口号和社会假设，是人类对理想状态的渴望，而不是现实的存在。

3. 古典经济学受到理论与实践的挑战

古典自由主义新闻观与古典经济学如出一辙，都认同自由市场的自我调节。古典经济学认为，人民独立行动时，国家所创造的财富是最大的，供求关系会自然分配社会资源，使其得到最有效的利用。所以，个人的自由放任、自由竞争可以达到利己既利他。同样，在言论的市场中，也不需要政府的干预，自由市场自然会在纷乱的意见中进行自然选择，优胜劣汰，经过言论的自清和自我修正走向真理。所以，言论自由即真理本身。

但古典经济学的价值理论存在悖论，等价交换原则无法区分价值与交换价值，更无法解释自由市场的不完善性导致的经济危机。在实践中，商人对利润的追逐并不总是优胜劣汰，黄色新闻的泛滥证明，追求利润的自由个体不可能洞察未来的一切，更会为了私利损害他人和公共的利益。托马斯·约瑟夫·邓宁在《工联和罢工》中说，"《评论家季刊》说：'资本逃避动乱和纷争，它的本性是胆怯的。这是真的，但还不是全部真理。资本害怕没有利润或利润太少，就像自然界害怕真空一样。一旦有适当的利润，资本就胆大起来。如果有 10% 的利润，它就保证到处被使用；有 20% 的利润，它就活跃起来；有 50% 的利润，它就铤而走险；为了100%的利润，它就敢践踏一切人间法律；有300%的利润，它就敢犯任何罪行，甚至冒绞首的危险。如果动乱和纷争能带来利润，它就会鼓励动乱和纷争。走私和贩卖奴隶就是证明'"①。

二、社会责任论的发展历史

报纸对于自律和社会责任的关注久已有之。在19世纪60年代，《费城公共基石报》（Philadelphia Public）就提出24条规定，强调希望的公平、准确。1868年，查尔斯·达纳接办《纽约太阳报》，制订了新闻与广告分离，不许用谩骂、讥笑的文字发表言论等13条最早的报人守则。1904年，普利策在北美评论上发表《新闻学院》一文，首次提出"报纸要承担起社会责任"。1923年，美国报纸主编协会制订《报业法规》，提出报纸的责任问题。1924年，美国报纸主编协会主席C.约斯特著《新闻学原理》一书，指出报业要对社会"负责"，并认为在必要的情况下，可以运用法律限制出版自由。

1947年美国新闻自由委员会（也称哈钦斯委员会）发表了总报告《一个自由与负责的新闻界》，指出："新闻自由的危险，部分源自新闻业经济结构的变化，部分源自现代社会的工业制度，在某种程度上，更是由于操纵新闻的人不能洞见一个现代化国家对新闻业的需求以及他们不能判断责任和不能承担肩负的责任所造成的。"② 《一个自由而负责任的新闻界》包括社会责任理论简介、社会责任理论的来源、技术发展背景、对于传媒的日益增长的批评、该新理论的知识氛围、责任的新意义、反映该新理论的规范准则、对传媒工作的要求、改进传媒工作的方法、消极的和积极的自由、传媒与政府、表达权、人性的观点、自我纠正法则等14个方面的内容。总报告与委员会成员威廉·霍京的分报告《新闻自由：原则的纲要》一起被视为社会责任论最早的经典性文件。

此后，因为大众传播学学者们对"责任"的不同理解，社会责任论分成了多个流派。路易斯·霍奇斯将"责任"分为大众媒介应该承担的"责任"和权力机构对大众媒介的"责求"。丹尼·埃利奥特提出"责任"是由职业道德要求决定的义务或职责。决定大众媒介责任的三大因素是："（1）媒介在社会中所具有的功能；（2）媒介机构在其所服务的社区中应发挥的作用；（3）大众媒介

---

① 马克思恩格斯全集：第23卷 [M]. 北京：人民出版社，1972：829.
② 新闻自由委员会. 一个自由而负责任的新闻界 [M]. 展江，译. 北京：中国人民大学出版社，2004.

从业者的个人自我价值体系。"① 约翰·梅里尔则认为，有大众传播的责任是多元化的，可以分为三种："第一，由政府法定的责任；第二，由大众媒介机构自身的专业标准界定的责任；第三，由新闻从业者个人界定的多元化责任。"②

20 世纪 90 年代以后，由于互联网的出现，知情权不再被传统媒体控制，信息来源多样化，公众可以在网络上进行自由信息的获取和表达，"由哈钦斯委员会所倡导的传媒的社会责任理论就面临这样的处境，一方面，它对传统媒体在传播的新形势下的指导作用削弱了；另一方面，面对蓬勃向上的新兴的网络媒体，又不是一个能处于指导地位的理论"③。社会责任论面临新的变革。

第三节　社会责任论的内容

社会责任论重新定义了"言论自由"、媒体与政府的关系、媒体的社会义务、人的理性与媒体的公共性。这毫无疑问是对新闻理论的巨大发展。

一、新闻自由的概念

在古典自由主义中，新闻自由是传播者的自由，只要传播者和媒体是自由的，不受干预的，那么言论自由就实现了，意见就可以自由流通。在《杰斐逊文集》的扉页上写着" 报刊之自由即公众之自由"。作为精英主义的自由，这种观点在 16 世纪到 19 世纪初叶是有一定现实基础的。当时，新兴的资本主义生产方式要求信息的自由流通，信息的需求者主要是国王、贵族和资产阶级，社会中下层民众因为经济、政治地位的限制，对于信息的需求并不多。所以，为社会中上层提供信息的政治性报纸和"高雅"报纸拥有了新闻自由，则社会的言论自由基本得到了满足。但是，到了 19 世纪后期，随着社会生产力的发展，中下层民众生活水平提高、受教育水平提升，他们越来越需要了解世界，也越来越希望参与社会事务，同时，他们也具备了参与社会事务的能力。这时，只有报刊拥有的新闻自由显然并不能代表全民的自由。19 世纪末新闻业开始走

---

① 丹尼·埃利奥特. 负责的新闻业 [M]. 台北：台湾贤明出版社，1986：32.

② 赫伯特·阿特休尔. 从弥尔顿到麦克卢汉 [M]. 纽约：纽约霍普金斯大学出版社，1990.

③ 黄建新，杨振宇. 试论西方传媒"社会责任论"的现实困境 [J]. 新闻记者，2008（4）：81 - 84.

向垄断，社会信息和话语权越来越多地集中到大资本手中，民众作为被忽视的"沉默的大多数"，知情权和表达权被大资本控制甚至侵害。社会责任论将言论自由做了新的界定，将其分为消极的自由和积极的自由。消极的自由是被动的自由，新闻界有"不受……控制/约束的自由"（freedom from）。积极的自由是主动的自由，公众有"做……的自由"（freedom for），即公众有自由获取真实可靠信息的自由和表达自己意见的自由。"新闻自由对于一个没有机会享用大众传媒的人来说是相当空洞的权利"，"他的自由必须由具有与他相似观点的报刊来履行，必须由政府或非营利机构所运营的媒介来履行，这些媒介向他提供他所需要的但商业性报刊所不提供的服务"①。媒体的自由不是无限度的，而是应当受到监督和批判的，这种监督和批判来自于公众，也来自于新闻界的自律。

二、新闻媒体与政府的关系

古典自由主义是在反抗专制政府对言论和宗教信仰自由的压抑和迫害中发展起来的，因而，自由主义者们将政府看作新闻自由的对立面，政府对于言论唯一的作用就是保障言论自由。但社会责任论者对此有不同看法。与古典自由主义者一样，社会责任论者首先认为自由是可贵的，他们所有的理论都是在想办法维护公民的自由，所以，当媒体出了问题的时候，首先述诸新闻界的自律和公众的监督。但在自律和公众监督都不起作用的时候呢？在明显而即刻的危险的时候呢？与古典自由主义完全依赖言论市场的自清不同的是，社会责任论考虑可以让政府来监督和约束言论自由，迫使媒体承担公共责任。社会责任论倾向于认为公众与媒介是提升大众传播质量的关键，而政府只是其中的辅助手段②。

美国新闻自由委员会的另一份专门报告《政府与大众传播》中将政府在新闻传播中的角色分成三种类型：利用自己的权力限制大众传播中的讨论；采取肯定性的行动，鼓励更好和更广的传播；成为双向传播中的一部分。政府依然是应该被警惕的，《一个自由而负责任的新闻界》在一开始就指出，"若是媒介受到政府的控制，我们就失去了反对极权主义的主要保障——而且还同时向极权主义迈出了一步"，"我们报告的此部分首要目标不是提议更多的政府行为，

---

① 新闻自由委员会. 一个自由而负责任的新闻界 [M]. 展江，译. 北京：中国人民大学出版社，2004.
② CHAFEE Z. Government and Mass Communication [M]. Chicago：The University of Chicago Press，1947.

而是廓清政府在与大众传播关系中所处的角色"①。在平衡公共利益和言论自由之间应该确定一条政府介入的底线，这个底线就是"明显而即刻的危险"。1919年，在解释"抵制征兵第一案"的判决时，美国最高法院霍姆斯法官（J. Holmes）首次确定这一原则。他指出：

我们承认，被告传单所说的一切，若在平时的许多场合，都属宪法所保障的权利。但一切行为的性质应由行为时的环境来确定。即使对自由言论最严格的保护，也不会保护一人在剧院谎报火灾而造成一场恐怖。它甚至不保护一人被禁止言论，以避免可能具有暴力效果。每一个案件中，问题都是，在这类环境中所使用的那些言论和具有这种本性的言论是否造成了一种明显和即刻的危险（Clear and Present Danger），以致这些语言会产生国家立法机关有权禁止的那些实质性罪恶。它是一个准确性和程度的问题②。

在此原则下，政府可以对以下言论进行限制：对他人的诽谤或利用媒体伤害他人；对社会公共标准的违背，如媒体传播猥亵、淫秽内容；和平时期煽动暴乱和叛国言论；危害国家安全的言论，如战争时期应允许政府对媒体进行审查。对于政府限制言论的合理性，社会责任论的解释是，"如果我们把新闻与观念的流动当作理性的交通车辆的行驶，已提到的限制性活动就是驱除那些违章开车者、暴徒或其他令人讨厌的人"③。

仅仅如此仍然不够，政府另一重要作用是为自由的大众传播提供基础设施，鼓励积极的自由。"除非有足够的传播物资设备，否则，任何自由传播的方案都会失败……而国家或一些其他的政府机构常常是最适合提供这些基本设施的单位。"④ 政府在促进积极的自由方面应该：提供让所有人都可以参与使用的基础设施；进行信息传播管理（如联邦通讯委员对广播业的管理）；推行传播产业内所有公司共同遵循的产业政策；为媒体制定措施，使其倾向于提升大众传播的

① 新闻自由委员会. 一个自由而负责任的新闻界［M］. 展江，译. 北京：中国人民大学出版社，2004.

② OVERBECK W. Major Principles of Media Law［M］. San Diego：Harcourt Brace College Publishers，1997：46 - 47.

③ 新闻自由委员会. 一个自由而负责任的新闻界［M］. 展江，译. 北京：中国人民大学出版社，2004.

④ 新闻自由委员会. 一个自由而负责任的新闻界［M］. 展江，译. 北京：中国人民大学出版社，2004.

自由①。

三、权利与义务的关系

在古典自由主义那里，言论自由是天赋人权，权利的获得和行使并没有任何条件与义务。但强调权利和责任的统一是社会责任论的核心观点。古典自由主义认为新闻自由纯粹是个人的权利，强调"开明的自我利益"，因此为了满足一己的理性与天赋，要除却一切加诸个人的限制。社会责任论则强调"为最大多数人谋最大之福利"，权利与义务（责任）已由个人转移到社会，由理性移转到良心与宗教伦理。它的目标在于促使社会更易于发挥各种功能，使人类获得最大的快乐。如果有人以言论自由为由，煽动仇恨，诽谤他人，他就失去了要求言论自由的权利。在社会责任论中，言论自由不是权利天赋，而是道德权利的一种，道德责任是言论自由的最后边界。但对于如何理解道德责任，社会责任论者们存在分歧。

公众对于新闻传播也应承担义务。他们应当意识到媒介的集中和这种集中带来的危害，意识到媒介的不完善，从而监督媒介行为。为此，公众可以创办公共媒体以弥补商业媒体的不足、加强新闻传播教育，积极评价媒体行为。

政府的责任则在于，以立法的方式约束言论自由的滥用；鼓励好媒体和好新闻；直接介入新闻传播的实践。

四、关于"观念的公开市场"与"自我修正法则"

古典自由主义的传媒理论相信，只要有言论的自由、公开市场，人以其理性分辨真伪，自我纠正，在各种思想和主张的争论中，真理一定会获胜。

但出于对人的理性的怀疑，对于在观念的公开市场中自我纠正的过程，社会责任论者是持怀疑态度的。社会责任论的创始人之一霍金问道："如果有人确立这样的原则，即把一切原则都放进辩论的熔炉里。那么，裁决辩论的原则又如何呢？此人又有什么方法从假设的无休止的反复冲突中摆脱出来，从中出头呢？"② 由于理性的不可靠，终极真理无法确认，又缺乏上帝的裁决，在霍金看来，自由市场中的辩论是无结果的，没人能裁决真理或谬误。

---

① CHAFEE Z. Government and Mass Communication ［M］. Chicago：The University of Chicago Press，1947.

② 韦尔伯·施拉姆. 报刊的四种理论 ［M］. 中国人民大学新闻系，译. 北京：新华出版社，1980.

第四节 社会责任理论的评价

社会责任论是在新的社会环境中，作为对古典新闻自由理论的修正而出现的。它的目标并不是推翻自由主义理论，而是革新自由主义理论，它是"传统理论上一个新思想的接枝"。

社会责任论同样认为新闻自由是人类不可剥夺的神圣权利，始终强调"思想自由是所有自由中最可宝贵的"；但同时又坚持新闻自由必须承担社会责任和义务，强调新闻自由是权利和义务的统一："自由伴随着一定的义务，享受着政府赋予的特权地位的报刊，有义务对社会承担一定的责任，这就是作为现代社会的公众通信工具而执行一定的基本功能。"①

一、社会责任论的社会贡献

社会责任论是对古典自由主义的改良和发展。以保护言论自由为前提，媒体和传播者应该承担相应的社会责任。

1. 媒介和个人在享有言论自由的同时也需要为此承担相应的社会责任，在不侵害他人和社会公共利益的情况下，更要推动言论自由实施。

2. 区分了消极的自由和积极的自由，拓展了言论自由的定义，关照了公众行使言论自由的可能。

3. 以新闻界的自律为承担社会责任，监督媒体的主要手段，同时也引入了他律机制。概括了新闻专业主义的准则，并且政府不再被完全排斥在新闻传播之外，民主政府应该在保护公共利益，推动基础设施，教育公众使用媒体等方面对新闻传播承担责任。

二、社会责任论的缺陷

1. 政府限制言论自由的边界的不清晰

引入政府限制是社会责任论最受质疑的一点。言论自由对于民主社会的重要性毋庸置疑。古典自由主义完全排斥政府干预，让政府权力与公民权利的边

---

① 韦尔伯·施拉姆. 报刊的四种理论 [M]. 中国人民大学新闻系，译. 北京：新华出版社，1980.

界十分清晰。但一旦允许政府限制言论，则二者的关系就难以处理。由于政府的强势，"明显而即刻的危险"又没有一个确切的解释，在具体事件中，政府介入的时机和度是十分难以把握和评价的。"报刊自由的两层含义，看起来十分完美，天衣无缝，可当关系到媒介自身时，政府只能被动旁观（free from），而待与公众利益发生关系时，政府又要变成积极的促进者（free for）。"① 这种身份的无缝转换，在政府来说也没有一个合适的标准。社会责任论对此没有提出有效的解决路径，或者说，所有已提出的可能路径都缺乏一个普适的标准而难以得到普遍性认同。

2. 对于已经出现的垄断和媒体对利润的疯狂追逐无法有效遏制

在新闻业走向垄断的时代，尤其是第二次世界大战后，跨国传媒垄断集团出现，媒体早已成为一种企业，它按企业经营管理的机制运作，追逐的是利润而不是服务和教育公众。所谓公众只不过是不同地域的消费者而已。垄断集团考虑的是什么样的新闻更盈利，而不是服务于知情权，更不可能让公众去操纵媒体。垄断集团侵害言论自由和滥用言论自由显然是社会责任论反对的，希望改变的。但同时，社会责任论又认为：

> 诉诸法律的惩罚和控制来纠正滥用自由——包括新闻自由，这种企图是修改法律的第一次自发性的冲动。但是必须在治疗的危险和疾病的危险之间加以权衡，对"滥用"一词每下一个定义都会引起对定义的滥用。法律或许会在对付恶意的公共批评时大有用武之地；但是，如果法院不得不断定个人是否居心巨测，那么诚实和必要的批评将面临额外的危险，并且"揭露的勇气"将需要付出新的代价②。

这种无法自洽的矛盾削弱了社会责任论的实践性。虽然在报告中，哈钦斯委员提出建立一个第三方独立机构来定期评估新闻界的表现，并列出对此机构的10条要求。但就连委员会本身都承认，这个中立而不受制约的第三方是极其理想化的。所以，如何监督，谁来监督的问题还是无法解决。

---

① 黄旦. 传者图像：新闻专业主义的建构与消解 [M]. 上海：复旦大学出版社，2005：133.

② 新闻自由委员会. 一个自由而负责任的新闻界 [M]. 展江，译. 北京：中国人民大学出版社，2004.

3. "责任"对于损害新闻的不确定

《一个自由而负责任的新闻界》要求新闻界不应该仅仅只是满足于客观地报道"事实",它还应该致力于报道和解释事实的真相,进而负责陈述和阐明社会的目标和价值观。但是,如果媒体和新闻工作者的社会责任是将"好新闻","社会上善的一面"带给读者,那么谁来判断什么是好什么是坏?媒体的议程设置是否损害了新闻的客观性和全面性,反而有害公众知情权呢?

4. 社会责任论在网络时代受到新的挑战

社会责任论的前提是:媒体对公众的"知之权利"负有责任,故而媒体应被问责,应当自律。可是互联网改变了信息的传授方式。在互联网这一新的信息传播技术普及后,新闻传播变得廉价、即时、交互性强。传统意义上的传者与受者的界线模糊了,传播渠道社会共享,传播内容与反馈也模糊了。这让传统线性传播模式下的新闻传播理论受到了挑战。信息不再由报纸、广播电视等媒体机构垄断,公众可以自由获取。公众也可以通过互联网自由表达意见,传播信息,而无须受限于传统媒体,网络言论甚至可以主导社会舆论。那么,谁还应该对公众的"积极的自由"负责呢?

另一方面,参与网络传播的公众并不是专业的新闻工作者,他们并未受过专业的新闻传播学教育,也无需遵守新闻职业道德,更不会被新闻机构约束。那么,当网民传播虚假信息、淫秽暴力信息、恶搞文化,谁来监督他们?如何要求他们自律呢?

这是生活在没有网络的世界的社会责任论者无法解释和解决的。

第八章

广播电视事业的大众化

电子通讯技术的成熟催生了广播和电视产业。作为新媒体形态,广播电视比报刊更便于信息的获取,也让广播电视更容易大众化、产业化、垄断化和娱乐化。不过由于广播电视频道的公共性,各国都制定了与广播电视事业相关的立法。早期的广播以私营体制为主,但因为其巨大的社会影响力,第二次世界大战中,广播台在多个国家国有化,成为受政府直接控制的战争武器。战后,欧洲和日本的广播电视体制受到自由主义和社会责任论的影响,公共广播电视体系成为主流。

第一节　广播电视事业的形成

马歇尔·麦克卢汉说:"广播是一种深刻而古老的力量,是连接最悠远的岁月和早已忘却的经验的纽带。"

一、广播的发明

19 世纪中叶到 19 世纪末,英国物理学家麦克斯韦的电磁波理论,德国物理学家亨利希·赫兹确证电磁波理论,俄国的亚历山大·波波夫和意大利的古利尔莫·马可尼的无线电接收装置的试验成功,为无线电传播奠定了基础。1896年,俄国科学家亚历山大·斯捷潘若维奇·波波夫制成了历史上第一个无线电接收装置。同年末,马可尼在英国政府的支持下,完成了利用无线电进行通讯的实验。最早利用无线电波传送和接受声音的,是美国匹茨堡大学的物理教授费森登和亚历山德逊,他们在 1906 年的圣诞前夜,通过无线电塔传送了一小段圣经朗诵,一段小提琴独奏曲和《舒缓曲》。美国的 KDKA 是世界上第一个正式广播电台。

1922 年，美国、英国、德国、苏联相继开办广播事业。到 1925 年，超过 20 个国家有了正式的广播台。第二次世界大战期间，广播新闻节目进入辉煌时期，上百万人守候在收音机旁，收听最新的战争消息①。此后，广播事业在全世界不断发展，形成世界性广播网络。

二、电视的出现

图像传送技术也在 19 世纪末 20 世纪初起步。1904 年，英国人贝尔威尔和德国人柯隆发明了可以传送照片的电子技术。1924 年，英国和德国科学家实现了运用机械扫描方式传送图片。1923 年，现代电视技术的先驱俄裔美国科学家兹沃里金首次采用全面性的"电子电视"发收系统。电子技术在电视上的应用，使电视开始走出实验室，进入公众生活之中，1925 年，电视机研制成功。1928 年，电视技术走出实验室，美国纽约 31 家广播电台进行了世界上第一次电视广播试验，向十几台电视机传送了约 30 分钟的节目，这宣告了电视作为一种新媒体的出现。1929 年，英国人贝尔德（图 8 - 1）在伦敦完成了无声电视实验。1930 年，BBC 播出了世界上第一部有声电视剧《花言巧语的人》，虽然画质粗劣，但世界电视事业由此出发。在第二次世界大战中，由于战争的需要，各国暂时停止了电视的开发，转而以广播为主要武器，展开了激烈的战争宣传。直到战后的 20 世纪 50 年代，电视才在世界各地发展成为大众传媒。

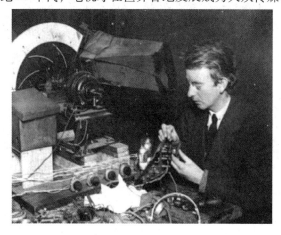

图 8 - 1 贝尔德

---

① DOMINIEK J R, SHERMAN B L, COPELAND G. Broadcasting / Cable and Beyond［M］. New York：The McGrew - Hill ComPanies. Ine, 1990：38.

第二节　美国的广播电视事业

美国是最早出现广播电视的国家，也是广播电视业商业化程度最高的国家。哥伦比亚广播公司（CBS），美国全国广播公司（NBC），美国广播公司（ABC），福克斯电视网（FOX），全国性的有线电视网 HBO 电视网，有线电视新闻网（CNN）影响力覆盖全球。

一、美国广播电视业的初创

为了销售公司生产的收音机，威斯汀豪斯公司（Westing house Corporation）申请了广播电台商业执照，1920 年 11 月 2 日，KDKA 电台从东匹兹堡（East Pittsburgh）面向宾夕法尼亚、西弗吉尼亚和俄亥俄州播出了自己的第一条新闻，宣布了沃伦·哈丁（Warren G. Harding）在总统选举中获胜的消息，从此开启了广播作为新闻传播事业一分子的大门。1919 年，为阻止英国公司介入美国的无线电通信系统，通用汽车公司买下英国马可尼公司的美国分公司（British Mareoni WireleSS），并与美国电报电话公司（American Telegraph & Telephone）、联合福儒特公司（United Fruit）、威斯汀豪斯公司联合成立了美国广播公司（Radio Corporation of America，缩写 RCA）。收音机普及开后，广播由于其通俗易懂和良好的时效性、扩散性，听众的人数迅速增加，进而刺激了新的广播台的成立。1926 年，RCA 拓展其事业，成立了美国第一家全国性的广播公司：美国国家广播公司（National Broadcast Corporation，简称 NBC）。随后，美国形成了 NBC、CBS、ABC 三大全国性商业电台。

早期的广播并不设专门的新闻栏目，而是以娱乐节目为主，如广播剧、音乐或听众参与的游戏、谈话类节目。喜剧、音乐或者观众参与的节目。CBS 为与 NBC 争夺市场，开始转而关注新闻节目。不过，美国最早稳定、连续播出新闻节目的电台直到 1930 年才出现。

美国早期商业广播台的主要收入来源是出售收音机。从 1921 年到 1923 年，RCA 公司的总收入从 500 万增加到 2600 万，其中 2200 万通过出售收音机获得。[1] 但随着广播业的发展，越来越多的广告出现在广播中，从 1928 年到 1933

---

[1] TEEL L R. The Publie Press, 1900—1945 [M]. Westport: Praeger, 2006: 113.

年，广播的广告占媒体广告的份额从 2% 增长到 10%。1930 年到 1935 年间，广播公司的收入增加了 8350 万，而报纸只有 3940 万①。

第二次世界大战结束后，美国各大广播台开始大力发展电视业务。其实早在 1931 年，NBC 就试播过电视节目，1941 年试播了彩色电视节目。但是直到二战后，全国性的电视网络才建立起来。1948 年，NBC 开辟了名为"卡莫新闻剧场（Camel Newsreel Theatre）"的，时长 10 分钟的新闻节目。CBS、ABC、Du-Mont 广播公司等也都随后开设了新闻节目。

20 世纪 50 年代，电视在美国迅速大众化。1952—1957 年，电视台的数量从 108 个增加到 544 个。1957 年，78% 的美国家庭已经拥有至少一台电视机。每个美国家庭平均看电视的时间达到了五个半小时。从 1949—1962 年，电视广告收入从 5780 万美元增长到 17.4 亿美元。从 1949—1955 年，电视广告量平均每年增长 61.5%。电视的出现对广播的打击最大。从 1948—1954 年，广播的收入从 1 亿 3750 万下滑到 7600 万。电视还对依赖全国广告市场的杂志产生重大影响。杂志的税后收入从 1946 年的 8.3% 下降到 1961 年的 4.1%。为此，广播走向"窄播"，更多地为司机等专业人群服务。杂志业则转向区域性和专业杂志发展。从广告收入上来说，新生的电视行业虽说此时还没有动摇报纸的领先地位，但报纸广告在媒体广告中的份额从 1935 年的 45.1% 下降到了 1962 年的 31%。

20 世纪 60 年代是美国电视新闻的成熟时期。1960 年，电视首次播出了美国总统竞选候选人辩论。1963 年，各大电视台几乎是直播了肯尼迪遇刺。1965 年，观众通过电视目睹了美国士兵在越南的暴行。1964 年所做的一项调查显示，美国人通过电视获得信息的比例已经高于报纸，电视已经取代报纸，成为在受众心目中可信度最高的媒体②。

今天，美国拥有全世界最发达的广播电视网络。美国在全国范围内拥有五大无线广播电视台：哥伦比亚广播公司（CBS），美国全国广播公司（NBC），美国广播公司（ABC），福克斯电视网（FOX），哥伦比亚华纳电视网（CW）。全国性的有线电视网有 HBO 电视网，有线电视新闻网（CNN），娱乐时间电视网（Showtime）等。1927 年，美国国会在《广播法案》中确定了广播的私有化运营体制，美国的广播电视网络除了少数公共广播电视之外，大多数由私人控

---

① TEEL L R. The Publie Press, 1900—1945 [M]. Westport：Praeger, 2006：144 - 148.

② DAVIES D R. The Postwar Decline of American Newspapers, 1945—1965 [M]. Connecticut：Praeger, 2006：127.

股，主要利润来源是广告。

二、广播法规的完善

根据1927年的《无线电法》成立的五人联邦无线电委员会（FRC）是一个商业广播台院外游说活动下成功建立的独立联邦机构，它得到了原本由商业部掌控的无线电执照的发放权。在重新分配电台频道时，商业电台打着维护"行业"利益的旗号，一方面减少电台数量，另一方面将大部分频道分配给了商业电台，而置教育、宗教及其他非商业电台于不顾。1929年，FRC直白地宣布："空中没有足够的地盘分配给各自独立的每一种特定思想、宗教、政治、社会和经济学派的广播电台，以建立它们在空中的喉舌。"如果公众需要某种特定信息，他们会通过市场选择表达出来，然后，"一般公众服务"的广播台（指商业电台）自然会在其全方位的节目中提供这种服务。在"第40号总命令"（1928年）中，FRC将40个清晰频道中的37个分配给了NBC和CBS的附属台。FRC这种商业化与频道集中化的频道分配方式确立了大型商业电台在美国广播电视网中的统治地位。1932年，NBC与CBS所属的电台占到全国电台数量的30%，其广播功率和时长更是占了美国广播市场的70%左右。

1934年，国会又通过了新的电讯法。据此，五人联邦无线电委员会改组为七人联邦电讯委员会（Federal Communications Conunission，简称FCC）。该委员会不仅取得了管理无线电广播的权力，还具有管辖一切电讯联络的权力。FCC是美国管理电台广播事业的正式官方机构。

因为原有的电讯法极大地限制了美国公共广播事业的发展，广播与报纸的广告竞争，1941年，联邦电讯委员会制订了《广播联营条例》，以限制NBC和CBS对于广播事业的垄断。该条例规定：一个广播组织在同一地区、同一时间内不允许拥有两个及两个以上的广播网。根据这一条例，NBC在1943年被迫出售了蓝色广播网，只保留红网。1945年4月，蓝网被改建为美国广播公司（American Broadcasting Company，简称ABC），美国全国性广播事业由此形成了三足鼎立的局面。

三、NBC

NBC（National Broadcasting Company）创立于1926年，总部设在纽约，是美国历史最悠久的商业广播电视公司，在纽约、洛杉矶、芝加哥、华盛顿、克利夫兰、丹佛和迈阿密等城市拥有7个直属电视台和208个附属电视台。

1926 年 11 月 15 日开播的 NBC 及其 24 家附属电台隶属于 RCA，其中 RCA 占股 50%，通用电气占股 30%，威斯汀豪斯公司占股 20%。初创时，NBC 下辖两个广播网：NBC 红网（the NBC Red Network），主要播出娱乐、音乐节目；NBC 蓝网（the NBC Blue Network），主要播出新闻和文化节目。1940 年，NBC 将蓝网分离出去。在 1930—1950 年的广播黄金年代，NBC 是美国广播，尤其是娱乐类广播发展的最高峰。由于先发优势，NBC 网罗了当年主要的著名歌星、笑星、声优，Bob Hope, Jack Benny, Edgar Bergen, Fred Allen 等著名歌星就是在 NBC 成名的。1985 年，NBC 被通用电气公司收购，通用电气将广播网出售给 Westwood One 公司，NBC 广播网实质上已经不复存在。在进入电视时代后，NBC 的发展略逊于 CBS，但仍然在娱乐节目上，如体育赛事、音乐剧、时装表演、电影灯，保持了优势。NBC 也是首个使用彩色电视信号的电视台。1996 年，NBC 与微软合办了微软全国广播公司节目频道（MSNBC），在电视网和互联网上同时播出。1998 年和道琼斯公司联合开办了全球性财经有线电视卫星新闻台频道（Consumer News and Business Channel，CNBC），实时报道和深入分析全球财经信息，旗下有美国、亚太、欧洲、中东和非洲频道。

四、CBS

哥伦比亚广播公司（Columbia Broadcasting Syste，CBS）是美国三大全国性商业广播电视网之一。1927 年成立。总部设在纽约。1941 年，正式开办电视广播，1954 年，播出彩色电视。公司在纽约芝加哥、洛杉矶、费城、圣路易斯等城市拥有 7 家直属电视台，并在全国有附属电视台 200 座，形成全国性广播电视网。还经营调频广播电台，并有多座附属广播电台。

1927 年 CBS 成立后一直屈居于 NBC 之后，NBC 有 CBS 求而不得的一大批娱乐明星。CBS 只得另辟蹊径，寻求在新闻节目上的图片。开始的时候，CBS 只是通过各大通讯社购买新闻，然后在广播节目中播出，但因为广播的时效性远远好于报纸，报业联合会禁止通讯社在报纸刊登新闻之前将它们卖给广播台。CBS 只好开始组建自己的新闻部，自此以后，新闻和新闻评论成为 CBS 的主打节目。

1938 年 10 月 30 日，CBS 将著名小说《星际战争》（War of the Worlds）改编成科幻剧在广播中播出。因为 CBS 一贯以新闻严谨著称，加上该剧演播效果过于逼真，使当时的众多听众信以为真，在多个城市引发了大规模骚乱。虽然 CBS 被指控愚弄公众，但广播巨大的影响力也得到了人们的关注。

第二次世界大战是广播事业发展的黄金时期，CBS 也借此确立了其在新闻播报中霸主的地位。广播优于报纸的时效性、现场感在爱德华·默罗的"这里是伦敦"中展现无遗。1938 年 3 月 13 日，CBS 驻欧洲的记者爱德华·默罗（Edward R. Murrow）通过短波传送器，在维也纳向大洋另一边的人们描述了希特勒军队进入维也纳的情形。他最著名的播音是"这里是伦敦"（This…is London），在描述德军轰炸伦敦的报道中，他说道：

这些轰炸给人最强烈的印象是一种不真实感。飞机常常在极高的空中，即使是在一个没有一丝云彩的天气中也看不到。我站在一个小山上，眼睁睁地看两英里以外的一个机场被轰炸。整个轰炸看上去和听上去都像华盛顿西部的农民焚烧树桩。……即便是俯冲的轰炸机看上去也像是没有翅膀的鸭子冲下来。你可以听见空洞低沉的炸弹的声音，却似乎并不能感觉到这声音意味着什么。

爱德华·默罗被认为是"现场报道的鼻祖"，他在 CBS 的《现在请看》（See It Now）开创了电视新闻时代。1939 年《财富》杂志的一项调查显示，有70% 的美国人通过广播获得新闻，而且 58% 的人认为广播新闻比报纸更准确①。

进入电视时代后，CBS 仍然在新闻上保持优势，其代表性节目是：CBS 晚间新闻、新闻胶囊（news capsule）、CBS 早间新闻（CBS Morningnews）、48 小时（48hours）等。CBS 在 1968 年尝试将深度报道理论运用于电视新闻报道，产生了调查性报道的节目形式，这就是 CBS 的《60 分钟》（60 Minutes）。《60 分钟》最初的设想就是将娱乐元素融入到新闻节目之中，将节目制作成新闻与娱乐的混合体。② 尤其是肯尼迪遇刺的现场报道和克朗凯特的越南战争调查给 CBS 带来了巨大声誉。沃尔特·克朗凯特的美军似乎陷入了"泥潭"的说法迫使林登·约翰逊总统认识到越南战争是一场无法获胜的战争，最终不得不从越南撤军。约翰逊总统说，"如果我失去了克朗凯特，我就会失去美国"，让人们普遍认为越南撤军是 CBS 新闻报道的结果。克朗凯特将新闻播音员转变成了新闻主持人，1972 年的一个民意调查称克朗凯特是"全美最受信任的人"。《60 分钟》是美国电视节目获美国电视最高奖"艾美奖"（Emmy Awards）最多的节目之一。美国艾美奖评委团对 60 分钟节目的评价是"用简单而有效的方式深入了故

---

① DOMINIEK J R, SHERMAN BL, COPELAND G. Broadcasting / Cable and Beyond ［M］. New York：The McGrew – Hill ComPanies. Ine, 1990：34.

② 唐·休伊特. "60 分钟"：黄金档电视栏目的 50 年历程 ［M］. 司诗远，林洲英，译. 北京：清华大学出版社，2004：71.

事的核心，进入了人物内心，编排自由富有活力，开创了一种新的节目样式"。

五、ABC

美国广播公司（American Broadcasting Corporation，Inc，ABC）是美国三大商业广播电视公司之一。根据 1941 年的《广播联营条例》，NBC 的蓝色广播网被剥离出来，在 1943 年 10 月与其旗下的 116 个附属台一起出售给爱德华·诺布尔，1945 年 6 月 15 日美国广播公司正式命名。ABC 目前由华特迪士尼公司控股，是迪士尼 – ABC 电视集团的成员。ABC 按照节目内容，分有两个总部，在洛杉矶伯班克的总部比邻迪斯尼公司，负责娱乐节目；在纽约时代广场上的总部负责新闻传媒。

ABC 的优势在于娱乐节目、体育节目和电视剧。1959 年，ABC 取得了全美足球、棒球、拳击等多项体育赛事的报道权，并在 1970 年与橄榄球队签署了播放合同。在娱乐节目方面，ABC 拥有"迪斯尼乐园"和"米老鼠俱乐部"的播送权，和"谁想成为百万富翁""交换妻子"等综艺节目。西部片、"迷失""实习医生格蕾"等电视剧也为 ABC 招揽了大批观众。但在新闻节目上，ABC 仍然与 CBS、NBC、CNN 有很大差距。

六、CNN

美国有线电视新闻网（Cable News Network，简称 CNN）是特德·特纳在 1980 年创办的 24 小时新闻网，隶属于特纳广播公司（TBS），总部设在美国佐治亚州的亚特兰大。1995 年以后属于时代华纳集团公司。CNN 在全球设有 36 个记者站，有 7 套单项电视节目和 1 套双向网络电视节目，覆盖全球 212 个国家和地区的大约 10 亿人。

CNN 在 20 世纪 80 年代率先使用电子新闻采集（Electronic News Gathering）和卫星新闻采集（Satellite News Gathering）技术，使得电视的现场即时性直播报道成为可能。与其他商业广播电视网不同，CNN 向观众提供 24 小时不间断的新闻播报，更关注突发事件的现场直播。这种现场直播很快成为电视新闻报道中的常见模式。

CNN 创办的时候正值伊朗人质危机和美国大选年，丰富的新闻信息让 24 小时新闻播报成为可能。而在没有那么多"新闻"的时候，CNN 扩展了对新闻性事件的定义，将一些传统电视网看来不那么"新闻"的事件也纳入其新闻报道，如时尚、生活小常识等。CNN24 小时新闻频道开播几周后，《基督教篇言报》

的评论家罗伯特·M·普莱斯（Robert M. Press）在这样评价它："如果你是个电视迷，也许你会喜欢这个全新的 24 小时的 CNN，只要打开电视，坐下，你就可以看到新闻、体育、时尚、小道消息、财经园艺小窍门，只要你想到的，应有尽有。"①

相较于 CBS 的调查性报道，CNN 更注重新闻的时效性。CNN 的 CNN 焦点新闻栏目（CNN Headline News）每半个小时播报重大新闻事件、财经、娱乐、体育事件和信息的最新进展。这种求快，但缺乏深度的报道方式一度使 CNN 被嘲笑为"鸡汤电视台"（Chicken Noodle Network）。但显然，现场感和时效性、娱乐性极强的电视新闻极受观众喜爱，1985 年，CNN 的赢利就达到了 2000 万美元。CNN 在第一次海湾战争中将美军轰炸的场景直接呈现在美国公众面前的报道使其收视率一夜之间达到了平时的 20 倍②。到 1998 年，CNN 的国内频道和焦点新闻频道的利润达到了 33 亿③。CNN 的成功促使了电视新闻播报方式的改变，电视新闻不再有截稿时间，24 小时播报，即时性递送新闻成为常态。

CNN 以其现场直播深刻地影响着美国，甚至世界的舆论，"CNN 效应"（CNN Effect）成为政治学和传播学聚焦研究的一种媒介现象。CNN 所选择报道的国家地区或事件也成为美国政府或民众所关注的事件，CNN 的报道通过议程设置影响了美国的民意和外交政策④。1991 年，《哥伦比亚新闻评论》发表的一篇论文首先使用了"CNN 效应"这一词。文章写道："在两周内，在美国和欧洲人都收看到电视新闻的影响下，总统不得不重新考虑从伊拉克匆忙撤军。"正是 CNN 电视新闻对"库尔德危机"的报道导致了美、英两国政府决策的改变⑤。前联合国秘书长加利将 CNN 称作是"安全理事会的第十六届委员"，他说，"CNN 将电视新闻画面传遍世界各地，促使人们通过联合国，去要求他们的政府采取行动"。曾任美国助理国务卿秘书的约翰·沙特克感叹："媒体使我们

① MCPHERSON J B. Journalism at the End of the American Century, 1965—Present [M]. Connecticut: Praeger, 2006: 35.

② BARKIN S M. American Television News: The Media Market and the Public Interest [M]. Armonk: M. E. Sharp, 2003: 120.

③ BARKIN S M. American Television News: The Media Market and the Public Interest [M]. Armonk: M. E. Sharp, 2003: 93.

④ DAVIS R. The Press and American Polities: The New Mediator [M]. 2nd ed. New Jersey: Rentice Hall, 1996.

⑤ SCHORR D. Ten days that shook the White House [J]. Columbia Journalism Review, 1991 (2): 21 – 23.

进驻了索马里，然后又叫我们撤离了索马里。""关于'CNN 效应'，它是确实存在的，而我们去索马里和卢旺达的部分原因是受到这一效应的磁场力的影响。世界上的'作为'或'不作为'以及政治领导人的声明都受到这一效应的很大影响。"正是因为 CNN 对国际关系的巨大影响力，它的新闻报道中过于明显的倾向性也受到了欧洲、中东新闻工作者和民众的指责，认为它是美国"文化帝国主义"的新殖民工具。

七、公共广播电视业

美国的公共广播电视事业早期是自发产生的，主要由一些教育、宗教、社会服务团体创办和主持。但因为商业广播电视的强势存在，其发展一直不受重视。直到 1967 年 11 月，约翰逊总统签署了《公共广播电视法案》。20 世纪 50 至 60 年代，美国社会矛盾激化，民权运动和青年的反主流文化得到了社会大众的支持。这促使一些私人基金会，如福特基金，支持非商业媒体为公民权利和教育服务。1952 年 FCC 的"第六号命令和报告"史无前例地为非商业性广播电视保留了 242 个频道。1967 年，《公共广播电视法案》提出，"1. 为了公众的利益，鼓励公共广播电视的发展，并鼓励公共广播电视促进教育和文化的发展。2. 为了公众的利益，鼓励发展有创造性的节目，使得不到广播服务和高质量广播服务的受众的节目需求得到满足，特别是儿童和少数民族"。在此基础上，诞生了非政府、非营利性的公共广播电视机构——公共广播公司（CorPo - ration of Public Broadcasting，CPB）和美国国家公共电台（National Public Radio，NPR）。该法案将公共广播电视制度化，保障了其连续性和稳定性，推动了公共广播电视业的发展。

公共广播公司董事会成员 9 人，从教育、文化、市政事务或者艺术、广播、电视领域中选取，由参议院推举和同意后，由总统任命。这些董事会成员代表各地区、各行业，但不代表任何政党和公共机构，每个党派不超过 5 人。公共广播电视网的经费主要由国会拨款，也接受社会捐款，其财务状况需向国会报告，向公众公布。PBS 现有 350 个成员电视台，为美国 50 个州提供教育、音乐、社会服务类节目，其宗旨是向美国公众提供最高质量的节目和服务，利用媒体、启发和表达多样性的观点。实现个人潜能的发掘，增强美国社会的民主和美国文化的健康发展。

第三节 英国的广播电视事业

英国广播公司是当今世界上公共广播电视的代表。它曾在相当长的时间里独占了英国的广播电视业。直到第二次世界大战后，在全球化浪潮的冲击下，这种独占体制才被打破，私营广播电视公司迅速发展起来。

一、BBC

19世纪末20世纪初，广播技术的发展吸引了无数的无线电爱好者，他们纷纷尝试组装收发装置，建立电台，进行实验性播出。为了管理这些自发的广播探索，也为了防止境外广播信号的入侵，英国邮政局请求马可尼出面，联合其他五家无线电公司共同组建一个面向全国公众的垄断性广播公司——英国广播公司。1922年组建的英国广播公司（British Broadeasting Compan）（图8-2）是私有股份制的垄断联合企业，六家无线电公司共享专利权，通过收取代收音机执照费和出售收音机的销售牌照税来维持公司的运营。

图8-2 BBC

英国广播公司以收取收音机执照费为主要收入来源的制度固然有与报业竞争的因素，报纸在当时垄断了英国全部的广告，不希望广播来分润广告市场。但另一方面也是由英国特殊的经济和文化政治原因所决定的。英国广播公司与商业化程度很高的美国广播事业不同，它从一开始就关注广播的"公共性"。1923年负责对英国广播公司的财务状况进行调查的希科斯委员会（the SykeS

Committee）认为广告收入应被排除在广播收入来源之外，因为广播节目留给广告的时段会非常少，这会导致广告因为稀缺而价格高昂。这样一来，电台必然青睐大公司，给他们提供更多的广告时间，这会破坏整个市场竞争机制①。

希可斯委员会建议建立一个广播委员会来确保广播符合"公共利益"的要求，委员会在报告中对这样做的合理性做了如下的解释：

在任何国家可获得的波段必须被视为公共财富的宝贵形式；为任何目的去使用它的权力必须在得到全面和仔细地考虑以后才能授予。为任何特定利益分配的波段必须处于为确保将来的公共利益所必需的监视之下②。

根据希可斯委员会的建议，收音机销售牌照税从 1925 年元月 1 日起被取消，只收单一的执照费。这样，英国广播公司就不再是纯粹的私人企业了，其公共服务性开始展现。英国公共广播电视的执照费制度至此也被正式确定下来。执照费制度为公共广播电视提供了经济上的保障，使其可以独立于政府和资本，更大程度上为公众提供教育和信息服务，使公共广播电视免于受到来自政府的直接管制和市场竞争的压力。

不过，英国广播公司仍然是一个私营媒体，它对广播事业的垄断引发了社会各界对资本控制话语权的担忧。20 世纪 20 年代，虽然经济高速发展，社会资源极大丰富，但同时，失业率也在激增，贫富分化，社会的不公使得自由放任的政治经济学越来越受到人们的质疑。主张政府对国家经济进行有计划调控的渐进社会主义流派之一的费边主义（Fabianism）开始盛行，左翼的英国工党在 1924 年开始执政，共同造就了 19 世纪末和 20 世纪初社会民主主义和渐进式社会主义变革逐渐成为英国社会的主导社会思潮。正是在以议会民主和公有制为主体的社会民主主义思潮的强大影响下，1925—1926 年克罗弗德委员会的调查显示，当时英国的不同阶层、不同利益团体都一致赞同对英国广播公司进行公有化改造。"几乎所有出现在克罗弗德委员会前的证人，不管他们代表的利益是多么的不同，都一致赞同应该有一个单一的受到公共控制的而不是受到产业控制的权威广播机构。"③ 在这种社会环境下，从 1927 年 1 月 1 日起，BBC 改名为

①　詹姆斯·卡瑞珍·辛顿. 英国新闻史［M］. 6 版. 栾轶玫，译. 北京：清华大学出版社，2005：91.

②　The Sykes Reportl. The Broadeasting Committee Report［R］. London：1923：6.

③　BRIGGS. The History of Broadcasting in the United Kingdom［M］//The Birth of Broadcasting：I. Oxford：Oxford University Press，1961：329.

British Broadeasting Corporation，改制为非商业性的公共广播组织。1927年1月1日，英国议会通过了有效期为10年的BBC皇家宪章，规定BBC为特许经营广播的公有机构，资产属于英国国家所有，BBC拥有独立法人身份，独立运作，经济来源为收音机执照费。BBC的职责是向公众提供信息、教育和娱乐等公共服务。皇家宪章确立了BBC"非政府、非市场"的基本立场。至此，BBC成为世界上第一家公共广播媒体。BBC由BBC管理委员会（board of governors）管理，下设执行长（director–general）负责广播的具体日常运作，另有顾问委员会保障BBC广泛的代表性。顾问委员会的成员在全社会选取广泛代表各种兴趣和观点的成员，这些兴趣和观点包括：

文学、哲学、音乐、艺术、戏剧、科学、医学、经济学、法律、新闻、历史、宗教、国际事务、帝国事务、政治、工会主义、贸易、工业、公共服务、社会服务、大学、教师以及农村①。

从极左翼到极右翼在这个顾问委员会里都有代表。

到二战结束时，英国的收音机执照数量突破1000万。"收音机也成为英国家庭中带有标志性的必备日常用品。"②

BBC电视台是英国第一个正式电视媒体。1936年8月26日BBC在亚历山大宫进行了首次实验性电视播出。因为二战爆发，BBC暂停了实验。1943年9月，英国政府开始考虑战后的电视运作问题，为此任命了韩基电视委员会（The Hankey Television Commitee）负责筹备与商讨战后的公共电视服务。韩基委员会经过一年的调研，提交了一份报告，建议仍然由BBC垄断电视播出，其经费独立核算。韩基委员会的建议被英国政府采纳，1946年开始正式播出的电视台采取了由BBC垄断的公共电视模式，运营经费由电视执照费支持。此后，随着战后电视市场的扩张和广播事业的衰落，电视执照费逐渐取收音机执照费成了BBC的主要经费来源。1956年，电视网络已经覆盖了英国98%的地区③。电视

---

① RIGGS A. The Golden Age of wireless［M］. Oxford：Oxford University Press，1965：470.
② 詹姆斯·卡瑞珍·辛顿. 英国新闻史［M］. 6版. 栾轶玫，译. 北京：清华大学出版社，2005：121.
③ 詹姆斯·卡瑞珍·辛顿. 英国新闻史［M］. 6版. 栾轶玫，译. 北京：清华大学出版社，2005：134.

用户也迅速增加，1955 年达到 4503766①。电视的影响也逐渐超过广播，英国开始进入电视时代。

今天，BBC 广播台拥有 10 个电台频道，针对不同地区的听众制作不同的节目。BBC 全球广播面向世界播送，部分经费来自英国外交部，以新闻节目为主。BBC 的电视台现拥有包括 1、2、3、4 台，国会台、儿童台等在内的 9 个国内频道，57 个地方性频道，以及 9 个全球频道，覆盖阿拉伯、美国、加拿大等地区和国家，另外还开设有国际新闻台。此外，BBC 利用互联网技术，开办了 BBCi（即 BBC 互动），向受众提供数字电视、互联网，以及 BBCi 网络服务。英国民众已经把 BBC 视为"英国生活方式的一部分"②。

公共服务是 BBC 最大的特色，为公众提供信息、教育和娱乐等三个方面的服务是 BBC 的主要理念。BBC 的公共服务确立了它的四个基本原则：

1. 普遍服务和节目多样化。满足所有人的需要，向城市和农村、多数人和少数人、各种族裔提供他们的信息和娱乐提供服务。

2. 节目的教育功能。BBC 的节目多富有教育性，即使是娱乐节目，也要严肃而精致，有文化品位。

3. 政治中立。不带政治偏见，全面、客观、平衡报道。BBC 的前执行长查理斯·柯兰用"无私不偏倚"来评价 BBC 的报道：

但客观还不足以形容英国广播协会（BBC）的立场。如果协会追求的只是客观，别无他物，则它就等于是排除了任何引发争议的议题。如此一来，无私不偏倚的要求又怎么说呢？因为所谓的无私不偏倚，正是要在许多诠释事件之不同意见当中，将所有意见和盘托出，无有偏废。对于身为一个机构的英国广播协会，所谓的客观不仅是诉诸事实，然后予以报道而已；客观更是涉及了这些事实的种种诠释，所有的诠释观点，再怎么是个异端见解，也必须在广播节目中得到亮相的机会。所以，协会这样的行事实况，最好以"无私不偏倚"形容之③。

---

① BRGGS A. The History of Broadcasting in the United Kingdom. vol. I, The Birth of Broadcasting [M]. Oxford：Oxford University Press, 1961：240.

② 露西·金－尚克尔曼. 透视 BBC 与 CNN 媒介组织管理 [M]. 彭泰权，译. 北京：清华大学出版社，2004：145.

③ 查尔斯·柯兰. 统理 BBC：英国广播协会的蜕变历程 [M]. 冯建三，译. 台北：远流出版公司，1992：128.

4. 确保政治和公共事务新闻的比例，并举办讨论会、演讲等。向公众提供足够的社会信息，帮助公众行使其权利和参与社会事务。

不过，到了 20 世纪 90 年代，BBC 的公共广播电视体制也面临一些困局：

1. 经费来源并没有法律保障。英国公共广播电视的经费来源主要是执照费，但这一制度并不是法律。一方面，政府可能会停止强制征收执照费，如保守党执政期间，政府就曾试图取消执照费。另一方面，观众对不断加价的执照费不满，甚至出现过抵制执照费的情况①。

2. 公共广播电视的独立地位在英国并没有成文法的保障，而仅仅是依靠国会批准的皇家宪章来维持。皇家宪章的有效期是 10 年，也允许政府在特定条件下直接控制公共广播电视，如战时紧急状况。这就使公共广播电视极容易受控于政府。研究 BBC 历史的珍·辛顿认为，"这一致命限制成为一座长期压在 BBC 身上的大山"②。

3. BBC 坚持非营利性，做高雅、严肃的报道的原则，越来越多地受到商业性广播电视的冲击。1996 年英国《皇家宪章》，第一次明文同意英国广播公司参与市场竞争，进行"商业服务"。

二、商业广播电视的引入

二战后，英国经济开始恢复，保守党重新上台，工党也开始对社会民主主义思想进行修正。"人们日益认识到，与私营企业相比，国有企业不是具有更多的，而是更少的生产性；国有化似乎并没有带来人们所设想的更大的公正，相反意味着一种新的等级制度，导致了新的专制主义。"③ 同时，战后经济恢复期里，政府实行了经济紧缩政策，仅凭执照费已经无法满足公共广播电视的发展需要，必须引入商业资本来补充。在这种背景下，英国公共广播电视政策发生了变化，BBC 的独占体制被打破，允许开办商业电视和商业广播，英国的广播电视体制变为公共广播电视和商业广播电视并存。

1954 年 3 月保守党政府推动通过了新的电视法案（Television Act），允许私人建立商业电视。法案规定，新建的商业电视台由签订合同的商业公司经营，

① 每台电视每年收 112 英镑 英公众不满 BBC 执照费 [EB/OL]. 新浪 - 财经纵横，2002 - 10 - 30.

② 詹姆斯·卡瑞珍·辛顿. 英国新闻史 [M]. 6 版. 栾轶玫，译. 北京：清华大学出版社，2005：99.

③ 刘成. 理想与现实：英国工党与公有制 [M]. 南京：江苏人民出版社，2003：72.

商业电视台必须提供"英国式"的节目,不能冒犯良好的品位。独立电视管理局(Independent Television Authority,ITA)负责对商业电视进行管理。1971年,商业广播也被允许开办。

1955年9月,根据电视法案,商业电视台独立电视网(ITV)旗下的联合电视(Associated TV)和联合放映(Association Rediffusion)两家商业电视台在伦敦开播,其后各地方商业电视台也陆续开播。ITV的覆盖范围迅速扩张,到1958年8月商业电视已经能覆盖80%的人口。[①]

虽然政府在商业电视台开播之前就试图要求其保持高雅的格调,良好的品味,但商业化媒体对利润的追逐无可阻挡,ITV一开播就迅速走向完全的娱乐化。ITV由各地商业电视台联合而成,"地方性"是ITV的主要特征。这些地方性的节目无所不包,地区新闻、突发事件、商业、艺术、戏剧、体育、娱乐、天气预报、文化、美食、个人生活等应有尽有。独立电视现有6个频道:ITV1,播放新闻、戏剧、电视剧等娱乐节目;ITV2,数码电视娱乐频道;ITV3,数娱乐码电视娱乐频道;ITV4,男性节目频道;ITV Be,女性频道;独立电视En-core台(ITV Encore),电视剧节目频道;独立电视儿童台(Children's ITV),儿童节目频道;The store,购物节目频道。

商业广播电视的出现意味着资本,尤其是大企业资本力量进入广播电视领域,公共广播电视体系不得不面临市场(广告)和娱乐化的侵蚀。商业广播电视不光导致有特权的私人利益入侵公共领域,而且也为政府的入侵提供了通道。但在全球化的趋势下,商业化已不可阻挡。

1984年,英国国会通过有线电视法案(The Cabfeand Broadcasting Act,1984),对有线电视采取放任自流的节目政策。根据法案,有线电视自主决定电视网的节目政策,并同时取消了针对商业电视的"不得播放赞助性节目"的禁令。因此,自发展伊始,英国就放弃了对有线电视的管制,而实行自由主义政策,有线电视"是一种完全的商业服务"[②]。20世纪80年代后期,英国一方面建设自己的商业卫星电视——英国卫星电视(BSB),另一方面放宽了对媒体所有权和媒体所有者国籍的限制,同意默多克的天空卫视(sky)落户英国。到1990年,新的广播电视法贯彻"自由主义多元化"的思想,完全解除了政府对

① BRIGGS A. The BBC: The First Fifty Years [M]. Oxford: Oxford University Press, 1985: 299.

② 詹姆斯·卡瑞珍·辛顿. 英国新闻史 [M]. 6版. 栾轶玫, 译. 北京: 清华大学出版社, 2005: 231.

有线电视和卫星电视的管制，有线电视和卫星电视成为普通商业产业，任何人（不再限制国籍）都可以进入这一产业，解除电视不准买断重大体育赛事专有转播权的禁令。同时，新的广播电视法也放宽了对商业地面电视的管制。ITV 的地区电视执照开始实行拍卖制，BBC 和 ITV 播出节目的 25% 必须从独立制片人购得。1990 年的新广播电视法促使英国的广播电视向着更市场化和商业化的方向发展，同时也使得公共广播电视面临更严酷的竞争。

第四节　法国广播电视事业

法国的广播电视业经历了公私并营—国营—公营—公私并营的曲折发展历程。今天，法国的公营广播电视依然深受政府和政党的影响，私营广播电视则独立经营。

一、公私并存的广播事业草创期

法国的广播事业的初创是在 20 世纪 20 年代初。早期法国的广播体系存在公私共存的现象。

1922 年 2 月，由法国政府主导的国家广播电台——埃弗尔塔广播电台对外广播，这是法国广播事业的开端。同年，法国的私营商业广播电台也纷纷开播。1923 年，法国对广播事业立法规定，广播事业由国家垄断，但有条件地准许私营广播台经营。由此，法国建立了公私并营的广播体制。公营广播事业属于国家所有，由政府经营管理，没有广告，其经费来源是收听费，保证广播节目的良好品味和促进公共利益。私营广播台则依据自由市场的规则自由竞争，主要收入来源是商业广告。

1935 年，法国开始试播电视节目，到 1938 年，法国的电视台已经可以向巴黎及其附近的观众播放经常性的电视节目，法国的广播电视在当时处于世界领先地位。但很快法国在二战中战败，大部分国土沦陷，沦陷区的广播电视台成为纳粹的宣传工具，经营的自主权不复存在。1940 年，法国贝当政府向纳粹德国投降，此后，德国禁止法国人自办广播电视。

二、国营——公共广播电视垄断时期

1945 年法国光复，戴高乐政府接管了法国所有的媒体机构，其中包括广播电视业。戴高乐政府宣布取消私营电台和电视台的经营权，不再允许私人经营广播电视，广播电视业由国家垄断。随后，政府成立了直属于新闻部的国营广播电视机构——法国广播电视公司（RIF），法国境内的所有的电台和电视台皆在其管辖之下，对新闻信息实行严格的政府管制。电台和电视台的负责人每天都要向情报部长汇报播出情况。据法国的一位情报部长回忆，他的办公桌上有3个呼铃，其中一个就是专门与广播电视台台长们联系的。

1964年6月17日，法国议会通过了一项新的法令，将法国广播电视公司改组为法国广播电视局（ORTF）。该局名义上从国营转为社会公营，设立了一个由社会各界组成的委员会来管理广播电视业，制定法国广播电视业的各项政策。但实际上，该委员会的负责人以及大多数委员都由政府任命，并没有改变政府对广播电视业的垄断。

实质性的变化发生在1974年。1974年8月，倾向于自由主义的德斯坦政府下令解散法国广播电视局，推行"分散经营体制"。1975年1月，法国广播电视局的职权被分给了7个"各自独立的国有公司"，它们是：法国广播电视公司、法国制片公司、全国视听研究所、一家广播公司和3家电视公司。这4家公司负责广播和电视节目采编与制作，均为国有企业。此外，私营电台1300家。主要有卢森堡电台、蒙卡洛电台、欧洲一台等①。法国的广播电视业终于走出了国家垄断时期，政府的直接干预减少，成为社会公营的媒体机构。

三、公私并营时期

密特朗就任法国总统后，在1982年7月、1986年9月和1989年1月陆续通过了一系列打破公共广播电视垄断的法律，准许私营广播电视的播送，并将公共广播电视机构从国家机关中独立出来，独立经营。

1982年7月29日《视听传播法》生效，该法案将法国的广播电视机构改组为了9个。这些机构自行任命电台和电视台的负责人，有权向私营广播台、电视台发放承包节目许可证，并监督其承包协议。1000多家私营广播电视台由此获得了经营权，并开办了新频道电视台、电视五台、法国音乐六台等三家私营电视台。

1986年9月30日，《传播自由法》（即《1986年广播法》，要求建立一个"私营和国营广播电视电信部门的调节决策机构"——全国传播电视委员会，独立任命法国各视听媒体机构的负责人，同时管理包括通信卫星、广播台、电视

---

①　甘惜分. 新闻学大辞典［M］. 郑州：河南人民出版社，1993.

台等在内的视听机构和全国通信部门。根据该法令，法国电视一台被转售给布依格和罗伯特·马克斯韦尔联合财团经营。

《1989 年广播法》在 1989 年 1 月 17 日通过，该法案成立了视听高级委员会（CSA）。委员会成员共 9 人，委员会主任由总统提名，委员由总统和众参两院议长分别提名。该委员会负责：审批私营电台和电视台的经营权；任命公共广播电视台的负责人；制定节目编播制作的规章制度，并监督其执行。委员会不能直接介入具体的采编播业务。私人拥有广播电视公司的股份限制从 25% 被放宽到了 49%，经营期限也得以延长。该法案进一步扩大了广播电视事业的自由度，鼓励私营广播电视业的发展。

现行的法国广播电视机构和领导体制如图 8 - 3 所示：

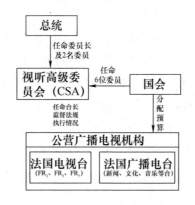

图 8 - 3 现行法国广播电视机构和领导体制

法国现有两个全国性公营广播电视机构：法国电视台、法国广播电台。法国电视台有 3 个频道：2 台（FR2）、3 台（FR3）和 5 台（FR5），其中 5 台是公共教育台。法国还与德国合办了 arte 台，播送文化类节目。法国广播电台下设 6 个台：新闻台、文化台、音乐台、蓝色台、7 号台和巴黎地区台。国际广播另设有法国国际广播电台。此外，法国电视一台、四台、六台为民营台。

法国公营广播电视机构的财政来源有三：国家拨款、视听费、广告收入。以 2004 年为例，法国公营广播电视机构共收入 34.386 亿欧元（约合人民币 360 多亿元），其中国家拨款占 15%，收视（听）费占 61%，广告收入占 24%。收视（听）费的标准，凡有电视机或其他电视接收装置的家庭，每年缴纳 116 欧元（约合人民币 1200 多元），如不缴纳，则处以 150 欧元的罚款。2017 年，收视（听）费已经增至每年 139 欧元。相较于美国和英国广播电视的独立经营，法国政府对广播电视业的影响要大得多。虽然法国的公营广播电视业在 1898 年以后取得了相对独立的地位，也允许私人经营广播电视业，但政府可以通过自己掌控的经营权、人事权和财务权，对广播电视机构施加直接的影响。尤其是公营广播电视台的主要收入来源是国家拨款和视听费，这笔收入占广播电视机构总收入的 75% 还多。经费如何在电视台、广播台和视听研究所等机构之间分配，也需要国会说了算。这样一来，公营广播电视台就必须考虑政府和各大党派的意见。

第五节　德国广播电视事业

第二次世界大战前，德国的广播电视业便已十分兴盛。二战中，这些广播台电视台都成为纳粹的宣传机器。战后，纳粹的新闻媒体被清洗，德国也被割裂为联邦德国和民主德国两部分，分别采用公营体制和国有体制，直到 1992 年两德重新统一。

一、第二次世界大战以前的广播电视事业

德国早在 1903 年就设立了无线电公司，这时的无线电通信还只用于航海活动。第一次世界大战期间，广播成为德军对外宣传的主要渠道。1923 年，德国建立了第一座广播电台：德意志广播电台，这是一个官办的广播台。魏玛共和国的邮政部将全德国分为 9 个区域，为德意志广播台征收收听费，同时给私营广播台颁发营业执照，准许其在本区域内垄断经营。1931 年设置的国家广播公司（RRG）负责管理这些私营广播。1932 年，德国强迫私营公司将股份转移给 RRG，成为国有广播公司。1933 年，希特勒上台后，德国的广播业完全国有化，成为国家宣传机器。广播业由国民教育和宣传部直接掌握，并设立德国广播协会，作为全国性的广播机构。德国本土的收音机数量也从 1933 年的 400 万台，上升到 1941 年的 1500 万台。

1934 年德国的电视台开始创建，1935 年开始正式播送节目，并在柏林奥运会期间获得广泛关注，街头集体收看的人数曾高达 15 万。1938 年德国建起正式的电视台定时播放节目，并在邮政总署的安排下生产和销售统一规格的电视机，供人们购买。

二、两个德国的的广播电视事业

二战结束后，德国分裂成联邦德国和民主德国，因为政治体制的不同，两德走上了不同的重建之路。联邦德国由原美英法三国占领区组成，其广播电视体制深受英法两国影响。而在苏联占领区基础上成立的民主德国则遵循了苏联的计划经济体制和高度集权的新闻传播体制。

鉴于德国在二战中被纳粹用于独裁统治和对外侵略，英法美认为战后德国的广播电视业应该尽量分散，所以联邦德国宪法规定广播电视是各州的事业，由各州自行立法管理。各州制定广播电视相关法律的依据是联邦宪法法院关于广播电视的判例。各州之间的业务由各州或全国所有州以协议的方式加以规定。这些州的广播电视事业属于社会共有，采取社会公益模式，为社会公众提供教育、信息和娱乐服务。这种公共广播电视体系受到了英国 BBC 的巨大影响。

1950 年 8 月，各州的地区电台联合成立德国公共广播联盟（ARD），加强相互间的合作。后来各地区电台办起了电视，在 1954 年组成了全国性的电视网，名为德国公共广播联盟电视台，简称也是 ARD，即电视一台。1990 年以前，联邦德国共有 12 家广播电视台。德国之声代表全联邦德国以十几种语言向境外广播，只播送广播节目。德意志电台（DLR）是唯一一个全国性的公共广播电台。北德台（NDR）、西部德国台（WDR）、巴伐利亚台（BR）、黑森台（HR）、西南德台（SWF）、南德台（SDR）、萨尔台（SR）、自由柏林台（SFB）、不来梅台属于各州，只在所在州范围播出广播电视节目。这 10 个州电台组成了德国公共广播电视联合会（ARD），共同向德国电视一台（EDF）提供节目。其后建立的德国电视二台（ZDF）也是全国性电视台。

联邦德国的私营广播电视业开始于 20 世纪 80 年代。1981 年，萨尔州就允许私人开办广播电视台。联邦德国各州政府于 1987 年 4 月缔结协议，同意经州政府许可可以开放私营广播电视，允许有线电视转播所有公营、私营电视节目，由此确立了"公私并存、双轨并进"的广播电视管理体制。1991 年 2 月，联邦宪法法院确认了私营广播电视业的合法性。德国的私营广播台的广播节目也都是地区性的，各州负责给私营广播规定专门的频率。但私营电视只能是全国播出。

三、重新统一后的德国的广播电视事业

1990 年 10 月 3 日，两德统一，德国的广播电视体制仍然沿袭了原联邦德国

的公私并营体制。原德意志民主共和国的国有广播电视台被要求在 1991 年 12 月 31 日停播，分为 5 个州，归入各州州属公共台，各州允许私营广播电视台的存在。

1991 年 8 月 31 日，16 个联邦州共同缔结了"统一德国全国广播协定"，该协议于 1992 年 1 月 l 日生效。协定再次确定了在全德实行公私营并存的二元体制就征收视听费、视听费的分配、全国广播电视的卫星的利用等问题签订了全国性协议。公营广播电视负责向公众提供各种类型的，内容广泛的"基本服务"。私营广播电视则是公营广播电视节目的补充。私营广播电视的主要收入来源是广告。德国公营广播电视的主要收入是视听费（Rundfunkbeitrag），占总收入的 65% 以上，也有少部分广告收入和社会捐献。2013 年以前，每个有收音机、电视机的德国家庭都必须按月缴纳费用。2013 年以后，视听费按户每月征收，不论家庭是否拥有收音机、电视机，低收入家庭和接受社会救济者不用缴纳。2017 年视听费收费标准为每月每户 21 欧。不断上涨的视听费也是德国公众对公营广播电视不满的原因之一。

目前，德国有 11 个州广播电视台、l 个联邦法电台、以联邦各州协议为基础的德国电视二台，以及对境外播音的"德国电台"。最大的广播电视台是西德意志广播电视台（科隆），最小的是勃兰登堡东德意志广播电视台（波茨坦）和不来梅电台。其中全国性的公营广播电台是广播一台、广播二台（均在美因茨）。全国性的公营电视台是电视一台（汉堡、慕尼黑）、电视二台（美因茨），其产权属于各州的公营广播公司共有。全国性的民营电视台是普罗西本—卫星 1 台（Prosieben – SAT. 1）、广播二台（美因茨）、卢森堡台（科隆）。其中位于科隆的 RTL 电台是德国境内最大的私营电台，也是德国收视率最高的电视台，隶属于贝塔斯曼公司。

第六节 日本广播电视事业

日本在 1924 年就成立了实质上是国有的广播台 NHK。在二战中，日本的广播也成为对外侵略战争的帮凶。1945 年以后，日本重新开始发展其以 NHK 为核心的公共广播电视体系。

根据《放送法》，日本于 1924 年 11 月在日本邮政省监督下，成立了"中央放送局"，后改名为日本放送协会（NHK）。日本放送协会名义上是独立于政的"社团法人",但实质上,其所有主要干部都由政府任命,所以它其实是国家控制的广播台。在第二次世界大战中,NHK 为军部控制,成为发动对外侵略的总体战的一部分。日本战败后,以美军为主体的联合国军进驻日本,接管了日本的广播电视业。联合国军总司令部命令日本所有的广播台在 1945 年 9 月 4 日停止对外广播中的外语广播,9 月 10 日命令停止日语广播。9 月 23 日,联合国军广播台开始广播(1954 年 8 月 9 日停播)。

为了重塑日本广播体系,联合国军总司令部于 1950 年 5 月 2 日主导制定了包括《电波法》《广播法》和《电波监理委员会设置法》的"电波三法"。《电波法》规定了电报和广播的技术问题;《电波监理委员会设置法》建立了电波监理委员会,负责管理广播业,1952 年即废止,广播的行政管理权重归邮政省;《广播法》仿制 BBC 的公共广播体制,赋予 NHK 独立法人地位,使其成为公共广播机构,同时开放私营广播业。

1945 年 12 月 11 日,联合国军总司令部决定重组 NHK,希望建立一个能代表国民意愿的顾问委员会来选择 NHK 的会长人选,报最高司令部审批;该委员会有权对 NHK 的各项政策问题发言,以促进重建协会的工作;有关广播电台的设置和废除、财政状况等,协会还应该受政府有关部门的指示①。

重建后的 NHK 最高权力机构是经营委员会,委员会由来自社会各界的 12 名成员组成,广泛代表全民的意愿。"经营委员会有决定 NHK 经营方针及其他有关业务运营的重大事项的权力和责任。"② "NHK 经营委员会的委员必须经参众两院同意,总理任命。"③ 经营委员会选择会长,会长应由首相任命,负责 NHK 的日常工作。副会长、10 名理事由会长征得经营委员会同意后任命。其他部门负责人、地方广播机构的负责人都由会长直接任命。《广播法》保障了 NHK 独立的采编权,并要求 NHK 向公众提供高质量的节目。《广播法》规定:除法律规定的权限之外,广播电视节目不受任何人的干涉或限制。节目应保持文化、教育、新闻、娱乐节目的协调④。NHK 应通过播放丰富、优秀的广播电

---

① 张国良. 现代日本大众传播史 [M]. 上海:学林出版社,1992:34.
② 赵雪波. 日本《广播法》第十三条第二款 [M] //世界新闻法律辑录. 北京:社会科学文献出版社,2010.
③ 赵雪波. 日本《广播法》第十六条 [M] //世界新闻法律辑录. 北京:社会科学文献出版社,2010.
④ 赵雪波. 日本《广播法》第三条 [M] //世界新闻法律辑录. 北京:社会科学文献出版社,2010.

视节目，满足公众的要求，为提高整体文化水平做贡献；除面向全国的节目外，还须进行面向地方的节目播出；为保存历史文化、培育普及新文化做贡献。①为此，《广播法》要求广播电视业者制订良好的节目标准，并为 NHK 制订了《国内节目标准》和《国际节目标准》，设立"广播电视节目审议委员会"，邀请社会知名人士参与对节目的管理和监督。

与 BBC 一样，NHK 的经费来源是向全国广播电视观众收取的视听费，国际广播则由政府拨款。视听费的收费标准由国会协定，每年的财政预算须经邮政大臣审核后报国会同意，国际广播则由政府直接拨款②。《广播法》还规定了 NHK 的业务范围、频率和设立广播电台和电视台等重大事项需报邮政省审批。1960 年 9 月，NHK 开始播送电视节目。目前，NHK 在日本全国设有 54 个广播电视台，在世界各地设有 34 个总局和分局，与世界 47 个国家和地区、79 家电视台和新闻机构有合作关系，使用 20 多种语言，每天累计播音 37 个小时。现在，NHK 的业务与服务范围已经涵盖电视、无线电广播等广泛的领域，并为海外的观众和听众提供电视、无线电广播，以及收费娱乐电视等。NHK 的节目包括文化、教育、新闻、娱乐四大类，以新闻节目为主。

除了 NHK 之外，日本的广播电视业还包括广播电视大学和私营广播电视公司。日本广播电视大学于 1981 年成立，通过广播电视进行大学教育。现有 2 个地面广播电视频道（电视、调频各 1 个）和 2 个通信卫星频道（1998 年初开播）。日本地面私营广播电视公司包括 127 家电视台，9 家单营电视多工广播和 218 家广播电台。私营广播电视公司中影响力最大的是富士电视（CX）、朝日放送（ANB）、东京电视（TX）、日本电视（NTV）和东京放送（TBS）这 5 家。私营广播电视公司一般不设地方台，通过一个共同的联合体——全国广播电视网向全国各地放送。

第七节 四大广电体制

由于历史经验、经济发展状况和政治体制的差异，各国在广播电视业的管

---

① 赵雪波. 日本《广播法》第四十四条 [M]//世界新闻法律辑录. 北京：社会科学文献出版社，2010.

② 赵雪波. 日本《广播法》第三十二条 [M]//世界新闻法律辑录. 北京：社会科学文献出版社，2010.

理和经营模式上有不同的选择，各国的广播电视业呈现出不同的结构特征，它们不同的所有权归属、经营管理方式、新闻政策和社会控制方式形成了不同的广播电视体制。总体上，世界各国的广播电视体制可以分为四大类：公有公营型、民有民营型、国有国营型和公商并营型。

一、公有公营型

公有公营型主张广电不应用于商业目的，而应完全服务于社会公益。同时，广电的经营管理、业务政策与节目内容，须接受全体国民之代表的监督与管理。德国和法国的公营广播电视就属于这种。公有公营型广播电视可分为两种：一种是联合型的，由社会各界联合经办；一种是团体型的，由某个公众团体经办。它们一般都是独立的法人单位，以服务社会为宗旨，在法制范围内独立地进行业务活动和经营管理。经费有的靠视听费，有的靠各界资助和政府补助，有的还辅以广告收入。国家依法在宏观上进行调控管理。例如德国的公共台属于第一种，即联合型的。美国的公共广播电视一般属于第二种，即团体型的。

公有公营型的广播电视体制的优势在于，可以保持节目内容的平衡，担负社会的教育责任，服务于民主政治和社会的公共利益，还可以提高国民的文化水平。此外，还可以消除广告商的影响，免于大资本的控制，以免广电节目迎合低级趣味。但它也有一定的局限性，其经费来源全赖、或大部分依赖视听费，在一定的程度上增加了广电观众的经济压力；节目的内容与形式，未免失之死板，从而也会在一定的程度上降低观众的收视兴趣；不可动摇的法律地位使其缺乏进取精神；言论和消息来源的单一化。

二、民有民营型

民有民营的广播电视体制是存在范围最广的一种体制。在这种体制下，广电事业向民间开放，允许民间自由经营、自由转让。除负责频道的分配、秩序的维持外，政府对于广播电视业不加任何干预。民有民营的广播电视业以营利为目的，其经费来源主要是广告收入。这种体制的代表是美国的广播电视业。

这种体制中的广电事业高度商业化，实行高效率的自由市场竞争，各大广播电视台自主地向公众提供各种类型的节目，充分满足公众的信息需求。因为拥有极大的言论自由，广播电视台可以充分发表意见，客观公正地进行社会舆论监督。不过，也因为自由的市场竞争，这一类广播电视业往往会因为营利的需要过度取悦受众，造成节目的庸俗化甚至低俗化。为了获得更多的广告，广播电视自然需要迎合大企业的要求，这也会妨碍节目的客观性。高度的自由竞争也给民有民营的广播电视带来了高度的垄断。

三、国有国营型

国有国营体制下，电视台、电波频道被视为国家财产，广电从业人员是国家干部，广电台是执政党和政府重要的宣传机构，并被置于执政党的严格管理之下。广电传播与政府、执政党的高度一致。社会主义国家通常采用这种体制，一些第三世界国家也有国有国营的广播电视事业，苏联是国营体制广播电视制度的代表。这一体制主要有如下特点：传播媒介和传播资源是国家的公有财产，不允许私人办广播电视；广播电视事业的主要任务是传播信息、宣传、动员、组织和教育民众，为党和国家的社会总体目标的服务。广播电视台的经费来源多是政府、政党的拨款或资助，一般不做广告或少有广告，避免受到资本左右。

它们的节目品位高、严肃、少或无刺激性内容，广电传播配合政治活动、经济建设的展开，使媒介的社会作用得到最大限度的发挥。但是，高度集权的新闻体制不利于形成民主讨论的政治气氛；党委、政府对广电传播的管理过于严格，使广电从业人员的积极性主动性难以发挥作用；过分重视政治宣传与政治功能，忽略了媒体的其他功能；内容过分严肃，削弱了广电的社会作用。

四、公商并营型

公商并营是西方自由主义国家广电体制的一个主要类型。为国家所有但由公司在社会各界参与下自主经营的电台、电视台。主要特点是资产为国家所有，但电台、电视台保持相对独立性，作为"特殊法人"存在，实行企业化管理和运作；根据法律规定，组成董事会或管理委员会进行领导管理，其成员有较广泛的社会代表性。政府依法加以规范和监督，但具体业务由电台电视台自主进行。其经费来自受众缴纳的视听费和国家拨款，有的辅以广告收入。发达资本主义国家以及发展中国家的许多公共台一般实行这种体制。例如，英国广播公司（BBC）、日本广播协会（NHK）就是这样。

公商并营的体制被认为是自由而开明的办法，广播电视不仅可以拥有商业广电网络娱乐性的优势，同时也能发挥公营广电的教育性功能。但是由于接收广电的排他性以及教育性节目不能与娱乐性节目竞争，以至于公营广电难以维持其广大的观众，从而难以发挥公营广电的主导作用。

第九章

社会主义新闻事业

社会主义新闻事业起源于早期工人运动和工人团体报刊的实践。马克思和恩格斯根据自身的新闻从业经验和各国工人运动实践，发展形成了代表人民和工人利益，维护人民言论自由的马克思主义新闻观。

第一节　工人运动与工人团体报刊

各国早期工人运动中，工人团体报刊是无产阶级革命意识的唤醒者，工人斗争的宣传者、组织者。它们为共产主义运动积蓄了力量，提供了思想和组织上的准备。但由于各国政治经济状况的不同，他们的工人团体报刊发展也各有特色。

一、英国的早期工人团体报刊

率先完成工业革命虽然给英国带来了经济繁荣，但也带来了"大批的求业者、最低的工资、女工和童工、过长的劳动时间、社会联系的丧失、生病、工伤、养老保障的缺少"[1]。但此时英国的主流报刊《泰晤士报》《曼彻斯特导报》《利兹信史报》等报纸主要服务于社会上层精英和受过良好教育、小有资产的新兴中产阶级读者。社会底层民众的诉求无法在媒体上呈现。因此，"十九世纪的英国孕育了一种全新的、以新的社会阶层为基础的'政治运动新闻业'（Campaigning political journalism）"[2]。这就是与 19 世纪上半叶的工人运动聚合在一起

---

[1] 曼弗雷德·马伊. 一口气读完世界历史 [M]. 王泰智，沈惠珠，译. 海口：海南出版社，2004.

[2] WILLIAMS R. The Press and Popular Culture：a Historical Perspective. Newspaper History from the 17th Century to the Present Day [M]. London：Constable，1978：7.

的激进主义报业。

19世纪上半叶的激进报纸与工人阶级的运动一起体现出了强烈的政治斗争性。这一时期最负盛名的《穷人卫报》便是以组织劳动者为首要目标，其对于政府和改革方案的批判比科贝特更为激进，许多原始的马克思主义者便在《穷人卫报》上发表了诸多社论，代表了处于萌芽状态的工人阶级的独立声音。在1830—1836年之间，代表广泛意见和观点的报纸与期刊超过560种，这些激进出版社进入繁荣期，他们拒绝使用邮票，以此来向国家权力提出挑战，所以又被称为"伟大的反印花出版"。即使官方极力压制这些报纸，但是它们很快就赢得了巨大的发行量，超过了"高雅"的对手们。在很多年里，《穷人卫报》的销量是从每周1.2万册升到1.5万册，而它的读者人数至少是20倍——因为当时报纸价格对于工人阶级来说仍属昂贵，所以一般都是在小酒馆、咖啡馆这样的场所大声朗读，或者是大家集资购买然后传阅①。

与报纸出版浪潮一同产生的，毫无疑问，是阅读人数的增加。激进报刊的出版是政治思想传播的过程，而阅读则是政治思想被消化的过程。在上面两节内容中提到，英国报业在18、19世纪风起云涌，与英国政治道路一道此起彼伏，见证了资产阶级和工人阶级的政治意识的觉醒和斗争。那么报纸又是如何被阅读和理解，读者又是如何借此来参与政治呢？这里以著名的工人阶级政治团体——伦敦通讯协会为例，说明之。

伦敦通讯协会是英国早的工人自发建立的工人组织，1792年1月25日，在伦敦斯特兰德大街旁的埃克塞特街上一个叫"贝尔"的酒店里，苏格兰人托马斯·哈迪鞋匠和他的8个朋友聚会，讨论当时的经济困难和物价上涨等经济生活问题，以及解救穷人生活苦难的办法。聚会上，哈迪拿出了事先受他们鼓励而草拟的成立伦敦通讯协会的大致计划，该计划以从宪法通讯协会出的各种小册子上摘取的阅读摘要，作为伦敦协会要求议会改革的证明文件。建立之初，其内部主要的活动就是举行政治聚会，讨论政治问题，学习激进政治理论。钱乘旦在《工业革命与英国工人阶级》中提到，英国19世纪20年代建立的工人阶级政治联盟（简称"工盟"）的日常活动与伦敦通讯协会非常相似。他借用洛维特在日记中记载的日常活动为展现当时工盟的内部活动状况："这个组织多少是按照监理教派的形式组成的，班长由会员大会指定，每三四十个人产生一

---

① 凯文·威廉姆斯. 一天给我一桩谋杀案：英国大众传播史［M］. 上海：上海人民出版社，2008：57.

个；班长大多在自己家里和全班见面，每星期一次。见面时讨论政治问题，阅读报刊文章和优秀的政治著作节选，还对它们进行评论。首都的许多地区都有同盟的分会，各地区每周举行会员大会，指定专门的人去演说。全国各地有许多相同的组织，这些组织在许多方面干得都非常出色，他们帮助我们推广廉价而不受控制的报纸，扩大群众舆论以支持普选权，并唤醒人们谴责当局不合理的专制法案。"①

前面提到，即使到了 19 世纪，英国的人口识字率也并不高，特别是下层民众，大多数都是目不识丁的或者是仅仅能拼写出自己姓名的人。但是在激进主义席卷全国的时候，不识字的工人可能会步行数英里去听一次激进主义的演讲。在政治动荡时期，没有文化的人还会要求他们的工友朗读期刊上的文章，在职业介绍所里人们还要读新闻；在政治集会上大量的时间都用于读宣言或通过一连串的决议。19 世纪初出现的很多工人组织都有类似的活动。早在 1816 年，巴恩斯利的织工就成立了一个俱乐部，每人每月会费为 1 便士，以便购买杂志报刊。汉普登俱乐部和政治联盟为建立"读书会"煞费苦心，他们在一些较大的中心市镇长期开办阅报室、阅览室。开放时间从早晨 8 点一直到晚上 10 点。而且还要对那些骂人、说脏话、酗酒的读者处以罚款。此外他们每晚为读者"朗读"伦敦的各种报纸②。1819 年之后，政府甚至采取镇压阅报室的行动，其影响可见一斑。

在工人阶级组织和思想的双重酝酿之下，与最初早期工人运动截然不同的宪章运动的爆发自然也是意料之中的事了。以《北极星报》（Northern Star）（图 9 - 1）为代表的宪章运动报纸和期刊在全英国创办，全国宪章联盟将其视作"强有力的辅佐"，因此这些报纸期刊的出版也被称作"宪章出版"。《北极星报》通过提供宪章运动的行动、理论和战略信息，来教育、动员和组织自己的读者。与以往简单的信息和政治宣传不同，《北极星报》是"铸造和维护工人阶级团结和阶级意识的特殊工具"③。按照当时宪章派的领导人菲尔格·奥康纳的

---

① 钱乘旦. 工业革命与英国工人阶级 [M]. 南京：南京出版社，1992：178.

② E. P. 汤普森. 工人阶级的形成（下）[M]. 钱乘旦，译. 南京：译林出版社，2001：837.

③ CURRAN J, GUREVITCH M, WOOLLACOTT J, et al. Mass communication and society [M]. London：Hodder & Stoughton Ltd, 1997：203.

说法，正是宪章出版"将劳苦阶级紧密联结到了一起"①。可以想见，在宪章运动爆发之际，全国各地的工人组织通过购买阅读这些报刊，共同阅读、讨论，即使各地的工人们彼此并不认识，但是能够通过报刊来形成共同的政治诉求，这才使得宪章运动能够发展成为全国性的政治运动。在这种大声朗读和集体阅读的模式下，工人们在通讯协会这样的组织里逐渐完成了自我教育以及阶级意识的形成。这种独特的阅读模式带有鲜明的 19 世纪工人政治运动的色彩。

图 9 - 1　《北极星报》

英国工人宪章派机关报《北极星报》在 1837 年 11 月 18 日创始时全名为《北极星和利兹普通广告商报》（*the Northern Star Leeds General Advertiser*），创刊于英国工人运动的中心约克郡。该报最初是一家地方性宪章派周报，启动资金是多地募集而来的 690 英镑。《北极星报》每份售价 4.5 便士，虽然对于工人来说并不便宜，但它仍然很快发展成为英国发行量最大的工人报纸，巅峰期的销量达到每期 1.09 万份。

《北极星报》的内容主要是追踪报道全国的宪章运动，刊登对议会改革的激烈争论的专栏文章，主张各国工人阶级联合起来，共同通过坚决的政治斗争来实现宪章派的主张。作为一份政治性报纸，《北极星报》不注重新闻的时效性，而以新闻评论为主，新闻报道是新闻评论的辅助和补充。报纸致力于改善工人阶级和底层民众的社会地位和生活状态，促进社会平等，向工人阶级和底层民众提供社会公共事务信息，教育民众，唤起他们的阶级意识，引导、组织工人阶级参加社会变革。《北极星报》还设有诗歌专栏，刊登雪莱、莎士比亚等著名诗人的诗歌。报纸的语言生动活泼，注重细节描写，观点鲜明，文字通俗易懂。因为对英国社会弊端的猛烈抨击，该报主编奥康瑙尔曾在 1840 年以"煽动性诽谤"的罪名被判监禁 18 个月。在报纸编辑上，《北极星报》放弃了英国报纸习

---

① CURRAN J, GUREVITCH M, WOOLLACOTT J, et al. Mass communication and society [M]. London：Hodder & Stoughton Ltd, 1997：204.

惯的头版广告，代之以主编奥康瑙尔的每周专栏。《北极星报》每期发行多个版本，发往不同的地区，以适应不同地区的工人运动的需要。为了吸引更多的工人参与运动，了解《北极星报》，报纸将宪章派领导人的肖像制作成徽章，分赠给订阅报纸的读者们。

《北极星报》通过新闻报道和宣传，将英国各地的宪章主义者组织起来，在英国工人运动和宪章运动中起到了重要作用。马克思和恩格斯给予了《北极星报》极高的评价，他们曾致信奥康瑙尔："我们还应当感谢您和您的助手们在领导《北极星报》方面所表现的高贵而开通的风格，……只有它在实质上是真正民主的，只有它没有民族的和宗教的偏见，……《北极星报》在所有这些问题上表达了英国工人阶级的意见，所以它是真正值得大陆上的民主主义者阅读的唯一的英国报纸。"①恩格斯从 1843 年起受邀担任了《北极星报》的通讯员。1844 年 11 月，《北极星报》从约克郡迁到伦敦出版，成为宪章派实际上的中央机关报。

以《贫民导报》《北极星报》为代表的工人运动、激进主义报纸主要的读者群体是工会成员和工人等社会底层民众。这些报纸多为周刊，他们不接受政府津贴，很少刊登广告，主要运作经费来自工会的财政支持。当然是因为激进主义和工人运动的报刊对政府的批评使得政府不会向他们发放津贴。另一方面，激进主义和工人运动报刊坚决反对大资本，认为大企业的广告会导致报纸为资本服务，使其成为资本的奴仆。激进主义报刊《观察家》指出："以前的定期出版物，均由政客操纵，他们利用报纸发表自己的政治观念，攫取政治声誉；而现今的报纸只为盈利赚钱……"② 英国的激进主义和工人运动报刊要同时对抗政府和资本。所以，英国的工人报纸竭力降低成本，手工印刷，限制发行量和逃避知识税，以维持运营。《伦敦快讯》曾说，"整个报纸的运营，其中包括编辑，报道，评论等，每周的投入只需 6 英镑"。宪章派机关报《北极星报》每周的开支也只有 9 磅 10 便士③。

1845 年，《北极星报》的副标题被改为 National Trades' Journal。哈尼担任该报主编期间，《北极星报》上多次发表马克思和恩格斯的文章。1847rh《北极星报》和马克思、恩格斯编辑的《德意志—布鲁塞尔报》、法国的《改革报》

① 马克思恩格斯全集：第 4 卷 [M]. 北京：人民出版社，1958：28 – 29.
② COMBOY M. Journalism：A Critical History [M]. London：Sage Publications，2004：93.
③ GURRAN J，SEATON J. Power without Responsibility [M]. London：Routledge，2003：10 – 13.

结成了左翼报刊同盟，共同传播社会主义思想，引导国际工人运动。随着英国激进主义运动和宪章运动的衰落，《北极星报》也在 1852 年结束了自己的办报活动。它被马克思和恩格斯誉为"欧洲最优秀的报纸之一"。他们"在组织工人阶级争取更合理的社会地位的斗争中起到了重要作用，提升了工人阶级的阶级意识，并对现存阶级关系与价值体系提出质疑"①。

二、法国的早期工人团体报刊

1. 空想社会主义与法国工人团体报刊

早在法国大革命时期，法国就已经有了早期共产主义的报刊。平等派领袖巴贝夫 1794 年创办了《出版自由报》（后改为《人民的保民官》），主编《人民论坛报》，提出建立平等共和国，主张消灭私有制，建立"普遍幸福的""人人平等的"国民公社。马克思称其为第一个"真正能动的共产主义政党"的奠基人。巴贝夫后因平等派密谋运动被督政府处死，其主持的报刊也就此停刊。

19 世纪 20 至 30 年代，随着法国工人阶级意识的觉醒，越来越多的工人团体出版了自己的报纸，如《工人报》《手工业者报》《地球》《生产者》杂志、《工场回声报》等。为了对付工人的宣传，法国政府采用提高保证金数额手段，以增加工人报纸的制作成本，工人报纸发展的势头被遏止了。

19 世纪 40 年代，法国的工人报刊，尤其是带有空想社会主义性质的报刊再次发展起来。《人民的蜂房报》（1839.12—1849.12）、《人民报》（1833—1835，1841—1852 年）、《同盟月刊·工人自己编辑和出版的通报》（1843.12—1846.9）、《1845 年友爱月刊·共产主义刊物》（1845.1—1848.2）等在工人团体里拥有较大影响。

埃蒂耶纳·卡贝的《人民报》周刊创办于 1833 年，因为批评七月王朝的统治，宣传激进民主主义思想而被法国政府起诉。卡贝被迫流亡英国，《人民报》也暂时停刊。流亡期间，他接触了英国激进主义运动和工人运动，尤其深受托马斯·莫尔的《乌托邦》和欧文空想社会主义的影响，开始转向空想社会主义。1840 年卡贝回到法国，发表了他的代表作《伊加利亚旅行记》，在这本自称是"哲学和社会小说"的书中，他设想了一个以农业为中心、"各尽所能，按需分配"的"共产主义公社"——伊加利亚。在书中，卡贝专门提及了伊加利亚的

---

① CURRAN J, SEATON J. Power without Responsibility［M］. London：Routledge，2003：13.

报刊形态。伊加利亚的报纸由整个公社和社会来共同举办，以此从根本上消除当时法国报纸之间的敌视、谩骂、造谣和低俗报道。报纸的编辑任务委托给公务人员，这些公务人员应该由人民或者他们的代表选举。编辑们在一定任期内行使权力，随时可以被人民代表撤换，他们公正无私地主持报纸言论。报纸只是一种书面记录，只报道新闻，不发表评论。意见和建议只能在公民大会上发表，最终由公民大会讨论决定是支持还是驳斥。这就是卡贝认为的出版自由和社会舆论正确的表达方式。

明显，法国的工人团体报刊深受空想社会主义的影响。和英国早期工人报刊相比，法国工人报刊规模较小，发行量不大，刊期较短，其影响也比英国逊色得多。

2. 巴黎公社时期的报刊

"在一个多少文明一点的国家里，任何群众运动都非有报刊机构的帮助不可"①，巴黎公社的兴亡也与其报刊活动和新闻政策密不可分。法国在普法战争中战败，军队的失败、食物的短缺和法国长期的阶级矛盾的激化导致巴黎人民对政府的不满集中爆发出来，人民喊出：建立一个"社会主义民主共和国"的口号，将临时政府赶出了巴黎。巴黎二十区中央委员会的《战斗报》等革命报刊号召人民建立公社，实行巴黎自治，抵抗入侵者。这些报刊为制造革命舆论，号召和组织人民做了大量卓有成效的工作，为巴黎公社的建立做好了思想启蒙、人员组织和舆论宣传的准备。

1871年3月18日，巴黎公社宣布成立（正式成立时间被认为是3月28日），巴黎的工人阶级迅速创办了大量革命报刊和民主报刊，最多的时候达到40余种。这些报刊中最重要的是巴黎公社委员会的机关报《法兰西共和国公报》，此外还有《自由巴黎报》《复仇者报》《社会报》《人民呼声报》《新共和报》《无产者报》、蒲鲁东派的《公社报》、自由派的《杜歇老爹报》、巴黎第一国际支部的《政治革命和社会革命报》等。

革命报刊和民主报刊是公社宣传革命，鼓动斗争的主要渠道。《法兰西共和国公报》在公社建立后立刻刊发了3月18日革命公告、公社选举委员会的报告、关于补选公社委员会法令、告法国人民书、废除国家机关高薪法令、废除面包工作夜班制、关于将逃亡业主所遗弃的工场交工人协作社的法令、人质法令等重要宣言、法令和决议，向人民和国际社会告知，巴黎公社"实际上是工

---

① 列宁全集：第39卷［M］. 2版. 北京：人民出版社，2017：90.

人阶级的政府"①，回应人民的呼声。公社的报刊也大力揭露临时政府的反革命属性。"报纸按其使命来说，是社会的捍卫者，是针对当权者的孜孜不倦的揭露者。"②《人民之友报》宣称"三月十八日革命致力于无产阶级的政治提高"，而绝非是什么政治阴谋。《人民呼声报》写道："炮台可能一个又一个被占领，碉堡也可能沦落，但没有一个敌兵能进入巴黎……巴黎宁可牺牲一切但决不投降"，因为"巴黎全是真理，凡尔赛全是谎言"③。《复仇者报》向梯也尔政府提出了 26 项质问。《自由人报》甚至专门开辟了"反动毒草"的专栏来揭露梯也尔临时政府的投敌、颠覆人民政权的阴谋。巴黎公社的大多数报刊都设有"读者来信"专栏，刊登工人、战士和市郊农民的来信。《杜歇老爹报》1871 年 4 月 19 日的一篇报道说，报纸编辑每天早晚打开报社门口的爱国者信箱时，"他看到信箱里塞满了信件。这种情况使他感到万分欣慰"，"善良的公民向报纸报道了城中发生的一切事情，并提出了应该替人民办的有益事项"。④ 这些报刊在动员和教育人民、揭露临时政府阴谋、打击入侵者等方面起到了巨大作用，是巴黎公社斗争的重要战线之一。

巴黎公社的基本政策之一是保障公民的言论出版自由。这种出版自由具有相当程度的全民性，除革命报刊和激进共和派的报纸外，也包括攻击诽谤公社的临时政府报刊、支持拿破仑三世的报刊。巴黎公社期间，巴黎共有 130 多种报刊，其中只有 40 多种是革命报刊或民主报刊，大部分报刊都发表过反对，甚至恶毒攻击公社的言论。即使是公社的报刊也不时泄露出公社内部的分歧，转移公社的主要矛盾。《法兰西共和国公报》就曾经刊登了梯也尔政府答应不追究那些放下武器的公社社员的报道。《公社报》则热衷于宣传公民选举，认为"暴力革命时代已经结束，今天已不可能再发生国内战争了"，革命当前主要的任务是选举。《人民呼声报》指责农民敌视巴黎公社，认为他们"阻碍进步，逃避法律，与自由作对"，甚至攻击农民，"你们就是我们不幸的根源，而你们一点也不害羞，只要葡萄开花，小麦生长，只要喝得红光满面，吃得脑满肠肥，钱包鼓胀，你们对自由的被扼杀，就会处之泰然"。⑤ 这种攻击破坏了公社的工农联

① 马克思恩格斯选集：第 3 卷［M］. 北京：人民出版社，2006：59.
② 马克思恩格斯选集：第 3 卷［M］. 北京：人民出版社，2006：275.
③ 北京大学国际政治系. 马克思关于巴黎公社报刊消息摘录［M］. 北京：商务印书馆，1975：493，65 - 67，450.
④ 朱庭光. 巴黎公社史［M］. 北京：中国社会科学出版社，1982：386.
⑤ 朱庭光. 巴黎公社史［M］. 北京：中国社会科学出版社，1982：391.

盟，便利了临时政府和普鲁士军队的各个击破。一些历史学家认为，巴黎公社的失败与这种过于宽松的新闻政策不无关系。公社的报刊政策，随着巴黎的陷落而终结。

三、美国的早期工人团体报刊

18 世纪末 19 世纪初，美国资本主义迅速发展起来，工人队伍日益壮大，无产者与资本家的矛盾也日益尖锐。各个行业工人已普遍组织互助公社，进而将它改造为长期团结稳定的工会组织，随着工人运动的展开，工人报刊也产生出来。美国历史上第一份工人报纸《机工雇工拥护者》在 1827 年诞生于费城，不到一年即告停刊。1828 年，《技工自由先驱》《技工自由报》相继创立。从 1828—1834 年，美国的工人运动发展起来，61 个城镇成立了工人组织，创办了 50 来种工人报刊，多为周刊。这些工人报刊的主要诉求是平权和普及教育。如乔治·亨利·伊文斯的《工人辩护者报》的主要内容就是"平等教育、平等权利"。1837 年，美国爆发了第一次全国性的经济危机，许多工人报刊不得不停刊。

作为一个移民国家，美国的劳动力长期短缺，尤其是西进运动大规模地开拓了美国的疆土，吸引了大量劳工往西部和中部去，使得美国的劳资矛盾远没有欧洲那么尖锐。移民的抱团特性让很多工人在遭遇不公平待遇的时候宁可求助移民社会而不是组织工人团体。这削弱了美国工人团体的斗争性，也让美国工人团体报刊长期停留在争取经济利益和平权层面。加之美国社会对自由市场的认同，具有政治性报刊性质的工人团体报刊并不受到欢迎。所以，美国工人团体报刊存续时间不长，影响力有限。

四、俄国的早期工人团体报刊

沙皇俄国并没有发生英美等国的大规模的社会革命，国内资本主义力量十分薄弱，直到 20 世纪初叶，沙皇俄国依然是一个沙皇专制统治的农业国家。沙皇俄国的新闻媒体始终掌控在政府的手中。1703 年，彼得一世创办了俄国第一份报纸后，俄国形成了由科学院、大学办报刊的传统。主要报刊有 1728 年创办的《新闻报每月注释》、1756 年创办的《莫斯科新闻》和 1791 年创办《莫斯科杂志》。19 世纪初，各级政府部门开始创办官方行业报，1837 年起，各省官方开始创办报纸。这些官报形成了沙皇俄国的官方报纸体系。

1825 年，十二月党人秘密创办了地下刊物《北极星》，这是最早的沙俄政治反对派刊物。在十二月党人报刊的启发下，被称为"俄国社会主义之父"的赫尔岑（Alexander Herzen）创办了《钟声》。因为被沙俄政府认为是"对社会有极大危险的自由思想者"，赫尔岑长期流亡英法等国。1853 年他在伦敦创立了自由俄罗斯印刷所，出版《钟声》杂志。《钟声》大量登载揭露沙皇专制的文章和文学作品，鼓吹通过农民斗争，建立村社社会主义。这一刊物被秘密运回俄国，启发了俄国的民粹主义和平民民主运动。

1883 年，俄国社会民主党在欧洲建立了劳动解放社，并出版报刊，系统地叙述了马克思主义思想。1885 年，俄国社会民主党在彼得堡出版了《工人报》，但这份报纸只出版了两期，并未对工人运动产生实质性影响。在 1895—1896 年彼得堡罢工中，社会民主党才真正与俄国工人运动结合起来。1900 年 12 月，列宁和普列汉诺夫在莱比锡创办了马克思主义的报刊《火星报》（《Искра》）（图9 - 2），报纸的出版地点在慕尼黑、伦敦和日内瓦等地多次转移。列宁在报纸上阐述了俄国社会民主党的建设和阶级斗争的基本问题，并评论了俄国和国际生活中的重大事件。在列宁的领导和亲自参与下，《火星报》起草了俄国社会民主党的党纲和策略原则草案，筹备召开了俄国社会民主党第二次代表大会。在这次代表大会上，《火星报》成了社会民主党的中央机关报。《火星报》同样是在欧洲出版后，秘密运回俄国翻印和传阅的。在《火星报》的影响下，俄国许多城市成立了社会民主党火星派小组和委员会。可以说，《火星报》为俄国工人政党的建立起了重要作用。

除《火星报》外，俄国在 19 世纪末到 20 世纪初还发行了多种社会民主党报刊。1897 年出版的《工人思想报》（Рабочая Мысль）是社会民主党经济派的报纸，出版不久后就转移到日内瓦继续发行。报纸号召工人为争取自己的经济利益而斗争，排斥政治斗争，主张在俄国成立工联主义组织，争取合法化。《工人事业》杂志（Рабочее Дело）是一份不定期刊物，在日内瓦和巴黎出版，主张"批评自由"。《前进报》（Вперёд）是社会民主党多数派委员会常务局的机关报，同样在日内瓦发行，列宁是其领导者。《无产者报》（Пролетарий）1905 年创办于日内瓦，是布尔什维克的秘密报纸。1905 年在彼得堡出版的《新生活报》（Новая Жизнь）是俄国布尔什维克的第一个合法报纸，发行两个月后即被政府关闭。随后出版的合法报纸《浪潮报》（волна）只存在了一个月。代替《浪潮报》的《前进报》和《回声报》同样只坚持了一个月左右。

由上可见，俄国早期工人报刊具有以下特点：

1. 秘密报纸多于公开报纸，非法报纸多于合法报纸。

2. 一些观点鲜明，影响大的报纸均在国外出版。

图 9 - 2 《火星报》

3. 报纸存续的时间不长，由于屡遭查封，为了保证报纸的发行，不少工人报刊只能不断变化名称和办报地点。

五、早期工人团体报刊的评价

早期工人报刊充满了幼稚的色彩。

首先，这些工人报刊几乎没有例外地缺乏科学理论的指导。例如，法国的工人报刊就以空想社会主义理论作为其指导思想，因而其理论的宣传缺乏严密的科学性。

其次，除英国宪章派机关报和巴黎公社时期的革命报刊外，大部分工人报刊都局限于经济斗争，以增加工资，改善劳动环境为目的，没有远大的政治目标。

尽管如此，这些报刊在工人运动的早期阶段，敢于与资产阶级做正面的斗争，揭露阶级压迫的实质，对于启发工人的阶级觉悟，团结工人队伍，为工人运动做了组织准备方面做出了很大的贡献。

第二节　马克思恩格斯的新闻实践活动

在革命实践中，马克思和恩格斯有着丰富的办报经验。他们曾经亲自创办或主编报纸刊物，从而直接决定报纸的政治方向，如《莱茵报》《德法年鉴》《新莱茵报》等。他们也参与指导、编辑工人报刊或给工人报刊写稿，如《德意志－布鲁塞尔报》《寄语人民》《社会民主党人报》、美国工人报纸《改革报》等。马克思和恩格斯还长期担任美国《纽约论坛报》的特约通讯员，为其提供欧洲民主革命的相关评论稿件。

一、《新莱茵报》

《新莱茵报》，全名《新莱茵报·民主派机关报》（ *Neue Rheinische Zeitung. Organ der Demokratie* ），是一份在马克思、恩格斯亲自指导和参与下创办的共产主义日报。1848 年 6 月 1 日起在德国科隆出版，1849 年 5 月 19 日停刊。

在 1848 年的德国三月革命中，马克思和恩格斯返回德国，参与革命。他们在分析革命形势的时候认为，共产主义者同盟的成员虽然积极参与革命，领导革命，但力量分散，甚至一些成员与中央没有直接联系，同盟中央很难担负起领导革命运动的责任。因此，有必要创办一家大型日报，经常指导革命同志和运动。"报纸最大的好处，就是它每日都能干预运动，能够成为运动的喉舌，能够反映丰富多彩的每日事件，能够使人民和人民的日刊发生不断的、生动活泼的联系。"①

报纸的筹备遇到了各种阻力。激进的民主主义者并不同意共产主义同盟的阶级斗争，资金方面更是筹措困难。恩格斯说，"认股的事，在这里希望极其渺茫。……我费了不少唇舌，使用了各种各样的外交手腕，但答复依然是不肯定的。……问题的实质是，在这里甚至这些激进的资产者都把我们看成是他们未来的主要敌人，不愿意把武器交到我们手里，因为我们很快会把武器掉转过来反对他们自己。"② 为了广泛团结革命者，报纸的副标题定为"民主派机关报"，以激进的民主派报刊的姿态出版，但报纸实际上发挥了共产主义同盟机关报的

---

① 马克思恩格斯全集：第 10 卷［M］．北京：人民出版社，1998：115.
② 马克思恩格斯全集：第 48 卷［M］．北京：人民出版社，2007：24，25.

作用。《新莱茵报》的出版意味着德国革命有了强有力的领导者和组织者，共产主义同盟有了一个向党内外公开宣传的阵地。恩格斯说："在每一个党、特别是工人党的生活中，第一张日报的出版总是意味着大大地向前迈进了一步！这是它至少在报刊方面能够以同等的武器同自己的敌人作斗争的第一个阵地。"①

《新莱茵报》在创刊号上明确提出了报纸的任务："利用自由环境中的每一天"，向封建反动势力和大资产阶级的背叛行为开火。马克思、恩格斯为报纸亲自撰写了大量稿件，报道和评论国内斗争局势和国际革命格局。恩格斯说，"我生平曾经有两次荣幸地为报纸撰稿"②，一份是《新莱茵报》，另一份就是《社会民主党人报》。马克思是《新莱茵报》的主要负责人。恩格斯承担着柏林普鲁士国民议会和法兰克福德意志联邦议会，以及民族解放战争的报道和评论工作，并撰写了大部分社论。威·沃尔弗负责国内新闻和农民问题报道。维尔特和弗莱里格拉特是小品专栏编辑，毕尔格尔斯负责联系各地民主派组织，并以报纸编辑部的名义参与各种群众大会的组织工作。此外，还有驻巴黎记者斐·沃尔弗，驻法兰克福波兰、意大利的记者德朗克。马克思和恩格斯在报纸上发表了400多篇文章。《新莱茵报》通常一天两版，经常发行增刊，在有重大消息的时候还会发行号外。报纸内容丰富，消息时效性强，尤其是幽默犀利的小品专栏吸引了大批读者。报纸的广告也占有大量篇幅。《新莱茵报》在欧洲各国和北美都有销售。

报纸支持欧洲的左翼运动和民族解放运动，提出建立统一的、不可分割的、民主的德意志共和国，反抗沙皇俄国对波兰的侵略，支持匈牙利的民族解放运动。报纸支持法国工人的六月起义，猛烈抨击德国政府对1849年护宪运动的镇压。恩格斯为匈牙利的民族解放运动撰写了100多篇评论和通讯，甚至亲自参加了爱北斐特地区的起义。恩格斯回忆说："这是革命的时期，在这种时候从事办日报的工作是一种乐趣。你会亲眼看到每一个字的作用，看到文章怎样真正像榴弹一样地打击敌人，看到打出去的炮弹怎样爆炸。"③

因为《新莱茵报》强烈的斗争性和巨大的影响力，德国政府诅咒它是"一切可恶报纸中最可恶的报纸"。1848年9月底，德国政府下令逮捕《新莱茵报》的编辑和记者，迫使恩格斯等人出逃，报纸暂时休刊。在马克思等人的努力下，

---

① 马克思恩格斯全集：第22卷 [M]. 北京：人民出版社，1965：590.
② 恩格斯. 给"社会民主党人报"读者的告别信 [M]//马克思恩格斯全集：第22卷. 北京：人民出版社，1965.
③ 马克思恩格斯全集：第22卷 [M]. 北京：人民出版社，1965：89.

10 月 12 日，《新莱茵报》复刊。报纸公开声明，"在任何情况下都要坚守这个堡垒，不放弃政治阵地"①。它将继续"以坚忍不拔的精神维护全体人民的民主利益"。

《新莱茵报》先后被德国政府起诉 23 次，马克思 7 次受到庭审，恩格斯 2 次受审。1849 年 2 月 7 日和 8 日，德国政府以侮辱检察长茨魏费尔，诽谤宪兵的罪名向科伦法庭起诉《新莱茵报》。马克思和恩格斯为报纸和言论自由做了辩护：

> 诸位陪审员先生，此刻你们必须在这里解决莱茵省的出版自由问题。如果禁止报刊报道它所目睹的事情，如果报刊在每一个有分量的问题上都要等待法庭的判决，如果报刊不管事实是否真实，首先得问一问每个官员——从大臣到宪兵，——他们的荣誉或他们的尊严是否会由于所引用的事实而受到损伤，如果要把报刊置于二者择一的地位：或是歪曲事件，或是完全避而不谈，——那么，诸位先生，出版自由就完结了。如果你们想这样做，那你们就宣判我们有罪吧！

> ——载于 1849 年 2 月 14 日"新莱茵报"第 221 号，单行本"两个政治审判案"（1849 年科伦"新莱茵报"出版科出版）

《新莱茵报》和马克思、恩格斯最终被判无罪。以"法律"手段迫害无效后，德国政府于 1849 年 5 月 11 日下令，驱逐马克思："查最近几号'新莱茵报'愈益坚决地煽动居民蔑视现存政府，号召暴力革命和建立社会共和国。故该报总编辑卡尔·马克思博士应予被剥夺其他人待遇法，……令其于二十四小时之内离境。"②《新莱茵报》也被勒令停刊。

1849 年 5 月 19 日，《新莱茵报》在出版了第 301 号后宣布停刊。"因为政府有整个军队作为后盾。我们不得不交出自己的堡垒，但我们退却时携带着自己的武器和行装，奏着军乐，高举着印成红色的最后一号报纸的飘扬旗帜……"③马克思在《〈新莱茵报〉被勒令停刊》一文中宣称，"我们铁面无情，但也不向你们要求任何宽恕。当轮到我们动手的时候，我们不会用虚伪的词句来掩饰恐怖手段"。法国六月革命的灵魂，"就是我们报纸的灵魂"。④ "《新莱茵报》的

---

①　马克思恩格斯全集：第 48 卷［M］．北京：人民出版社，2007：40．
②　马克思恩格斯全集：第 6 卷［M］．北京：人民出版社，1961：600．
③　马克思恩格斯全集：第 6 卷［M］．北京：人民出版社，1961：11．
④　马克思恩格斯全集：第 6 卷［M］．北京：人民出版社，1961：603，602．

177

编辑们在向你们告别的时候，对你们给予他们的同情表示感谢。无论何时何地，他们的最后一句话始终将是：工人阶级的解放！"

《新莱茵报》的告别辞（作者弗莱里格拉特）：

> 别了，但不是永别，
> 他们消灭不了我们的精神，弟兄们！
> 当钟声一响，生命复临，
> 我将立即披甲返程！①

《新莱茵报》刊行不到一年，但在无产阶级政党的建设、领导工人运动和欧洲民族解放运动上产生了巨大影响力。恩格斯评价它是"革命年代德国最著名的报纸"，因为"没有一家德国报纸——无论在以前或以后——像《新莱茵报》这样有威力和有影响，这样善于鼓舞无产阶级群众"②。列宁则称赞《新莱茵报》是"革命无产阶级最好最卓越的机关报"③。

二、《新莱茵报·政治经济评论》

马克思和恩格斯创办的时事评论性杂志，1850 年 3 月至 11 月在德国汉堡出版了 6 期。在被德国政府驱逐后，马克思流亡伦敦。为了科学地总结欧洲1848—1849 年革命的经验教训，马克思和恩格斯决定创办一份革命的定期刊物。这份刊物继承了《新莱茵报》的传统，定名为《新莱茵报·政治经济评论》，马克思担任主编。在出版启事中，马克思这样说明《新莱茵报·政治经济评论》的任务："本杂志的任务之一，就是发表一些探讨过去事件的评论来阐述《新莱茵报》被迫停刊以来的一段时间。""目前这个表面平静的时期，正应当利用来剖析前一革命时期，说明正在进行斗争的各政党的性质，以及决定这些政党生存和斗争的社会关系。"④ 该杂志共发行了 6 期，用德文出版，出版地点是伦敦、汉堡和纽约。杂志的绝大多数文章都是马克思、恩格斯亲自撰写的，包括马克思的总结分析法国二月革命性质、原因的"1848 到 1850 年的法兰西阶级斗争"；恩格斯论述 1849 年巴登－普法尔茨起义的"德国维护帝国宪法的运动"、总结德国 1848 年革命的"德国农民战争"等和一些国际评论、书评。

---

① 马克思恩格斯全集：第 6 卷 [M]. 北京：人民出版社，1961：619.
② 马克思恩格斯全集：第 6 卷 [M]. 北京：人民出版社，1961：7，12.
③ 列宁专题文集·论马克思主义 [M]. 北京：人民出版社，2009：40.
④ 马克思恩格斯全集：第 7 卷 [M]. 北京：人民出版社，1961：3.

三、《社会民主党人报》周报

1878—1890 年德国"反社会党人非常法"时期，德国社会主义工人党机关报出现。该报创办于 1879 年 9 月，1879—1888 年 9 月在瑞士苏黎世出版，后因遭到查禁，1888 年 10 月—1890 年 9 月 27 日转移到英国伦敦出版，在德国秘密发行。马克思和恩格斯积极参与了报纸的筹建、主编的选定、报纸言论方向的把控和报纸稿件的撰写。

1878 年 10 月，德国俾斯麦政府颁布了"反对社会民主党进行普遍危害活动法"（简称反社会党人法），禁止一切社会民主主义、社会主义和共产主义活动，查封其印刷品。"一切受社会党人、社会主义者或共产主义者的影响，表现为以破坏社会安宁、尤其以危害阶级和谐的方式致力于推翻现存政府或社会秩序的出版物，均在被禁止之列。当一种期刊的某一期根据本法被禁止时，此项禁令即扩延至该期刊所有已出版之各期"①。德国社会主义工人党的 41 种报刊几乎全部被迫停刊，1300 多种有社会主义思想的出版物被查禁。为了尽快恢复党的机关报，马克思和恩格斯多次与当时实际负责社会主义工人党工作的奥古斯特·倍倍尔和威廉·李卜克内西多次协商。马克思和恩格斯推荐《灯笼》周刊的主编卡尔·希尔施担任主编，李卜克内西则推荐了卡尔·赫希柏格。但马克思和恩格斯对赫希柏格的改良主义和机会主义思想表示担忧，称赫希柏格、卡尔·施拉姆和伯恩斯坦是"最平庸的资产者，和平的博爱主义者"②。此时，希尔施又因为党内分歧拒绝了总编一职。经过多次沟通，社会主义高瑞党委福尔马尔任《社会民主党人报》主编。不久后，由伯恩斯坦接任。恩格斯对伯恩斯坦曾经的右倾思潮虽有不满，但也表示"想先看看实际行动"，同意了伯恩斯坦的任职。在马克思和恩格斯的帮助下，《社会民主党人报》"有很大进步"，"调子变得流利而且坚定了"③。

马克思和恩格斯将《社会民主党人报》视为"要守住的最重要的阵地"④。并在报纸上发表了 20 多篇文章，包括《马克思和〈新莱茵报〉》《关于共产主义者同盟的历史》《给"社会民主党人报"读者的告别信》等。

---

① 蒋相泽. 世界通史资料选辑·近代部分：下册［M］. 北京：商务印书馆，1983：39 - 40.

② 马克思恩格斯全集：第 34 卷［M］. 北京：人民出版社，1972：367.

③ 马克思恩格斯全集：第 35 卷［M］. 北京：人民出版社，1972：176，146，147.

④ 马克思恩格斯全集：第 36 卷［M］. 北京：人民出版社，1974：157.

《社会民主党人报》一边反抗德国政府的反社会党人法，领导德国的工人运动，一边对党内的错误思想展开斗争。德国内务大臣罗伯特·普特卡污蔑社会民主党破坏家庭，《社会民主党人报》发表了"从格里伦贝格尔关于遵守反社会党人法的发言谈起"等系列文章加以坚决驳斥。1884年，俾斯麦要求帝国议会给予帝国轮船公司年度津贴，扶植他们向东亚、澳洲和非洲进行殖民扩张。《社会民主党人报》连续发表文章，批评这种侵略行径，联系党的地方组织，推动国会否决了这一提案。面对社会民主党内部的妥协和改良思想，该报采用了严肃的批评和耐心的教育。在轮船津贴议案讨论期间，社会民主党团在国会中的相当一部分人希望用支持议案换取政府撤销反社会党人法，恢复社会民主党的合法地位。《社会民主党人报》谴责了这种背叛党的基本原则的行为和主张，坚持积极斗争的方针。报纸得到了党内多数党员的支持。

"反社会党人法"1890年9月被废除，德国社会主义工人党重获了合法地位，并改名为德国社会民主党。作为党的特殊时期的机关报的《社会民主党人报》也完成了自己的历史使命而自动停刊。恩格斯在1890年9月27日的最后一期报纸上发表了《给〈社会民主党人报〉读者的告别信》，称赞这份党报"是德国党的旗帜"①。

第三节 马克思的新闻观念

在长期的新闻实践和复杂的革命斗争中，马克思、恩格斯关于言论自由、党报的任务，党报与党的领导核心的关系等新闻观的核心主张日渐成熟。

一、马克思关于言论自由的论述

马克思对言论自由的赞赏很大程度上继承了古典自由主义对言论自由的崇拜。在《共产党宣言》中这样描述共产主义社会，共产主义社会是"这样一个联合体，在那里，每个人的自由发展是一切人的自由发展的条件。"其中，言论自由是最重要的一种自由权利，"没有出版自由，其他一切自由都无从谈起。"②马克思在《第六届莱茵省议会的辩论——关于新闻出版自由和公布省等级会议

---

① 马克思恩格斯全集：第22卷［M］．北京：人民出版社，1965：90.
② 马克思恩格斯全集：第1卷［M］．北京：人民出版社，1956：94.

辩论情况的辩论》中用"自由的出版物"一词来说明言论自由，"自由不仅包括我靠什么生活，而且也包括我怎样生活，不仅包括我做自由的事，而且也包括我自由地做这些事"，而"新闻出版就是人类自由的实现。因此，哪里有新闻出版，哪里也就有新闻出版自由"①。发表于 1842 年的《评普鲁士最近的书报检查令》一文是马克思言论自由思想的集中体现。

普鲁士以军事容克贵族统治建国，相较于早已完成资产阶级革命的欧洲各国，普鲁士的集权主义和专制主义倾向更严重。早在 1819 年，普鲁士就曾颁布了书报检查的法令，1830 年七月革命后，政府进一步强化了对新闻出版的控制。此举严重加剧了民主主义者与政府之间的冲突。为了缓和矛盾，1841 年，普鲁士国王弗里德里希颁布了新的书报检查令，宣布"不得阻挠人们对真理做严肃和谦逊的探讨，不得使作者受到无理的约束，不得妨碍书籍在书市上自由流通"。但"这方面必要的前提是，对政府措施发表的见解，其倾向不是敌对的和恶意的，而是善意的。这就要求书报检察官具有良好的愿望和鉴别的能力，善于区别这两种不同的情况。与此相适应，书报检察官也必须特别注意准备出版的作品的形式和语调，一旦发现作品因感情冲动、激烈和狂妄而带有有害的倾向，应不准其印行"。此法令一经颁布，在德国新闻界和民主人士中得到了热烈拥护，人们欢呼"自由"时代的到来。对此，马克思指出，"新的书报检查令与旧的书报检查令没有根本的区别，它们都是代表封建贵族的意志和利益，以扼杀出版自由为目的的"②。

发表于 1842 年的《评普鲁士最近的书报检查令》一文是卡尔·马克思目睹"青年黑格尔派"一再被当局打压封禁所发出的抗议之声。1842 年 2 月 10 日马克思将该文寄给《德国科学和艺术年鉴》，但该刊不敢刊登，马克思只好转投瑞士《当今德国哲学和新闻出版轶文集》（*Anekdota zur oeuesten deutseho Philosophie und Publicistik*），于 1843 年 2 月刊登。在德国境内以《倾向—报刊检查》为题，节选后刊登于 1843 年 3 月 26 日和 28 日的《曼海姆晚报》（*Manrilieimer Abendzeitung*）上。

1. 探讨真理是否有附加条件

马克思认为，对真理探讨的俯角条件都是对真理的限制，唯有"自由是探

---

① 马克思恩格斯全集［M］. 北京：人民出版社，1995：181，166 - 167.
② 马克思. 评普鲁士最近的书报检查令［M］//马克思恩格斯全集. 北京：人民出版社，1995.

讨真理的前提"。

首先，真理的探讨不需要严肃和谦逊，理性和独立的自由言论是探究真理的唯一途径。马克思认为，

> 真理像光一样，它很难谦逊，……如果谦逊是探讨的特征，那么，这与其说是害怕谬误的标志，不如说是害怕真理的标志。谦逊是使我寸步难行的绊脚石。它就是规定在探讨时要对得出结论感到恐惧，它是一种对付真理的预防剂①。

对"严肃和谦逊"的要求转移了对真理的关注，而将视线放在了"莫名其妙的第三者"上。政府试图用规定探索真理的态度来限制对真理的追寻，让书报检察官的脾气来决定如何探究真理。"给书报检察官指定一种脾气和给作者指定一种风格一样，都是错误的。"②"天才的谦逊是要忘掉谦逊和不谦逊，使事物本身突现出来。精神的谦逊总的说来就是理性，就是按照事物的本质特征去对待各种事物的那种普遍的思想自由。"唯有理性的思想自由才是追寻真理的路径。

其次，真理是普遍性的，为所有人拥有的，它不应该事先受到限制。对一切真实的探讨就是丰富和充实扩展真理。人类的一切活动都可以归入"真理"这一观念，但即使是同一事物在不同的人那里都会有不同的反映，从而使人类在不同方面呈现不同的精神状态，这些不同的认知和探讨结果都是符合真理的，他们的探讨途径也同样是真理的一部分。如果硬要将对真理的探讨限定在"严肃和谦逊"这个由书报检察官主观界定的状态中，那么，"即凡是政府的命令都是真理，而探讨只不过是一种既多余又麻烦的、可是由于礼节关系又不能完全取消的第三者？看来情况差不多就是如此。因为探讨一开始就被认为是一种同真理对立的东西，因此，它就要在可疑的官方侍从——严肃和谦逊（当然俗人对牧师应该采取这种态度）的伴随下出现。政府的理智是国家的唯一理性；诚然，在一定的时势下，这种理智也必须向另一种理智及其空谈做某些让步，但是到那时，后一种理智就应当意识到：别人已向它让了步，而它本来是无权的，

---

① 马克思. 评普鲁士最近的书报检查令［M］//马克思恩格斯全集. 北京：人民出版社，1995.

② 马克思. 评普鲁士最近的书报检查令［M］//马克思恩格斯全集. 北京：人民出版社，1995.

因此，它应当表现得谦逊而又恭顺，严肃而又乏味"①。书报检查令对于真理的限制在于"对于检查令来说，倾向才是它的主要标准，而且是它的基本思想"②。书报检查令规定："这方面必要的前提是，对政府措施发表的见解，其倾向不是敌对的和恶意的，而是善意的。这就要求书报检察官具有良好的愿望和鉴别的能力，善于区别这两种不同的情况。与此相适应，书报检察官也必须特别注意准备出版的作品的形式和语调，一旦发现作品因感情冲动、激烈和狂妄而带有有害的倾向，应不准其印行。"这就让法令成了"恐怖主义的法律"，而发表言论的人"就成了最可怕的恐怖主义的牺牲品，遭到了涉嫌的制裁"③。法律只应规定人们的法律行为，而不应该限制人们的思想。追究思想倾向性的法律取消了公民在法律面前的平等，是一个党对付另一个党的工具。

再次，真理不是特定人群的特权，而是所有人都有权探知和表达的。

书报检查令说，"在批准新的报刊和新的编辑事务必谨慎行事，把报刊托付给完全正派可靠的人去主持，这些人的学术才能、地位与品格是他们的意图严正、思想方式忠诚的保证"，"书报检查总局有权向报纸出版者声明，如出版者提名的编辑不堪信任，应即另聘；或者，如出版者愿意留用原编辑，应为原编辑交纳由我们内阁的上述各部根据书报检查总局建议而规定的保证金"。

马克思反驳说，"问题不在于新闻出版自由是否应当存在，因为新闻出版自由向来是存在的。问题在于新闻出版自由是个别人物的特权呢，还是人类精神的特权"④。没有一个全能的超人能通精所有的学科，所以，如何才能评价一个人是否有足够的学术才能来发表意见呢？至于品格，就更加虚幻，无法确定。至于地位，它将发表意见的权利特定为统治者的权力，剥夺了人民的发言权。但是，"真理是普遍的，它不属于某一个人，而为大家所有"。每个人都有理性地表达意见，提出批评，进行监督的权利。言论自由不是依附于人的社会地位的一种权利，而是为人民所普遍拥有的。马克思说，"具体言之，自由报刊是介于管理机构和被管理者之间的中介因素，它兼具其他两个因素的某些特征。一

① 马克思. 评普鲁士最近的书报检查令 [M] //马克思恩格斯全集. 北京：人民出版社，1995.
② 马克思. 评普鲁士最近的书报检查令 [M] //马克思恩格斯全集. 北京：人民出版社，1995.
③ 马克思. 评普鲁士最近的书报检查令 [M] //马克思恩格斯全集. 北京：人民出版社，1995.
④ 马克思. 评普鲁士最近的书报检查令 [M] //马克思恩格斯全集. 北京：人民出版社，1995.

方面，它属于政治的因素、公共的生活，但又同官方的因素保持距离；另一方面，它也属于市民的因素、民间的组织，但又同市民的私人利益和物质需要保持距离。它把私人利益之间的矛盾转变为公开讨论的问题，用公共舆论的方式维护国家的普遍利益"①。

二、马克思的政党报刊理论

1. 关于党报的性质

恩格斯在《致维克多阿德勒》一文中明确概括了党报的性质：武器和阵地。②党报党刊是党的重要思想武器和政治阵地，是党存在和发展的标志。

恩格斯在总结《新莱茵报》的战斗历程时说，《新莱茵报》的文字"真正像榴弹一样地打击敌人"。《新莱茵报》是工人党"至少在报刊方面能够以同等的武器同自己的敌人作斗争的第一个阵地"。党报以科学的共产主义理论武装工人阶级和革命群众。《社会民主党人报》是革命者"要守住的最重要的阵地"。在《1877 年的欧洲工人》一文中，恩格斯说："工人阶级有觉悟的组织迅速发展的最好证明，就是它的定期报刊的数量不断增加。"③ 在每次工人运动中，党报都起到了领导、宣传、组织革命斗争的关键性作用。所以，在法国《社会主义者》报停刊时，恩格斯惋惜地说，"如果你们有一张哪怕是很小的报纸，能表明你们的存在就好了④。党报的存在是工人阶级政党存在的标志。

2. 报纸的职能

党报的首要任务是遵守和阐述党的科学共产主义的纲领和策略原则，按党的精神进行编辑工作，高举党的旗帜前进。

1879 年，围绕《社会民主党人报》是否应该坚持宣传社会民主党的纲领，马克思与菲勒克等人发生了激烈争论。菲勒克等人提出在外国出版报刊"不能打着旗帜前进"，即不要阐述社会民主党纲领的主张⑤。马克思严厉质问和批评这种意见，"到国外来不是为了高举旗帜前进，那究竟是为什么呢?"《社会民主党人报》创办的目的正是"在瑞士法律允许的范围内向欧洲公开阐述德国党的道路和目标"，如果不这样做，党报存在的必要性就必然被怀疑。因此，当发现

---

① 马克思恩格斯全集：第 6 卷［M］. 北京：人民出版社，1961.
② 马克思恩格斯全集：第 40 卷［M］. 北京：人民出版社，1982：234.
③ 马克思恩格斯全集：第 19 卷［M］. 北京：人民出版社，1963：139.
④ 马克思恩格斯全集：第 27 卷［M］. 北京：人民出版社，2014：168.
⑤ 夏鼎铭. 马克思恩格斯列宁报刊理论与实践［M］. 上海：复旦大学出版社，1991.

第一国际总委员会机关报《蜂房报》居然在宣传中曲解总委员会的决议内容，马克思愤怒地指责："即使完全没有喉舌，也要比利用《蜂房报》更好些。"①始终坚持党的纲领，也是马克思坚决拒绝让赫希柏格担任《社会民主党人报》主编的主要原因，因为如果报纸不能在党的纲领指导下行动，而遵循改良主义和机会主义，糟蹋党的理论，那么革命者应该拒绝与它发生联系。

3. 党报与党的领导机关的关系

党报绝不是党的传声筒，而是革命斗争的武器和党内监督的有效渠道。党对党报有道义上的影响，党报需要保持形式上的独立。这是因为：首先，在工人阶级政党已经成立，并且已经拥有相当力量的19世纪末，工人阶级政党已经足够坚强，可以通过公开的批评与自我批评来纠正自己的错误，而无须担心党的覆灭。其次，经历了长期的革命斗争，革命群众已经有了丰富的革命经验，有能力区分敌人的阴谋与正当的质疑，有能力进行批评和纠错。再次，党内民主监督是每个党员都拥有的权利。

1891年5月1日，恩格斯致信奥古斯特·倍倍尔（August Bebel），提出为了保证党报对党的纲领的坚持和准确的革命方向，党需要对党的报刊施加必要的影响，但这种影响始终只应该在道义层面。他说，你们在党内当然必须拥有一个不直接从属于执行委员会甚至党代表大会的刊物，需要的是一个形式上独立的党的刊物。其一，形式上独立，可以隐去党的面孔，在这种报刊上发言就不要求相当正式，尺度上留有讨论余地，这样就能容忍不那么正确的观点，有利于报刊开展讨论。其二，形式上独立，即人们从外表上看不出党报党刊的痕迹，能给非党人士留下客观的外在印象，从而有利于宣传的开展②。马克思认为，党的报刊无须直接隶属于党的机关，在党的纲领和原则的范围内可以自由地批评党的具体举措，监督党的机关对党的纲领的贯彻和实行。当党的机关，甚至党的领导机构走上错误道路的时候，党的报刊要起到监督批评的作用。

恩格斯在"给'社会民主党人报'读者的告别信"中写道：

"社会民主党人报"绝不是党团的简单传声筒。当1885年党团的多数倾向于投票赞成航运津贴的时候，该报坚决支持反对意见，并且甚至在党团的多数用一道现在连它自己也觉得不能理解的命令禁止该报采取这个方针以后，还是坚持自己这样做的权利。斗争继续了整整一个月，在这段时间内编辑部得到了

---

① 马克思恩格斯全集：第26卷［M］. 北京：人民出版社，2014：101.

② 吴廷俊. 马列新闻活动与新闻思想史［M］. 武汉：华中理工大学出版社，1992.

德国国内外的党员同志们的有力支持。4月2日宣布禁令，而在4月23日"社会民主党人报"刊登了党团和编辑部的联合声明，从这里可以看出，党团撤回了自己的命令①。

恩格斯这里所指的党团命令是在社会民主党国会党团与《社会民主党人报》就轮船公司津贴案产生分歧的时候，党团认为党的机关报不应该，也无权对党的领导机构做原则性批评。但这个命令受到了大多数党员的反对，党团放弃了这个命令。1885年4月23日，党团和《社会民主党人报》编辑部发表了联合声明，明确指出，任何对党报批评权利的限制都意味着破坏党的原则和动摇党的基础。党报对党的监督与批评是一个政党有力量的表现，无产阶级政党"是唯一能这样做的政党"②。并是一个能进行无情的自我批评的党"该具有多么大的内在力量呵"③。

---

① 恩格斯. 给"社会民主党人报"读者的告别信 [M] //马克思恩格斯全集：第 22 卷. 北京：人民出版社，1965.
② 马克思恩格斯全集：第 38 卷 [M]. 北京：人民出版社，197：21.
③ 马克思恩格斯全集：第 38 卷 [M]. 北京：人民出版社，1972：36.

第十章

苏联新闻体制

作为世界上第一个社会主义国家，苏联的新闻思想和新闻体制不但影响了国际共产主义思想和运动，更成为社会主义阵营国家共同遵守的原则和模仿的制度。

第一节　十月革命与列宁的无产阶级报刊理论

列宁的无产阶级报刊理论将新闻媒体作为阶级斗争和无产阶级革命的工具，纳入无产阶级政党的绝对领导之下。在长期的革命斗争、国家建设和新闻实践中，列宁结合俄国革命的特殊形势，形成了列宁主义的党报理论，发展了马克思的无产阶级报刊理论。

一、十月革命前后列宁领导的无产阶级报刊

1. 十月革命前无产阶级的报刊活动

十月革命前，无产阶级政治性报刊的主要工作是对国内工人阶级的宣传和教育，组织筹备起义。尤其是从二月革命到十月革命，列宁（图 10 - 1）、斯大林等人在工人阶级报刊上发表、刊登了大量坚持共产主义原则，论证无产阶级武装暴力夺取政权的必要性、可能性与合理性的文章。

俄国第一次革命失败后，社会民主党内出现了左倾和右倾的两个极端派别——召回派、取消派。召回派是布尔什维克的极端派别，他们否认革命暂时陷入低潮，否认需要改变革命策略，要求召回社会民主党在俄国杜马中的代表，"与反革命彻底决裂"。而孟什维克的极端派别取消派恰恰相反，主张干脆放弃革命的策略，取消全部秘密组织和行动，成为沙皇政府同意的合法政党。这两派的意见一度造成党内思想的混乱。1907 年，根据俄国社会民主党第五次代表

图 10－1　列宁

大会的决议，《社会民主党人报》以秘密报刊的形式，于 1908 年 2 月在维尔诺出版，第二期转移到彼得堡出版。但这前两期报纸几乎全部被政府宪兵没收。因此，报刊不得不转移到巴黎重新出版第 2 期，出版 32 期后因为资金原因暂时停刊。第一次世界大战爆发后，该报于 1914 年 11 月在日内瓦复刊。

《社会民主党人报》是俄国社会民主党机关报，主编是列宁。因为孟什维克和布尔什维克的斗争，该报编辑委员会和管理委员会成员多次变动，不过长期主持编辑工作的是列宁、季诺维也夫、加米涅夫和瓦尔斯基。

《社会民主党人报》与俄国各地秘密党组织保持密切联系，报纸的消息来源多为这些地方党组织，如"莫斯科消息""彼得堡消息""乌克兰来信""高加索消息"，以及各地党的活动通信等。报纸在刊载新闻的同时也指导着这些地方党组织的行动。复刊后的《社会民主党人报》的主编仍然是列宁，报纸明确指出第一次世界大战是帝国主义国家间的分赃战争和对其他民族和国家的掠夺战争，在新的历史条件下，党应当致力于"变帝国主义战争为国内战争"。《社会民主党人报》第 44 期上，列宁发表了《论欧洲联邦口号》一文，首次提出了社会主义革命可以首先在资本主义薄弱环节的一国或几国获胜的理论，指出社会主义革命是无产阶级领导劳动人民为推翻资产阶级统治，消灭资本主义制度，建立无产阶级专政和建设社会主义社会而进行的革命，这是对马克思主义理论的重大发展。针对一战中各国社会民主党转而支持本国政府的对外战争的国际形势，《社会民主党人报》以相当大的篇幅论述分析了国际革命运动，斥责第二国际支持侵略战争的背叛行为，号召建立真正社会主义者的第三国际。为此，该报经常刊登有关德国、法国、英国、比利时、瑞典、意大利等国社会民主党工作的报道和通讯，并为 1915 年和 1916 年国际社会党人代表会议出了报道专刊。

俄国无产阶级的另一份重要报刊《真理报》于 1912 年 5 月 5 日在彼得堡创刊，这是一份主要资金来自于工人募捐的"工人报纸"，报纸出刊时是国家杜马社会民主派的机关报，但实际上是传播布尔什维克党中央言论的报纸。斯大林、波列塔耶夫、波克洛夫斯基和奥里明斯基等负责《真理报》的筹备和其后的编辑工作。列宁为《真理报》撰写了大量文字，宣传布尔什维克的革命思想，指导编辑部工作，保持编辑部的党性原则。《真理报》自创刊起就受到沙皇政府的严厉打压。从 1912 年 5 月到 1913 年 7 月被要求停刊，《真理报》有 49 期报纸被没收，被处以罚款 21 次，45 人次被起诉。被迫关闭后，《真理报》多次改名，仍然坚持出版，报纸曾用名有《工人真理报》《北方真理报》《劳动真理报》《真理之路报》等，一直坚持到 1914 年 7 月 21 日印刷厂被沙皇政府查封。

1917 年二月革命爆发，沙皇统治被推翻，社会民主党与立宪民主党一起建立了临时政府，《真理报》在 3 月 5 日得以作为合法刊物复刊，成为俄国社会民主党布尔什维克的中央机关报。二月革命后，社会民主党里的孟什维克和布尔什维克之间关于革命的阶段、当前革命的任务、如何看待第一次世界大战、是否继续参战、如何领导工农群众进行土地改革和民主改革等问题的分歧越来越大，布尔什维克内部也产生了思想混乱。3 月下旬，加米涅夫和斯大林从流放地回到彼得堡，重新掌握了《真理报》。他们认为现阶段的俄国仍处于资产阶级民主革命阶段，同意支持临时政府，并督促临时政府用和谈的方式退出战争。远在国外的列宁认为这种立场违背了无产阶级革命的原则，他曾对加米涅夫说，"《真理报》上写的是些什么东西？我们看了几个星期，狠狠地骂了你们"。为了坚持正确的路线，列宁在 3 月下旬为《真理报》连续撰写了 5 封"远方的来信"："第一次革命的第一阶段""新政府和无产阶级""论无产阶级的民警""如何争取缔结和约""革命的无产阶级国家机构的任务"，指导国内布尔什维克的斗争，统一党员的思想。4 月，列宁回到彼得格勒，开始直接领导《真理报》的工作，宣传武装暴力革命的主张。1917 年 7 月 5 日，《真理报》编辑部和印刷厂被临时政府捣毁，报纸改名为《工人之路报》转入地下秘密发行，提出了"全部政权归苏维埃"的口号。十月革命爆发后，《工人之路》迅速刊登了《告俄国公民书》，报道了起义成功的消息。11 月 9 日，《工人之路报》恢复《真理报》的原名，公开出版，此后，《真理报》成为苏俄－苏联执政党中央机关报，持续出版。

2. 十月革命后的新闻传播政策

十月革命胜利后，苏维埃人民委员会立刻颁布了"报刊法令"，立刻关闭具有以下三种指向的机关报刊，煽动公开反抗苏维埃政权或不服从苏维埃政权；公然诽谤、歪曲事实以扰乱治；煽动犯罪行为，应受刑事处分。关闭《新时代》《新俄罗斯》《俄罗斯议会报》《交易所新闻》《言论》《白昼》等反革命报刊，并将这些报刊的资产交于《真理报》《士兵真理报》《贫民报》等革命报刊①。

1917 年 11 月 10 日，人民委员会签署了《关于出版问题的法令》，指明了关闭反革命报刊的必要性。11 月 9 日人民委员会宣布："一旦新秩序得到巩固，所有不利于报刊的行政措施都将废除；根据这方面所规定的最广泛最进步的规定，在对法律负责的范围内，新闻将得到充分的自由。"② 1917 年 12 月底，列宁提出了政府报纸统一管理的建议。

1919 年 3 月俄共（布）第八次代表大会通过了《俄共（布）八大关于党和苏维埃报刊的决议》。决议重申，"报刊是宣传、鼓动、组织的强大武器，是影响最广大群众的无可替代的工具"。决议要求"最负责、最有经验的党的工作人员做党和苏维埃的报纸的编辑，他们必须实际从事报纸工作"。党委应该对编辑部做出政策指示并监督其执行，但是也要保持党报的独立性，"不要干涉编辑部日常工作的细节"。党报应该承担对党的机构和各项工作的监督职责，"揭发各种负责人员和机关的犯法行为，指出苏维埃组织和党组织的错误和观点"。被批评监督的对象也可以在党报上为自己辩护或纠正错误，被批评者"必须于最短时间在同一报纸上做出认真的合乎事实的反驳，或者说明缺点和错误已经改正"③。这一决议明确了党报的任务，指明了党报独立地进行批评与自我批评，社会监督的职能，是苏俄新闻工作和宣传工作的纲领性文件。1922 年 3 月在党的十一大上反对通过禁止《真理报》刊登广告的决议（此后《真理报》经常刊登一版及以上广告）。

由于国内外局势的危急，苏俄在 1917 年 11 月 24 日建立革命法庭，对国内进行"肃反"。原本人民委员会关于新闻自由的主张已经不符合当时的革命局势。1918 年 2 月 22 日，列宁签署了《关于成立报刊革命法庭的法令》规定：

一切有关社会生活现象的虚假的或者歪曲的报道都属于利用报刊的罪行和

---

① 李磊. 外国新闻史教程 [M]. 北京：中国传媒大学出版社，2008：439.

② 中国人民大学科学社会主义系. 国际共产主义运动史文献史料选编：第 4 卷 [M]. 北京：中国人民大学出版社，1985：117 – 118.

③ 赵永华，王硕. 俄共（布）八大关于党和苏维埃报刊的决议 [J]. 新闻界，2006（9）：73 – 74.

违规行为，因为它们是对革命人民的权力和利益的侵犯，并且破坏了苏维埃政权颁布的有关报刊的法令。

出版革命法庭可决定下述惩处办法：1. 罚款；2. 进行社会谴责，用革命法庭所指示的方法，通过报刊文章将这种谴责公示于众；3. 在显著地点张贴判决书或者以专门文章驳斥虚假的报道；4. 暂停或者永远禁停出版物或者禁止其流通；5. 如果报刊出版机构受到起诉，它们的印刷厂或者财产没收为全民财产；6. 剥夺自由；7. 从首都、某些地区或者俄罗斯共和国的境内驱逐出去；8. 剥夺犯罪者的一切或者某些政治权利①。

关于报刊上是否可以刊登广告，俄共党内是有争议的。1917 年 11 月 21 日签署的《关于国家统一管理广告业务的法令》规定，定期报刊、书籍和戏单上可以刊登有价广告，但广告业务由国家统一管理，只有苏维埃的报刊才能刊登广告。但 1922 年俄共（布）的第十一次代表大会上讨论《关于报刊和宣传》的决议时，认为应该禁止《真理报》刊登广告，但在列宁的强烈反对下，这条决议未列入最终的决议。列宁此举主要是为了让党报获得独立于国家财政的经费来源。

二、列宁关于无产阶级报刊的论述

列宁在长期的革命斗争、国家建设和新闻实践中，结合俄国革命的特殊形势，形成了列宁主义的党报理论，发展了马克思的无产阶级报刊理论。

列宁的党报思想主要体现在以下几个方面。

1. 党报的党性原则

党性原则是列宁新闻观念的核心。列宁在《党的组织和党的出版物》上系统阐述了党性原则。他认为，对于社会问题的所有评论都是站在特定社会集团立场上的意见，无产阶级的党报应当坚持无产阶级的党性原则。

首先，党的新闻与写作是党的事业这个整体中一个不可缺少的组成部分，不能将新闻与写作凌驾于党的整体事业之上。列宁这样定义党性原则："这不只是说，对于社会主义无产阶级，写作事业不能是个人或集团的赚钱工具，而且根本不能是与无产阶级总的事业无关的个人事业。无党性的写作者滚开！超人的写作者滚开！写作事业应当成为整个无产阶级事业的一部分，成为由整个工

---

① 关于成立报刊革命法庭的法令［M］//列宁全集：第 34 卷. 北京：人民出版社，1965.

人阶级的整个觉悟的先锋队所开动的一部巨大的社会民主主义机器的"齿轮和螺丝钉"。写作事业应当成为社会民主党有组织的、有计划的、统一的党的工作的一个组成部分。"① 出版物是党的出版物，报纸是党组织的机关报，写作事业不应当是与无产阶级总的事业无关的个人事业，而应当成为整个无产阶级事业的一部分，成为在无产阶级先锋队领导下的社会民主主义的"齿轮和螺丝钉"②。党的写作应当与党保持观点的一致，绝对不能背离党的主张和立场。无产阶级的写作应该坚持鲜明、坚定的党性原则，抵制无政府主义、投机主义和个人主义思想的侵蚀。应当用党纲、党的策略决议、党章和"各国的无产阶级自愿联盟的全部经验"③ 来作为党的媒体和工作者的党性标准。缺乏党性的人不能进入到党报的新闻写作事业中，要清洗那些违背党的原则和纪律的党员。

其次，为什么而写作是党的新闻写作的根本问题，自由的写作是为人民写作，这是党的新闻与写作的无产阶级根本属性。"这将是自由的写作，因为把一批又一批新生力量吸引到写作队伍中来的，不是私利贪欲，也不是名誉地位，而是社会主义思想和对劳动人民的同情。这将是自由的写作，因为它不是为饱食终日的贵妇人服务，不是为百无聊赖、胖得发愁的'一万个上层分子'服务，而是为千千万万劳动人民，为这些国家的精华、国家的力量、国家的未来服务。"④ 1900 年，列宁在《〈火星报〉编辑部声明》一文中明确指出，无产阶级党报的办报方针是马克思主义，他说："我们不打算把我们的机关报变成一个形形色色的观点简单堆砌的场所。相反，我们将严格按照一定的方针办报，一言以蔽之，这个方针就是马克思主义。"⑤ 列宁十分强调对于人民意见的表达，因为"在人民群众中，我们毕竟是沧海一粟。只有我们正确地表达人民的想法，我们才能管理。否则共产党就不能率领无产阶级，而无产阶级就不能率领群众，整个机器就要散架"⑥。

再次，党报应当绝对服从党的领导和监督。党报是党的宣传阵地，是党的总体事业的一部分，应该服从党的绝对领导，从形式到内容都必须听从党的指

---

① 列宁. 党的组织和党的出版物 [M] //列宁全集：第 12 卷. 北京：人民出版社，1987.
② 列宁全集：第 1 卷 [M]. 北京：人民出版社，2012：663.
③ 列宁全集：第 1 卷 [M]. 北京：人民出版社，2012：665.
④ 列宁. 党的组织和党的出版物 [M] //列宁全集：第 12 卷. 北京：人民出版社，1987：92 - 97.
⑤ 列宁全集：第 44 卷 [M]. 北京：人民出版社，1988：62 - 63.
⑥ 列宁全集：第 43 卷 [M]. 北京：人民出版社，1987：109.

挥，为党的决策、政策服务。党对党报的领导和监督体现在两个方面：思想政治路线的领导，组织领导。党报应当在党的领导下积极开展党内外的思想斗争，教育民众，统一思想，纯洁党组织。"党的一切出版物，不论是地方的或中央的，都必须绝对服从党代表大会，绝对服从相应的中央或地方党组织。不同党保持组织关系的党的出版物不得存在。"① 这里指的"不得存在"是说不得以党报党刊的名义发行。党的报刊要以党的工作重心为重心。在十月革命前，党报党刊的中心工作是宣传革命思想，鼓动和组织人民支持和参与革命。革命成功后，为了建设社会主义，就需要党报党刊将工作重心转移到国家建设上来。列宁在《苏维埃政权的当前任务》一文的初稿中要求媒体"少谈点政治"和"多谈些经济"，"多深入生活"为社会主义经济建设服务。"注意工厂、农村和部队内部的日常生活""这方面新鲜事物最多，最需要注意、宣传和社会批评"。党报应该"多接近生活。多注意工农群众怎样在日常工作中实际地建设新事物。多检查这种新事物含有多少共产主义成分"②。

2. 党报的功能。列宁将党报作为党的喉舌和强有力的舆论武器，党报的社会功能是宣传、鼓动、组织和监督。

首先，党报的作用是宣传鼓动，即灌输。阐释政党的理论并竭力向外传播，这是所有党报理论的核心。列宁将这一过程比作灌输："我们说，工人本来也不可能有社会民主主义的意识，这种意识只能从外面灌输进去"③。向工人宣传革命理论和思想是党最重要的工作之一，没有科学的共产主义理论的指导，工人运动要么只会局限于自发的经济斗争，要么只能用罢工、合法议会斗争等有限的手段去争取自己的政治、经济权益。这显然不符合俄国革命的局势和迫切要求。如何向工人阶级传播社会民主主义和科学的社会主义观念与斗争手段呢？列宁认为，这需要党的媒体主动用论战的方式向工人阶级宣传，鼓动工人阶级的革命热情。他写道："社会主义的刊物应当进行论战，因为我们这个时代是一个混乱不堪的时代，没有论战是不行的。""不要由于几句有些'不平常的'，'不合适的'（对《真理报》说来）的话和论战等而惶惶不安"，只要进行论战就能发挥巨大作用，"哪怕是用小号铅字刊印的，都能立即占领阵地"。"报纸要是落后，就会毁灭……单调和迟误都是与报刊工作不相容的"④。

---

① 列宁全集：第 11 卷 [M]. 北京：人民出版社，1987：178.

② 列宁全集：第 3 卷 [M]. 北京：人民出版社，1990：600－602.

③ 列宁全集：第 6 卷 [M]. 北京：人民出版社，1986：183.

④ 列宁全集：第 46 卷 [M]. 北京：人民出版社，1990：118，113，114.

其次，党报党刊是无产阶级政党和革命的组织者和领导者。在"从何处着手"中，列宁说，"报纸不仅是集体的宣传员和集体的鼓动员，而且是集体的组织者。就后一点来说，报纸可以比作脚手架，它搭在正在建造的建筑物周围，显示出建筑物的轮廓，便于各个建筑工人之间进行联络，帮助他们分配工作和观察有组织的劳动所获得的总成绩"①。一方面，报刊及时、准确地向工人阶级和各地的革命组织传递消息，打破沙皇政府对革命的压制，有利于团结革命力量，组织各地的革命行动和工人运动。党报党刊为工人运动提供指导意见。列宁曾在给《真理之路报》（以下简称《真理报》）编辑部的信中写道："《真理报》的话就是法律，它的沉默会把工人弄糊涂，它的暧昧会使人感到困惑"②。"《真理报》还担负着一种特殊的极为重要的责任'它能率领谁'"③。几天后他再次强调："《真理报》……的责任重大……事实上处在领导者的地位。应当光荣地保持住这个地位。"④ 另一方面，党报党刊为工人运动准备了革命实践和理论知识丰富的革命领袖，党报党刊"可以培养和造就出最有才干的组织者，最有才能的党的政治领袖，这些领袖在必要的时候，能够提出进行决战的口号并且领导这个决战"⑤。

3. 无产阶级出版自由

对于党内言论自由，列宁是持支持态度的。在刊发在 1906 年 5 月 20 日《新浪潮》上的《批评自由与行动一致》一文中，列宁提出了批评自由，一致行动的无产阶级自由观念。行动一致应该建立在批评自由的基础之上，只有经历过"批评自由"的"一致行动"才有合法性，也才能保证行动的正确，但是，在经过充分批评之后，已经确定的"一致行动"又是不能被破坏的。这既是党内民主集中制的体现，也是对党报党性原则的要求。

1905 年 5 月，孟什维克中央委员会签署了一个文件，要求：

鉴于某些党组织提出了关于批评党代表大会的决定的自由的限度问题，中央委员会注意到，俄国无产阶级的利益总是要求俄国社会民主工党在策略上达到高度一致，我们党的各部分在政治行动上的这种一致现在比任何时候更为必

① 列宁全集：第 6 卷 [M]. 北京：人民出版社，1986.
② 列宁全集：第 46 卷 [M]. 北京：人民出版社，1990：437.
③ 列宁全集：第 46 卷 [M]. 北京：人民出版社，1990：118.
④ 列宁全集：第 46 卷 [M]. 北京：人民出版社，1990：114.
⑤ 列宁全集：第 5 卷 [M]. 北京：人民出版社，1986：10.

要，因此认为：

（1）任何人都享有在党的刊物和党的会议上发表个人的意见和维护自己特有的观点的充分自由；

（2）党员不得在广大群众性的政治集会上进行违反代表大会决定的鼓动；

（3）在这种集会上任何党员都不得号召进行违反代表大会的决定的活动，也不得提出与代表大会的决定不一致的决议案①。

列宁反对这种对于党的言论自由的狭隘定义，他认为，"决议的起草人完全错误地理解了党内的批评自由同党的行动一致的相互关系。在党纲的原则范围内，批评应当是完全自由的……，不仅在党的会议上，而且在广大群众性的集会上都是如此。禁止这种批评或这种"鼓动"（因为批评和鼓动是分不开的）是不可能的。党的政治行动必须一致。不论在广大群众性的集会上，不论在党的会议上或者在党的报刊上，发出任何破坏已经确定的行动一致的"号召"都是不能容许的"。以行动一致为基础的批评自由是党的民主集中制的基础。"民主集中制和地方机关自治的原则所表明的正是充分的普遍的批评自由，只要不因此而破坏已经确定的行动的一致，——它也表明不容许有任何破坏或者妨害党既定行动的一致的批评。"②

列宁阐述了对于无产阶级出版自由的设想："自由的报刊是指它不仅摆脱了警察的压迫，而且摆脱了资本，摆脱了名利主义，甚至也摆脱了资产阶级无政府主义的个人主义。"③ 可见，列宁的无产阶级自由是摆脱资产阶级的资本控制的自由，也是反对无政府个人主义的自由。列宁从两个方面阐述了这种自由。

首先，无产阶级的出版自由不是无限度的，在党报中，出版自由必须让位于结社自由，以维护党的团结和正确的路线，这样才能保障党的报刊服务于最广大的人民群众。在长期的革命斗争和新闻实践中，列宁深切感受到无政府主义的言论自由对于革命工作和人民权利的干扰和损害。

每个人都有自由写他所愿意写的一切，说他所愿意说的一切，不受任何限

---

① 列宁. 批评自由和行动一致［M］//列宁全集：第13卷. 北京：人民出版社，2017：128－130.

② 列宁. 批评自由和行动一致［M］//列宁全集：第13卷. 北京：人民出版社，2017：128－130.

③ 列宁. 党的组织和党的出版物［M］//列宁全集：第12卷. 北京：人民出版社，1987：92－97.

制。但是每个自由的团体（包括党在内），同样也有自由赶走利用党的招牌来鼓吹反党观点的人。言论和出版应当有充分的自由。但是结社也应当有充分的自由。为了言论自由，我应当给你完全的权利让你随心所欲地叫喊、扯谎和写作。但是，为了结社的自由，你必须给我权利同那些说这说那的人结成联盟或者分手。党是自愿的联盟，假如它不清洗那些宣传反党观点的党员，它就不可避免地会瓦解，首先在思想上瓦解，然后在物质上瓦解。确定党的观点和反党观点的界限的，是党纲，是党的策略决议和党章，最后是国际社会民主党，各国的无产阶级自愿联盟的全部经验……党内的思想自由和批评自由永远不会使我们忘记人们有结合成叫作党的自由团体的自由①。

其次，资产阶级所谓的"绝对的自由"不过是一种虚伪的谎言，在资本的控制下，无产阶级不可能享有"自由"。资产阶级的言论自由依赖于大资本的垄断、低俗的新闻写作，"要知道这种绝对自由是资产阶级的或者说是无政府主义的空话（因为无政府主义作为世界观是改头换面的资产阶级思想）。生活在社会中却要离开社会而自由，这是不可能的"②。要实现真正的人民的自由，无产阶级的自由，只有"用真正自由的、公开同无产阶级相联系的写作，去对抗伪装的自由、事实上同资产阶级相联系的写作"。真正自由的写作是"它要用社会主义无产阶级的经验和生气勃勃的工作去丰富人类革命思想的最新成就，它要使过去的经验（从原始空想的社会主义发展而成的科学社会主义）和现在的经验（工人同志们当前的斗争）之间经常发生相互作用"③。

4. 国家对新闻出版的控制

全部社会民主主义出版物都应当成为党的出版物。一切报纸、杂志、出版社等都应当立即着手改组工作，以便造成这样的局面，使它们都能以这种或那种方式完全参加到这些或那些党组织中去。只有这样，"社会民主主义的"出版物才会名副其实。只有这样，它才能尽到自己的职责。只有这样，它即使在资产阶级社会范围内也能摆脱资产阶级的奴役，同真正先进的、彻底革命的阶级

① 列宁. 党的组织和党的出版物［M］//列宁全集：第12卷. 北京：人民出版社，1987：92 - 97.

② 列宁. 党的组织和党的出版物［M］//列宁全集：第12卷. 北京：人民出版社，1987：92 - 97.

③ 列宁. 党的组织和党的出版物［M］//列宁全集：第12卷. 北京：人民出版社，1987：92 - 97.

的运动汇合起来①。

在列宁看来，让一切出版物都成为党的出版物，使之成为党组织的一部分，这样才能让出版摆脱资产阶级的控制，为革命的阶级服务，为人民服务。苏维埃共和国建立后，布尔什维克政府对《真理报》等党报垄断广告刊登的主张也体现了这一点。无产阶级垄断了报刊、新闻纸张和社会广告资本后，自然媒体也就成了为无产阶级服务的工具。

三、列宁无产阶级党报思想的成因

1. 俄国缺乏民主自由的政治环境，迫使社会民主党的报刊大多只能在国外出版，或在国内秘密出版

俄国革命早期的工人报刊和社会民主党报刊几乎都被迫在国外出版或在国内地下秘密发行。这是因为，俄国仍然是沙皇专制国家，公民没有言论出版、结社、集会的权利。俄国的书报检查制度对于工人运动的镇压极其严酷。《工人报》《社会民主党人报》《真理报》多次被政府的警察们捣毁。列宁、斯大林等人多次被流放，被迫流亡国外。在如此恶劣的革命环境下，俄国的无产阶级政党没有合法的身份，报刊无法公开发行，自然也就无法公开、合法地为无产阶级争取权利。不同的政治环境让列宁对于自由，尤其是言论自由，与英法等国的社会民主党有了不一样的看法。"选举制这个条件在有政治自由的国家中是不成问题的。……对于党员在政治舞台上的一举一动进行普遍的（真正普遍的）监督，就可以造成一种能起生物学上所谓'适者生存'的作用的自动机制。完全公开、选举制和普遍监督的'自然选择'，能保证每个活动家最后都'各得其所'担负最适合他的能力的工作。"② 但在俄国却不同，"在黑暗的专制制度下，在流行由宪兵来进行选择的情况下，党组织的'广泛民主制'只是一种毫无意思而且有害的儿戏"③。

2. 长期处于战争状态，迫使苏维埃俄国更多地强调集权

从早期的工人运动，到二月革命，再到十月革命，乃至苏维埃共和国建立之后的相当长的时间里，俄国无产阶级政党一直处于严酷的革命局势中。他们

---

① 列宁. 党的组织和党的出版物 [M] // 列宁全集：第 12 卷. 北京：人民出版社，1987：92 – 97.

② 列宁全集：第 6 卷 [M]. 北京：人民出版社，1986：131 – 132.

③ 列宁全集：第 6 卷 [M]. 北京：人民出版社，1986：132.

或者面临武装暴力推翻沙皇、临时政府的统治的任务，或者面对沙俄将军们的叛乱和外国武装力量的干涉。这迫使布尔什维克不得不采取战时共产主义政策和强调党性和绝对领导的新闻政策。

3. 俄国复杂的斗争局势让俄国工人运动更需要紧密地团结，个人主义和小组习气会给党和革命带来无可挽回的损失

列宁在其著作中多次强调党内思想的统一和行动的一致。他一面严厉批评党内的错误思想，期待各派别能够统一到正确的革命道路、思想上来。一面联系和组织各地党组织，团结革命群众，聚集革命的力量。因为，在沙皇的严酷统治下，分散的小组只会分散革命的力量。造成民众中思想的混乱。这种"自由"显然不利于革命的发展。

4. 俄国长期的专制主义历史使得政党和民众都缺乏自由民主的实践，民主讨论带来的往往是无休止地相互攻击，而不是妥协和统一意见

俄国的文盲率极高，人民获取信息的渠道有限，这决定了普通民众很难自主地参与社会公共事务讨论，发表有价值的意见。公开的意见争论往往会滑向民粹主义而不是民主运动。由于沙皇统治时期，经济与政治长期垄断在皇室和贵族们的手中，俄国民族资产阶级的发展十分缓慢，资本主义经济不发达。因而，资产阶级在社会变革中无力领导民众进行资本主义改革和民主化革命。作为资本主义最薄弱的一环，俄国不仅在经济上长期落后于欧美各国，其政治民主化和自由主义思想的启蒙也远远落后。这使得俄国的政党与人民既缺乏对于自由主义的认识，也缺乏自由主义的实践。

这种历史遗存一方面让列宁渴望建立人民的自由，另一方面又被迫或无意识地使用集权手段来推进革命的进程。

第二节　苏联新闻事业的发展

苏联的新闻事业是在苏联国家和苏共中央的直接领导下发展起来的。不论是报刊，还是广播电视、通讯社，都严格遵守党性原则，服务于党和国家的中心工作。

一、报刊

十月革命后，布尔什维克建立了苏维埃共和国，此后以《真理报》（图10

-2）为核心，建立了从中央到地方，各行业、各地区分区发行的金字塔结构的报业体系。共和国联盟、加盟共和国、州（边疆区、市）、区都有自己的政府和政党机关报，除了共和国联盟和苏共中央机关报之外，其他政府和政党报刊只在自己的管辖区域内发行。中央一级的报纸，除《真理报》，还有《消息报》《苏维埃俄罗斯报》《列宁旗帜报》《莫斯科真理报》《公开性》等。另外，苏联的报业体系还包括不同职业、不同社会生活领域的报纸，如《工人日报》《革命士兵报》《经济生活报》等，依据主要读者的职业、年龄，分为军队报、工人报、农民报、文学报、商业报、工业报、儿童报、共青团报等。在这种严密的分工下，各种报纸均有其特定的发行范围和特定的宣传任务。1985年，苏共总书记戈尔巴乔夫提出新闻界应该保持"公开性"，各党派开始创办自己的报纸。1986年，《新闻法》颁布，原本属于各级党和政府的出版物纷纷脱离管控，成为经济和言论上的独立报刊。

图 10-2 《真理报》

1918年，《真理报》迁至莫斯科出版，成为苏维埃中央委员会的机关报，直至1991年被俄罗斯联邦下令关闭。在这期间，《真理报》是苏联报业网络的核心报纸，苏联党和国家政策、思想宣传的权威媒体。《真理报》的题头是"全世界无产者联合起来"，对开6版，报头印有列宁勋章和十月革命勋章。全盛时期，《真理报》在苏联宣传工作中有着极其特殊的地位。1929年，斯大林指示，《真理报》"可以审查监督其他报纸"，《真理报》还负责工农通讯员的培训工作。

《真理报》的办报特点是鲜明的政治性和计划性。

政治性：《真理报》最重要的文章是头版头条的社论，它发布苏联党的路线、方针和国家近期国内外工作的重心、外交态度，宣传苏联的意识形态等。《真理报》，乃至全国其他媒体的新闻、评论都是围绕《真理报》的社论展开报道的，新闻报道是对社论的进一步阐释、解释、执行和具体实施工作的监督。

《真理报》的头版除了社论之外，还刊登党和国家的重大政治、经济、军事、外交新闻。《真理报》的宣传工作始终围绕苏联共产党的中心工作进行。建国初期，《真理报》的宣传重点是发动人民粉碎国内外反动势力颠覆苏维埃共和国的阴谋和武装干涉。1928 年以后，随着五年计划的提出和实施，《真理报》将工作重心转移到宣传党的社会主义建设总路线，组织和鼓动人民发展经济建设，巩固社会主义制度上。第二次世界大战中，《真理报》调动人民反抗法西斯侵略，保家卫国的热情。战争结束后，报纸的工作重新回到国家建设上，同时也进行冷战意识形态宣传。"我们的报纸最重要的责任就是对资产阶级的意识形态展开进攻，并且积极反对某些文学、艺术和其他与苏联社会的社会主义意识形态格格不入的观点。"①《真理报》版面和内容严肃，几乎没有娱乐性报道。

计划性：《真理报》有严格的选题计划，新闻的报道不追求时效性，而是按照政治需要的轻重缓急来安排。报纸上的文章除了突发新闻，一般是提前两天就安排好了的，其中重要的文章甚至早在一周到一个季度之前就已经有了安排。报道计划的依据是党和国家的中心工作。

苏联时期，《真理报》位居发行量世界大报前列，日发行量达到 1100 万份，译成十几种文字，在 153 个国家发行。《真理报》的驻外记者遍布世界 40 多个国家和地区，对全世界政治、经济、军事、文化有重大影响，在冷战时期，它是社会主义阵营的主要舆论阵地。同时，《真理报》还与《布尔什维克报》等其他由党和政府直接领导的全国性大报一起，承担监督和指导全国其他报刊的任务。

《真理报》的主要经费来源是国家财政拨款，也有少量的广告收入。因为资金充裕，《真理报》定价低廉，只有 2—4 戈比。苏联的党政机关、军队和各企业都被要求强制性订阅该报。

20 世纪 80 年代，苏联的经济陷入危机，国内民众的不满情绪日渐增长，《真理报》僵化的报道模式，过度的政治宣传也受到了社会的质疑。苏联解体后，《真理报》地位一落千丈，一度分崩离析。1991 年 8 月 22 日，俄罗斯总统叶利钦解散了俄罗斯共产党，宣布所有共产党资产收归联邦政府，关闭《真理报》《苏维埃俄罗斯报》《工人论报》《列宁旗帜报》《莫斯科真理报》《公开性》等 6 家报纸，鼓励民营报业的发展。至此，原苏联的国有新闻体系完全解体。原《真理报》的编辑、记者几周后重新注册了以《真理报》为名的新报

---

① 1968 年 5 月 5 日《真理报》社论。

纸，此时的《真理报》变为民营报纸。几个月后，这份报纸被出售给亲共的希腊 Yannikoses 集团，《真理报》再度成为俄罗斯共产党的机关报。到 2008 年，其日发行量保持在 10 万份左右。将报纸和列宁勋章、十月革命战争勋章一同出售的决定造成了《真理报》的分裂，大部分记者和编辑辞职，并重组了一份同名报纸，但很快就被政府施压关闭。直到 1999 年，这群人创建了"真理在线"（Pravda. ru），这是第一家网络俄文媒体，也是目前访问人数最多的俄罗斯新闻网站。也就是说，现今俄罗斯国内有纸质版的《真理报》和网络发行的"真理在线"，二者没有直接联系。《真理报》偏向左翼，"真理在线"（图 10 - 3）继承了大部分原《真理报》的人员，报道倾向于民族主义立场。

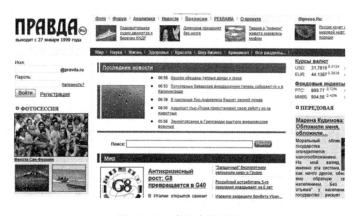

图 10 - 3　真理在线网页

二、广播电视事业

　　十月革命后，苏俄邮电人民委员部就设立了无线电工程委员会，负责筹建苏俄全国广播电台。列宁对广播事业十分重视，称广播为"不要纸张、没有距离的报纸"。苏俄的广播事业因此发展很快。1919 年莫斯科开始建立电台，1920 年试验广播。1922 年 5 月 27 日，莫斯科中央无线电台建成，并于同年 11 月 7 日正式广播。莫斯科电台是当时世界上功率最大的广播电台。到 1940 年，苏联的电台发展到 90 座，收音机 110 万台，有线喇叭 580 万只。苏联的广播以有线喇叭为主，据统计，1988 年，苏联全国共有有线喇叭 1.05 亿只。苏联广播电台播出九套节目，每天共计播出 178.4 小时。苏联的广播分为四级：共和国联盟、加盟共和国、州（边疆区、市）、区。区一级的广播并没有独立的广播机构，而是与各区报社合二为一进行新闻采编，再由两三个专门人员负责一小时有线广播播送。

　　莫斯科广播电台负责苏联对外广播，用 75 种外语对全世界播送，全天平均播出 270 小时。莫斯科广播电台在海外有 6 个转播台。这些转播台的功率占全苏联广播的 4%。1964 年成立的"和平与进步电台"与莫斯科广播电台协作对外广播，用 11 种外语对欧洲、亚洲、拉丁美洲广播，每天的播送时长为 7.5 小时。

　　1931 年 4 月 29 日，苏联开始试验电视技术，1938 年，苏联成立了莫斯科电视中心和列宁格勒电视中心，试播电视节目。1939 年这两个电视中心开始在小范围内定期播送电视节目。二战中，苏联的电视播送暂时中止，直到 1945 年 5 月 7 日的"无线电节"才恢复播放电视。1945 年 12 月 15 日，莫斯科电视中心也恢复了工作。1951 年 3 月，苏联中央电视台（TB CCCP）在莫斯科成立。到 20 世纪 80 年代，全苏联共拥有 120 个电视中心，电视台 117 座，转播站 4000 个。电视机 9000 万台，其中彩色电视机为 2300 万台，用 40 种语言播出，覆盖 2.3 亿观众，为全苏联人口的 87.9%，彩色电视节目覆盖 81 个城市。全苏电视台第一套节目可以覆盖全部观众，平均每天播送 13.6 小时节目。莫斯科电视台每天播出 4.5 小时。另外在莫斯科市、莫斯科州和基辅还可收看到以教育节目为主的第四套节目，每天播出 3.4 小时。

　　苏联的广播电视事业同样属于国家所有，由苏联国家电视广播委员会①统一实行计划性管理。州、共和国等各级电视广播委员会的主席由上级电视广播委员会提名、任命。政府拨划给广播电视事业的经费由苏联国家电视广播委员会进行统一预算并分发。苏联各共和国广播电视台要调整节目设置、更新设备、修建大型建筑、扩大覆盖率等需向国家电视广播委员会提请批准，申请拨款。除了国家的计划拨款，各级广播电视部门也被允许进行创收计划，但只占广播电视台收入的很小一部分。正如前苏联国家电视广播委员会副主席波波夫说的，苏联认为"电视广播不可能自负盈亏"。苏联国家电视广播委员会和 80 多个国家的有关机构建立了合作关系，签订了业务合作计划，并同 121 个国家的 160 多个电视机构和 110 多个广播组织开展业务合作，同时向 50 多个国家派出电视、广播记者。

----

　　①　全苏广播电视委员会是原为苏联部长会议下属的管理全国广播电视事务的政府机构。成立于 1970 年 4 月。其前身是 1948 年改组而成的国家广播委员会。1990 年 2 月 8 日改为全苏国家电视广播公司，保留原机构的职能、权利义务、人员编制、预算拨款和现存的经济体制。

与广播的四级体制不同的是，在苏联的四级行政体制中，只有共和国联盟、加盟共和国和州三级被允许开办电视台。加盟共和国一般开办一套电视节目。部分州拥有电视台。譬如乌克兰加盟共和国的 25 个州中只有 14 个州办了电视台。在计划经济体制下，为了避免资金、人员和物资的重复投资与浪费，苏联对广播电视事业实行了一城一台的做法。例如，莫斯科唯一的电视台是全苏中央电视台，它在负责对全国播送电视节目的同时，其第三套节目兼顾对莫斯科州和莫斯科市的电视播送。

三、通讯社

俄国的通讯社发源于 1894 年在彼得堡建立的俄国通讯社，这是一个由俄国政府创办的，报道政治新闻的通讯社。1902 年，俄国政府又建立了以经济新闻报道为主的商业通讯社特塔社。由于连环同盟中德国的沃尔夫通讯社垄断了俄国的国际新闻采访与报道，俄国本身的通讯社既不能直接从沃尔夫通讯社之外的外国媒体购买新闻，也不能自主将俄国新闻向世界传递，在国际新闻传播中处于不平等地位，因而俄国政府决定将俄国通讯社与特塔社整合，改组成一个综合性通讯社，以增强在国际上的竞争力。1904 年 7 月，沙皇尼古拉二世下令将特塔社改组为圣彼得堡通讯社，1914 年，圣彼得堡通讯社改名为彼得格勒通讯社。

1917 年 11 月 8 日，苏俄政府接管了彼得格勒通讯社，并在 1918 年将其与全俄中央执行委员会所属的新闻局合并成为俄国通讯社，简称罗斯塔。1922 年 12 月，苏维埃社会主义共和国联盟成立后对政府各部门进行了大规模调整。在 1925 年 7 月 10 日，经苏联中央执行委员会主席团和苏联人民委员会的批准，在原罗斯塔社的基础上，组建苏维埃社会主义共和国联盟电讯社，简称塔斯社（Telegrafnoye Agentstvo sovetskovosoyuza – TAss）。作为全苏联的中央新闻机构，塔斯社根据苏联政府颁布的《关于苏维埃社会主义共和国联盟电讯社（塔斯社）的条例》履行其职责：向全苏联和国外发布有关苏联和外国的政治、经济、贸易以及一切其他能够引起共同注意的消息。塔斯社受苏联人民委员会的领导，其社务委员会成员由苏联人民委员会任命，社长领导通讯社的一切活动和行政工作。1971 年 12 月，根据苏联部长会议的决定，塔斯社升为政府部一级机构。

十月革命后，原沙俄地区便已经逐渐脱离连环同盟对国际信息交换的控制。随着苏联的强大，塔斯社的影响力也在逐步扩大。尤其是第二次世界大战后，塔斯社成为世界性通讯社之一。对内，塔斯社负责向全苏联大约 4000 家报纸、电台和电视台提供权威性稿件；对外，塔斯社每天用俄语、英语、法语、西班牙语、葡萄牙语、德语、意大利语、阿拉伯语8种文字，向120个国家和地区的新闻机构或商务代表处提供新闻或经济信息。同时，塔斯社作为部级政府机构，还负责领导各加盟共和国的通讯社，形成中央集权的、统一的苏联国家新闻通信网络。除了为新闻媒体提供新闻稿，塔斯社也为个体订户发送各种分类的新闻稿，如《外国科技消息》《环球》《青年生活》《国外文化生活》《国外体育新闻》等。

塔斯社也负责通讯员的培训工作。在塔斯社和《真理报》的领导下，苏联各级新闻机构建立并发展工农通讯员队伍，这是苏联贯彻新闻媒体是人民的媒体，是工人阶级的喉舌，实行全党办报、全民办报的一个重要措施，也是苏联新闻传播有别于西方世界的重要特色。工农通讯员通常从基层党团成员中选择，经过各级通讯社和党报的培训，为各级新闻媒体供稿。工农通讯员的作用是多方面的，首先，它是直接来自民间的舆论的代表者，直接反映人民的利益和意见；其次，它是社会弊端的揭发者，监督党的政策在基层的执行情况；再次，它还是工农群众当家做主的重要表现，让人民的声音直接发表在党和政府的媒体上。

苏联解体后，塔斯社归俄罗斯联邦新闻中心管理，号称是独立的新闻机构。1992年1月22日，根据俄罗斯联邦政府命令，塔斯社与苏联新闻社的一部分合并成为俄罗斯通讯社，简称俄通社，同时也在俄通社下保持专门的塔斯社机构，用俄通社－塔斯社（Information Telegraphic Agency of Russia－TASS）的名称发稿。1993年12月22日，俄罗斯总统叶利钦下令将俄通社－塔斯社作为俄罗斯国家通讯社，新的通讯社"将为俄罗斯、独立国家联合体和全世界服务"，接受俄罗斯议会、总统、政府的直接领导。1994年5月4日俄罗斯联邦政府颁布了《俄罗斯通讯社章程》，规定了俄通社的性质、职能和经费来源：俄罗斯通讯社是苏联通讯社（塔斯社）的合法继承者，其性质为国有企业，"行使国家中央通讯社的职能"，"通讯社具有法人资格"，其"财产为联邦所有制财产"，"通讯社活动经费来源为：联邦预算资金；提供信息和其他服务所得收入；银行和其他信贷机构的贷款；自然人和法人的付费和捐款；折旧提成；俄罗斯联邦法律所规定的其他进款"。通讯社设立社务委员会，实行社长负责制，社务委员会成员由社长任命，为协商性机构。根据该《章程》，俄罗斯通讯社的主要任务是，报道俄罗斯联邦的国家政策和社会生活；汇集并及时传播有关俄罗斯联邦和外国政治、经济、社会生活、文化、科学技术和体育领域事件的信息和评述；向俄罗斯联邦权力机关充分提供信息；向国内外报纸、杂志、无线电广播、电视、通讯社和其他大众传播媒介、企业、机关、社会团体和公民提供信息，快速且多方位地向俄罗斯国内外受众提供关于俄罗斯和全世界所发生事件的准确且客观的新闻。俄罗斯通讯社遵循"言论出版自由以及报道的客观性和通俗性的原则"。俄罗斯通讯社的主要服务对象包括：总统办公厅、俄罗斯政府、联邦委员会、国家杜马、政府部门、各俄联邦主体行政机关、媒体、实业界、各国驻外机构和社会团体代表。同时，也向信息的终端消费者即普通互联网用户供应新闻，如商业机构、投资公司和银行、外国政府和国家机关，以及对新闻和各方信息感兴趣的各界人士。

2013 年 12 月 9 日，俄罗斯总统普京将俄新社和俄罗斯之声广播电台重组，成立了今日俄罗斯国际新闻通讯社，作为俄罗斯国有通讯社，负责为对外宣传俄罗斯的国家政策和国内社会生活。

第三节　苏联新闻体制的特点

计划经济体制下的苏联新闻体制具有计划性、党性、严格的言论控制、非营利性和严肃性，以及自上而下的媒体体系和自我监督等特点。

一、苏联的新闻体制采用计划经济模式

在 1928 年以前，苏联为了战争需要，相继实行了战时经济政策和新经济政策，虽然主要媒体归国家所有，但也有限地允许私营报刊的存在。1928 年开始第一个五年计划后，计划经济体制在苏联正式形成，公有制和集体所有制成为苏联的主要经济模式。与之相应地，苏联的新闻媒介由国家、社会各团体、社会组织发行和管理，其所有权直接或间接地归属国家所有，没有民办媒体，公民及团体办报是资产阶级自由化表现。"宪法规定的公民的出版自由，仅仅表现为执政党及其所领导的组织的出版自由。"[①] 苏联所有报刊、广播电台、电视台和通讯社经费由国家分配，按国家计划发展新闻事业，言论与新闻报道政策接受上级党组织直接领导，人事任命由同级党委负责考察、选拔和任免，新闻工作者是国家工作人员，遵循党性原则，进行新闻工作。

---

① 孙旭培. 新闻学新论［M］. 北京：当代中国出版社，1994：52.

二、严格的新闻检查和言论控制

在计划经济体制下，苏联新闻媒体的所有权、经营管理、人事任命、言论政策都处于党和政府的直接领导下，为确保党对新闻宣传阵地的绝对控制，苏联为新闻宣传的形式和内容制定了严密的新闻检查制度。在苏联的各大媒体中都建立有编辑委员会，对新闻的采访、编辑和报道进行领导与检查。1922年，苏联成立了国家新闻保密局，对新闻出版物及其他资料进行新闻检查，加强新闻工作中的政治、军事、经济安全等方面的管制措施。国家新闻保密局有权禁止煽动反对政府、泄漏国家机密、煽动民族主义与宗教狂热的新闻报道和印刷材料的出版与发行。除了中央政府和各级党政机关举办的报刊和广播电视可以免检，其他社会团体所办的报刊需要经国家新闻保密局审查后方可发行。后来，戈尔巴乔夫认为，国家新闻保密局"事实上是特殊类型的意识形态'克格勃'，编辑和出版者们面对它真的是战战兢兢"①。

三、非营利性与严肃性

由于苏联的媒体大多由国家出资创办，由国家提供发行和播送费用，并要求国家机关和社会组织订阅，因此，媒体不需要依赖广告来获利。在计划经济体制下，苏联的社会资源流动从商品交换变为国家计划调配，商业性广告也就失去了生存空间。作为非营利性的媒体，苏联媒体的新闻宣传报道和节目质量与物质利益几乎没有关系。这也就造成了媒体几乎不需要考虑公众的需求，只需要完成党和政府交付的宣传任务就好。苏联的媒体作为党的宣传工具，政治性是其主要特性，宣传与教育公众是苏联媒体的主要功能。不但媒体为公众提供新闻信息的职能被弱化，其娱乐性也消失殆尽，媒体的新闻与节目不论是形态还是内容都十分严肃，小道消息、黄色新闻、庸俗的节目不会出现在苏联的媒体上。

四、金字塔式的全国各界媒体体系和新闻界的自我监督

《真理报》和《布尔什维克报》等权威报刊负责监督和指导全国其他报刊，专门领域的全国性大报则负责监督同类型的下级报刊和地方性报刊。塔斯社的

---

① 米·谢·戈尔巴乔夫. 真相与自白：戈尔巴乔夫回忆录 [M]. 述鼓，译. 北京：社会科学文献出版社，2002：153.

职能中包括监督指导其他通讯社。苏联的金字塔式的新闻网络，一方面实现了全国言论的统一；另一方面，也在新闻界进行着自我监督与批评，使得新闻界自觉地与党和政府统一思想，为党的中心工作服务。

苏联媒体在计划经济体制下，遵循党性原则，作为党和政府的宣传工具，对党绝对服从，这导致苏联新闻自由受到限制，言论和信息传播高度统一。在1925年联共（布）十四次代表大会上，斯大林反驳那些认为党内应出版不同观点的刊物的观点，他说："在我们看来，党的利益高于形式上的民主"。在指示《共青团真理报》编辑部工作时，斯大林也谈道："《共青团真理报》不是争论性刊物，它首先是一种把党一致公认的口号和论点提供给读者的正面刊物"[1]。苏联的这种高度集中的新闻体制是由长期的战争环境和计划经济体制所决定的。在苏维埃共和国刚刚建立的时候，苏俄共产党处于内忧外患的境地。在国内，经济凋敝，百废待兴，沙俄将军们仍然在各地发动反叛战争。在国外，一战仍未结束，英、法、美、日等多个国家的军队便集结起来，联合干涉俄国革命。这种环境下，战时经济政策、政治与军事权力的高度集中和言论的严格控制成为苏俄的唯一选择。言论的管控和媒体对党和政府的绝对服从在很大程度上统一了国民的思想，组织和鼓动人民保卫新生的苏维埃政权，参加社会主义建设，揭露和防止反对势力的破坏与入侵。无论是列宁还是斯大林都认为，在苏维埃政权生死存亡的关头奢谈新闻出版自由，就是"对革命的犯罪"。苏联的这种战争状态一直持续到1933年美苏建交才有所缓和，但随着大萧条带来的全球性经济危机，世界大战的脚步越来越近。二战结束后，冷战又随即开启。这让苏联长期处于战争状态下，原本应当在战争中暂时实施的物资管控和言论与媒体控制成为一种常态，计划经济体制和与之相应的高度统一的新闻体制也就成了苏联社会主义制度的主要组成部分，进而影响到二战后相继成立的社会主义国家。

苏联高度集中的新闻体制为保卫国家、阻止西方阵营对社会主义制度的颠覆、建设社会主义做出了卓越贡献。但在其实施过程中，过度的集中和控制，对苏联的政治民主化、社会多元化、社会信息交换造成了重大破坏。首先，苏联党对新闻媒体和言论的绝对管控，排斥新闻自由，让新闻媒体的社会监督功能无从谈起，媒体不可能公开批评和监督上级以及同级党与政府的施政方针与政策措施，民众的真实意见无法表达，舆论的调节和缓和社会矛盾的机制也就无法起效。这种状况让执政党很难了解真正的民意，大大压抑了苏联社会变革

---

① 陈力丹. 马列主义新闻学经典论著［M］. 北京：人民日报出版社，1987：372.

的可能，社会的不满不断积压。其次，对于媒体政治宣传功能的过度强调，忽略了新闻媒体信息传播的功能。苏联的媒体每天充满着"宣传马列主义世界观和共产主义的高尚道德、传达党的代表大会精神、宣扬苏联人民的英雄事迹和崇高的革命理想"的政治宣传，新闻报道只是宣传的补充。人民不但看不到外国媒体的新闻报道，甚至看不到关于苏联负面新闻的报道。人民从苏联的媒体上得不到自己所需的社会信息，或者只能得到少量的、片面的社会信息。这也是为什么戈尔巴乔夫实施新思维政策，开放言论之后，媒体上对政府的批评急剧爆发，人民对政府和党的信任发生断崖式崩塌的重要原因之一。

第四节　俄罗斯新闻事业的发展

1985 年，戈尔巴乔夫开始执政，他提出了"民主化"和"公开性"的新思维改革原则，放松了对媒体的管制，给予了新闻媒体更多的报道自由。新闻界在"全面改革"气氛的鼓舞下，开始打破禁区，公开批评和报道党与政府的内部和社会的负面新闻。《论据与事实》周刊公开了斯大林时期集中营中的强制劳动和饥荒，据报道，当时的死亡人数达到了两千万人①。《消息报》揭露了苏联重工业与轻工业生产的严重失衡，市场消费品短缺的社会状况，公开报道切尔诺贝利核电站爆炸不是过去宣传的天灾，而是人祸。电视台开办了"问题、探索和解决""晚上好，莫斯科"等互动式政治评论节目，与公众讨论民生和政治问题。越来越多的媒体将苏联的官员贪污腐败，滥用职权，集体农庄与国有企业破产，食品短缺，民族冲突，军费庞大，对外贸易状况以及社会上的吸毒，卖淫，走私等负面新闻展示在民众面前。一些西方媒体，如左翼媒体、BBC 和美国之音也被允许进入苏联。这些报道冲击着直面真相的公众，民主化和自由化的社会变革迅速推进。

改革的言论在 1989 年前后逐渐激进化。俄罗斯民主论坛称，应该"没收苏共财产"，"把苏共赶出历史舞台"；立宪民主党人所办的《基督教民主党公报》和《公民尊严》等报刊主张"全部财产私有化"；无政府工团主义者的《公社》

---

① 威廉·哈森. 世界新闻多棱镜：变化中的国际传媒 [M]. 5 版. 张苏，苏丹，译. 北京：新华出版社，2000：39.

提议"建立没有党和国家的社会制度"①。《星火》周刊甚至写道,"十月革命没有必要,是错误的","沙皇俄国很富"②。

1990年6月12日,苏联通过了《苏联报刊及其他大众新闻媒介法》,8月1日,新闻法生效。这部新闻法取消了新闻检查,规定"不得对大众新闻进行审查";第一次界定了新闻自由的定义,"苏联宪法所保障的公民的言论自由和出版自由,意味着以任何形式,包括通过报刊和其他大众新闻媒介,表达意见和信仰,搜寻、选择、获得和传播新闻与思想的权利";允许公民个人开办媒体;将媒体的批准制改为登记制;政府应该公开公共信息,尊重公民和媒体的知情权;规定了新闻工作者的权利和义务。新闻法的通过本应是苏联新闻界获得新闻自由、走向法治的契机,但因为经济崩溃、社会混乱,苏联共产党已经失去了民众的信任。迟到的新闻法不但未能引导舆论走向积极正面,反而让新闻界更加混乱和迷茫。反对派的媒体获得了合法地位,而原本由政府和共产党掌控的媒体纷纷脱离政府,自立门户,苏联共产党在改革中失去了话语权。

1991年12月21日,苏联11个加盟共和国发表《阿拉木图宣言》,宣告了苏联的解体,俄罗斯继承了前苏联大多遗产,其新闻传播业开始了新的历程。

叶利钦的"休克疗法"希望用全面私有化引导俄罗斯走出经济困境。在俄罗斯颁布《俄罗斯联邦私有化法》后,新闻媒体也开始了资本化、私有化。1991年12月27日,俄罗斯联邦通过了《大众传播媒介法》,规定"俄罗斯的公民、公民团体、企业、机关和国家机构,均可成为大众传播媒介的创办者或合伙创办者",制定了新闻报道的基本原则,界定了"言论自由"和"舆论自由"的允许范围③。资本化后,只有前苏联的中央广播电视机构和塔斯社仍然掌握在政府手中,由国家财政提供部分经费,其他经费由广告获得。报刊方面,除了1991年以后创办的《俄罗斯新闻报》《俄罗斯报》、国防部保留的《红星报》和少量地方性报刊外,已经全部私有化。资本化和私有化使得俄罗斯媒体爆发式增长。1991年俄罗斯登记在案的报纸有4863家,1996年上升到1.4万多家,1998年3万家左右。2001年,广播电台数量达到1419家,其中国营的292家,电视台1000家左右,其他新闻媒体机构近1500家。报刊的类型也百花齐放,从综合和政治发展到娱乐、体育、宗教、工业、经济、文学、教育等各个方面。

① 郑超然,程曼丽. 外国新闻传播史 [M]. 北京:中国人民大学出版社,2000:254.
② 郑超然,程曼丽. 外国新闻传播史 [M]. 北京:中国人民大学出版社,2000:253.
③ 常永新. 我国传媒产业政府管制的探索性研究 [EB/OL]. 传媒学术网,2006–03–03.

不过，在媒体数量增加的同时，报刊的发行量和广播电视的收视率却在急剧下降，每种报刊的年均印数仅为 1990 年的 1/20①。激烈的市场竞争并没有实现预想中的市场资源优化配置，反而因为俄罗斯各大财团的出资控制，新闻媒体为财团垄断，成为他们的政治工具。俄罗斯传媒大亨别列佐夫斯基曾公开表示："一般来说，我不接受所谓报刊、大众传媒的独立性说法。"② 大财团由此控制着俄罗斯的舆论。外国媒体也通过设立分部、投资控股的方式，绕开法律的限制，在俄罗斯几乎不受限制地发行和播送。

1992—1999 年，俄罗斯的媒体基本掌控在八大机构和财团手中：俄罗斯政府和中央银行、莫斯科市政府、古辛斯基的桥媒体集团、别列佐夫斯基的罗尔格斯汽车集团、维亚谢廖夫的俄罗斯天然气集团、叶甫图申科的 Megapolis 集团、波塔宁的联合进出口公司、鲍罗维克的 Sovershenno Sekretno。此外也有少量独立媒体和政党媒体。

2000 年，普京上台执政，俄罗斯从民主化改革走向威权制社会，经济上采取自由主义与国家干预相结合，政治上加强中央集权，言论上力图打破财团对媒体的垄断。普京以多项罪名指控古辛斯基和别列佐夫斯基，迫使他们流亡海外，瓦解了其金融集团，由政府接管原古辛斯基旗下的独立电视台，关闭了别列佐夫斯基的 TV－6，借机加强了政府对新闻传媒的和舆论的控制。2001 年 4 月 26 日，俄罗斯通过了《大众传播媒介法》修正案禁止外国公民和公司拥有俄罗斯新闻媒体的控股权，进一步加强了政府对新闻媒体的管理。

---

① 吴洋霖. 苏联解体后俄国报刊业的发展态势 [J]. 新闻与传播研究，2002 (2)：82 - 83.

② 吴洋霖. 苏联解体后俄国报刊业的发展态势 [J]. 新闻与传播研究，2002 (2)：82 - 83.

第十一章

走向垄断的新闻传播业

　　新闻业的垄断是 19 世纪末资本主义经济由自由竞争走向垄断的进程的一部分。新闻媒介的垄断集团通过兼并、同盟、互换股份、企业合组等形式，形成规模化经营，将社会信息获取、新闻信息发布、从业人员、信息发布渠道等高度集中于少数集团内部，从而控制新闻市场，导致新闻信息的自由流动被抑制，形成数量极少的庞大的新闻媒介寡头。

　　以美国为例，美国学者罗伯特·W. 麦克切斯尼在其著作《富媒体穷民主》中，把美国的媒介垄断公司分为两层：第一层包括时代华纳、迪斯尼、维亚康姆（Viacom）、西格勒姆（Seagram）、鲁伯特·默多克的新闻集团公司以及索尼公司等。第二层比第一层的公司小一些，第二层里面又分三种类型。"第一种是以报业为主体的组织，像甘尼特公司（Gannett）、奈特–里德公司；第二种是以有线电视为主体的媒体组织，像科姆卡特（Comcast）和考克斯企业（Cox Enterprises）；第三种类型以广播为主业，像哥伦比亚广播公司（CBS）。"① 这两层垄断性媒体几乎控制了全美国绝大多数新闻媒体的所有权和信息的流通。

第一节　新闻垄断的历史背景

　　市场经济的自由竞争中，强者吞并弱者，形成行业中一个或少数几个市场组织凭借其巨额资本，把持商品的生产、流通，转而排斥、限制自由竞争，产生垄断。从自由竞争走向垄断是市场经济作用的必然结果。新闻传播业同样遵循这一规律。不过，由于媒体强大的社会影响力，新闻传播业的垄断同时也伴随着大集团与政府、大集团之间的紧密联盟。

---

① 罗伯特·W. 麦克切斯尼. 富媒体穷民主 [M]. 谢岳，译. 北京：新华出版社，2004.

一、经济因素

与其他行业的垄断一样，新闻业垄断的形成也遵循市场经济发展的规律。在自由竞争阶段，经营状况良好的媒体或者资本雄厚的媒体为了获取更高的利润，自然会率先采取先进的新闻生产和发布技术，科学的管理方法，招揽更优秀的新闻从业者，开发更广阔的新闻来源，推进新闻生产的专业化程度，进一步促进社会分工的细化。在激烈的市场竞争中，大媒体往往凭借自己在经济、信息来源、技术上的优势，不断吞并和排斥小媒体，使新闻媒体的所有权、优秀的新闻从业者、新闻源、新闻发布的渠道等生产资料、劳动力和劳动产品的生产、流动、定价、新闻消费者日益集中于自己手中。

据本杰明·康培因估算，1978 年报纸集团的中等利润率为 9.6%，是当年制造行业的两倍。当大的报业集团对新闻信息的生产与流通产生了控制之后，那些缺乏大额资金投入的媒体就被资本这个准入门槛拦在了市场之外，从而导致能够进入媒体市场的只有政府或大资本，新闻垄断由此形成。

二、政治因素

列宁说："垄断既然已经形成，而且操纵着几十亿的资本，它就绝对不可避免地要渗透到社会生活的各个方面去，而不管政治制度或其他任何细节如何。"[①]新闻媒体由于其在信息流通和舆论引导上的巨大话语权，不可避免地会对社会生活的各个方面产生影响，其中就包括政治影响力。同时，新闻媒体也需要与政治集团的代表合作，以获取政治信息，在更广泛的层面上影响社会生活，从而挣取利润。对于垄断资本来说，"'经济上的强者'的力量也在于他们握有政治的权力，没有这种权力，他们也就不能保持自己的权力，没有这种权力，他们也就不能保持自己的经济统治"。垄断资本掌握了经济，进而进军政界，直接或间接掌控着政局，这样，他们自然需要对社会舆论施加影响，以巩固其对政治和经济的控制。要实现这个目标，仅用小规模的、分散的自由媒体就不够了，唯有规模化的新闻媒介垄断集团才能满足这一需求。垄断寡头与新闻媒介垄断集团的联盟进一步促进了新闻媒介的集团化和垄断。

---

① 列宁选集：第 2 卷［M］. 北京：人民出版社，1976：779.

三、新闻媒体的自身发展

媒介自身的特点也是造成新闻垄断集团产生的重要原因之一。

首先，由于资本雄厚，技术先进，大媒体更可能生产高水平的新闻产品。大媒体有足够的资金改进设备，采写影响力巨大的新闻。2013 年 3 月，号称"全球最大"的印刷厂在英国布洛克斯伯恩正式运营，这是默多克国际新闻集团为其旗下的《泰晤士报》《星期日泰晤士报》《太阳报》和《世界新闻报》四家英国报纸投资建设的。该印刷厂每小时可印刷 100 多万份报纸，占地面积相当于 23 个足球场。同时，历年获得普利策新闻奖的调查性报道、政策释义性新闻、专业性新闻、特稿写作等作品往往需要 3 个月到 1 年，甚至更长的策划和写作时间。这种基础建设成本和新闻生产的时间的成本不是小媒体能够承担得起的。

其次，大媒体从广告中获取的利润更多。市场化媒体的收入主要来源于广告，而为了扩大产品宣传，广告主更愿意将宣传经费投入到公信力更高、影响力大、受众更多的大媒体而不是小型媒体上。这就让大媒体的获利更多，进一步加快了新闻垄断集团的产生。

四、新闻垄断的形式

新闻传媒集团的垄断形式主要有两种。

第一，新闻媒介垄断集团的跨行业经营和连锁董事制度。有人说："今天的美国，几乎没有一种行业不拥有一家重要的传播媒介，也很少有哪家规模可观的主要传播媒介不在一个大产业中拥有一家公司的。"新闻媒介垄断集团旗下除了新闻媒体之外，往往还包括种类繁杂的其他产业，据统计，全球 50 家最大的报业垄断报集团还涉足其他行业的经营权，如：农业综合企业、航空运输、煤炭、石油化工、木材业、银行业、保险业、广告业、电子产品制造与销售、汽车销售与出租、冷冻食品、家具制造、公用事业、教育文化、管道制造与安装、建筑设备、糖果烟草、旅游业、武器制造、飞机火箭与宇航工程等。

新闻媒介垄断集团还通过连锁董事制度在更广泛的范围内连接金融业和社会其他产业，直接对其他产业施加其巨大的影响力。连锁董事制度是指大金融业、大财团的董事兼任新闻媒介集团的董事，同时新闻媒介垄断集团的董事兼任金融业、财阀的董事，通过连锁董事会，两个或两个以上的集团互换信息，协调合作。这种做法使 19 世纪末的垄断报团与银行业、保险业、工业公司之间形成了范围更为广泛、合作更为深入的协作关系，新闻媒介垄断集团对于社会的政治、经济、文化的影响力和控制力进一步加强。金融业和其他企业也通过收购新闻媒介集体的股票，掌握媒介的所有权，扩大了垄断寡头的控制范围，并可以影响新闻媒体的议程设置、编辑策略、言论倾向等。在美国，有"报业绞肉机"之称的芒西报团就与摩根集团有密不可分的关系。

第二，大公司利用广告费控制新闻媒体的言论倾向。现代市场化新闻媒介的运营严重依赖广告收入。在美国报纸的总收入中，广告收入占 75%，杂志的广告占总收入的 50%，广播和电视的收入几乎完全来源于广告。这种对广告的依赖让媒体公司不得不在经营运作中对大广告客户的利益和意见做出让步。

第二节　报业垄断集团的出现

19 世纪末 20 世纪初，报业的垄断在各发达资本主义国家相继形成，报业集团成为垄断的主要形式。这些报团在二战后逐渐成为跨国跨行业的垄断媒介集团，或者大集团的子公司。略有不同的是法国和德国。法国战后的 9·30 法律对二战中在纳粹占领区的报刊进行大清洗，打断了报业的垄断化，战后重新发展起来的报业集团垄断程度和影响力远不如英美等国。德国则是经过纳粹的极权统治，战后对纳粹的清理、两德的分裂，报业垄断化发展主要集中在"老"西部。

一、英国报团

英国的报业垄断集团开始于北岩勋爵，在第二次世界大战前，英国的报团主要有北岩报团、比弗布鲁克报团和西敏斯特报团。

1. 北岩报团

英国第一个报团是有着"舰队街拿破仑"之称的威廉·哈姆斯沃思（William harmsworth）（图 11−1）创办的"北岩报团"。

哈姆斯沃思在 17 岁时进入《青年》杂志，担任助理编辑，开始了自己的新闻工作生涯。1888 年他创办《回答》杂志（Answers to Correspondents），1894 年，他买下了濒临倒闭的《新闻晚报》（Evening News），大获成功。1896 年，哈姆斯沃思创办了《每日邮报》（Daily Mail），这份报纸被誉为"第一张真正意义上的大规模发行的日报"，是英国现代报业的开端。1903 年创办的《每日镜报》

图 11 –1　威廉·哈姆斯沃思

（*Daily Mirror*）是北岩报团的另一份重要报纸。哈姆斯沃思在这份报纸上进行了大胆的大众化尝试，将《每日镜报》打造成一份大量刊登插图，内容通俗的小型报，其发行量一度居于世界第一。

1905 年，哈姆斯沃思购入了星期日报纸《观察家报》和许多地方性报刊，1908 年控股《泰晤士报》，形成了英国第一个垄断报团。哈姆斯沃思家族在 20 世纪 20 年代时几乎控制了英国主要主流报纸。1921 年，威廉·哈姆斯沃思掌控着《泰晤士报》《每日邮报》《每周快讯报》、伦敦《晚间新闻》。哈罗德·哈姆斯沃思拥有《每日镜报》《星期日画报》《星期日邮报》、格拉斯哥《晚间新闻》。莱斯特·哈姆斯沃思（Lester Harmsworth）控制着英国西南部报业。整个哈姆斯沃思家族旗下报纸的总发行量超过 600 万份。

哈姆斯沃思逝世后，北岩报团的大部分资产由其同是经营报团的弟弟哈罗德·哈姆斯沃思（1914 年受封罗瑟米尔勋爵，lord Rothermere）继承。除了《泰晤士报》被转让给了阿斯特家族，《每日镜报》分离出去成为镜报集团核心报纸之外，其他报纸形成了"罗瑟米尔报团"，后发展为联合报业公司（Associated Newspapers）。

威廉·哈姆斯沃思的外甥塞西尔·金（C. King）于 1951 年接管了《每日镜报》，随后又买下"混合出版公司"，组建了"镜报集团"。1984 年，镜报集团被出售给马克斯韦尔（R·Maxwell），旗下报刊包括《每日镜报》《星期日镜报》和几十家地方报刊。1992 年之后，该公司被戴维·梅耶（Dawid Montgom Meiy）和默多克控股。

1999 年，镜报集团与以经营地区性报纸为主的三一集团合并，更名三一镜报集团，《每日镜报》仍是该公司的核心报纸。三一镜报集团现仍为英国最大的报纸出版商。

2. 比弗布鲁克报团

1916 年，出身于加拿大，已经受封为比弗布鲁克爵士的英国保守派要员威廉·艾特肯（William Maxwell Aitken）买下了伦敦的《每日快报》（*Daily Express*），这是比弗布鲁克报团的开端。1918 年，艾特肯创办了《星期日快报》（*Sunday Express*），1923 年买下《标准晚报》（*Evening Standard*），报团初具雏形。威廉·艾特肯是二战前后英国保守党的主要成员，多次担任内阁大臣，但在办报风格上，他倾向于庸俗的大众化报刊，在英国新闻史上，有英国的赫斯特之称。以《每日快报》为例，该报热衷于刊登小道消息，开设体育新闻和妇女专栏，是最早刊登填字游戏的英国报刊。因为爆料皇室的丑闻，爱丁堡公爵、菲利普亲王曾指责它是一家"糟糕的，可恶的，充满谎言、丑闻和虚假内容的报纸"。

比弗布鲁克报团现名快报集团公司（Express Newspapers），下辖《每日快报》《星期日快报》《每日明星报》（1978 年创办）、《旗帜晚报》等报刊，并控股一家电视公司、两家广播公司。2000 年 11 月，联合报业集团公司的理查德·戴斯蒙德，以 1.25 亿英镑（1.77 亿美元）的价格收购了该报团，使其成了北壳报团（Northern & Shell Plc.）的子公司。

3. 西敏斯特报团

一战结束后，史塔敏和考德利以《西敏斯特公报》为核心报纸，集合了一些地方性报纸，创办了西敏斯特报团。20 世纪 20 年代，《西敏斯特公报》被《每日新闻》兼并。二战后，该报团仍然在英国的 9 个城市拥有 4 个早报、9 个晚报、1 个星期报，但因为没有全国性权威大报，在英国报界的地位远不如其他报团。

4. 二战后英国主要报团

第二次世界大战后，英国报业集团的垄断有了进一步发展。到 20 世纪 70 年代，英国的主要报团是：邮报报团、快报报团、镜报报团和汤姆森集团。20 世纪 80 年代，默多克新闻集团进入英国报业，主要报团变为：默多克报团、镜报报团、快报报团、邮报报团和电讯报报团。

第二次世界大战后，英国社会便已经开始意识到垄断报团对信息的控制和带来的社会危害，为此，英国议会曾三次召集由议员、政府官员和社会知名人士组成的皇家报刊委员会，讨论报业的垄断问题。

第一次委员会（1947—1949），主席是罗斯爵士，又称罗斯委员会。二战后，英国人在反思战争时认为，二战前由垄断报团控制的大部分英国报纸为了自身的经济和政治利益，支持"绥靖政策"，助长了法西斯的气焰。迫于社会舆论，英国议会在1947年设立"皇家报刊委员会"，对报业的垄断状况展开调查。委员会在1949年提交的报告中承认，英国66个有日报的城市中，38个城市已经不存在有竞争的日报。但由于全国性报纸的发行，地方性报纸的垄断是有限的。因而，"目前报纸所有权集中的程度，对于意见的表达自由、消息的正确报道和大众的最高利益，尚无显著影响"。"自由企业乃是自由报刊（即出版自由）的先决条件"，因而由政府直接干预媒体显然比资本垄断危害更大，所以建议由报业自行组建"全国报业评议会"，协调报业的发展。

第二次委员会（1961—1962），主席是肖克劳斯爵士，又称肖克劳斯委员会。1954年，汤姆森集团斥巨资收购了肯姆斯莱报团，1955年，西塞尔·金吞并了奥德汉姆报团，开启了20世纪50年代英国新闻业新一轮的合并浪潮。这种大合并引发了人民对于言论自由的担忧。英国议会在1961年召集第二次皇家报刊委员会。委员会报告承认英国报业集中加剧，这种集中对出版自由的潜在威胁极大。建议成立"报刊合并法庭"，拥有300万镑以上资产的报社的出售不得违反公众利益。1965年，英国的"垄断与合并法案"进一步规定，凡总销量超过50万的日报或周报的交易需要得到贸易局的书面批准。

第三次委员会（1974—1977），主席是麦格雷戈爵士，又称麦格雷戈委员会。1977年第三次皇家报刊委员会的报告显示，英国报业形成了大规模的垄断，私营报业体制下，报业的兼并、集中严重威胁出版自由和公众的选择权。但委员会同时又认为，与其他私营企业不同，对于遏制报业垄断的立法或财政手段要谨慎，因为政府对新闻业的直接干预更甚于报业垄断的危害。那些经营困难的报刊只能寄希望于企业家的良心。詹姆士·柯伦等人认为，委员会的这一报告相当于确认，英国只应当具有相似政治观点的少数几家全国性报纸。它们大都在经济上应当完全依赖控有报纸之各种企业的津贴。一部分报刊可为外国人拥有。任何报刊在经济上不能维持时，就可以卖给石油或其他企业大王。地方报刊则应为少数报团控有，以构成地方垄断报业①。

---

① 詹姆士·柯伦. 1978. 英国报刊：一个宣言［M］//张隆栋. 略论英国垄断报业. 国际新闻界，1983（1）：21 – 27.

三次皇家报刊委员会的调查并没有遏制英国新闻业的垄断趋势。当前英国大型报业集团主要有：国际新闻集团、镜报报业集团、快报报业集团、联合报业公司、汤姆森集团、皮尔逊－朗曼集团、合众报业集团、电讯报业集团、卫报和曼彻斯特新闻晚报公司、报业出版公司等。

二、美国报团

美国的报业兼并早在 1794 年就开始了。当时，宾夕法尼亚州的"费城印刷商公司"（The Company of Printers of Philadelphia）为了节省开支，收购了费城的两家日报。该公司整合了两家日报的设备和人员，降低了出版成本。真正意义上的报业集团是在南北战争之后出现的斯克利普斯报团。报业集团的兴起标志着美国的新闻业迅速走向垄断，发行量较大、影响力较大的报纸逐渐落入少数大公司的掌握之中，报业垄断在 19 世纪末到 20 世纪初形成。1920 年，美国的 2722 个城市中有 2400 家日报，1924 年时，赫斯特集团等几个报业集团控制了 31 家报业公司，拥有 153 份报纸，占当时美国日报总数的三分之一。到 1929 年，59 家报业集团已控制了全国 325 家日报。当时全国 106 个 10 万人以上的城市中有 84 个城市有集团控制的报纸，7000 多个城市的日报被控制在非本地媒介集团手中。其中，斯克里普斯—霍华德、赫斯特、布拉克和甘尼特 4 大报业集团拥有全国近半数 10 万人以上城市的 60 份日报。

1980 年，在全美的 8765 个城市中，日报的数量下降到 1740 家，到 1985 年，全国 156 个报业集团已拥有 1186 家日报，占日报总数的 71%。2001 年美国全国发行量最大的 10 家报纸，悉数为各新闻媒介集团所拥有。一城一报，甚至多城一报的现象正是美国报业走向垄断化的明显标志（表 11 - 1）。

表 11 - 1 美国"一城一报"独占现象发展表

年份	1920	1930	1940	1945	1960	1971
日报（英文总数）	2042	19742	1878	1747	1763	1748
有日报城市	1295	1402	1426	1396	1461	1511
"一城一报"城市百分比	53.5	71.5	76.6	77.3	83.6	86.3
无竞争性报纸城市	743	1114	1245	1279	1400	1474
无竞争性报纸城市百分比	51.4	79.4	87.3	91.6	95.8	97.5

（据美国报纸编辑人协会《1979 年报纸统计材料》）

1. 斯克利普斯报团

1878年、1880年，斯克里普斯家族的爱德华·怀利斯·斯克里普斯相继创办了《克利夫兰新闻报》和《圣路易纪事报》，1881年又创办了《辛辛那提邮报》。1889年，斯克里普斯与密尔顿·麦克雷共同开创了美国第一家真正意义上的垄断报业集团。到1914年，斯克里普斯报团在美国的15个州拥有23家报纸，其中多为晚报，以廉价的大众化报纸为主。1920年，霍华德接任报团主席一职，对报团进行了大刀阔斧的改革，扩大编辑权，将其与经理权分离，报团改名为斯克里普斯—霍华德报团。斯克里普斯—霍华德报团在1927年和1932年先后收购得了《纽约电讯报》和原属普利策旗下的《纽约世界报》，将两报整合为《纽约世界电讯报》，一举成为当时纽约地区的著名大报。同时，收购得克萨斯的《前锋报》《邮报》，至此，斯克利普斯报团成为了美国主要报团之一。

相较于收购别家报纸，斯克里普斯—霍华德报团更喜欢创办自己的新报。报团扩张的常见办法是，选择一个5—10万人口的工业城市，由公司出资，派公司的年轻职员前去办报。办报成功，则由公司享有51%的股权，其余股权归该创办人所有。如失败，则更换主持人员，由公司承担一切损失。

公司现在名为"斯克里普斯－霍华德报业公司"的报团旗下拥有20多家报刊和10几家广播台、电视台。它的报刊业与电子传播产业的比例是7∶3。

2. 赫斯特报团

赫斯特（图11－2）在1887年接手《旧金山观察家报》，进入报界。1895年，赫斯特以18万美元的价格买下了《纽约新闻报》，进军纽约。1900年，赫斯特创办了《美国人报》晚刊，1902年创办《芝加哥检查报》。1903年，赫斯特集团开始涉足杂志，在1903年、1905年、1911年分别创办和收购了 *Motor magazine*、*Cosmopolitan*（中国版本为《时尚Cosmo》）、*Good Housekeeping*（中国版本为《时尚好管家》）等时尚杂志。1904年，他在波士顿创办了后来赫斯特报团的核心报纸《美

图11－2 赫斯特

国人报》。从1910年开始，赫斯特的新闻王国迅速扩张，在美国最大的13个城市中，掌控了20家日报、11家星期报，以及两家通讯社、六家杂志、一个电影

制片厂、一个电影公司，一家广播电台，形成了一个集纸媒、电子媒体于一体的庞大新闻王国。

1925 年，赫斯特报团正式形成，报团拥有 30 份全国性报纸：包括《旧金山观察家报》《洛杉矶观察家报》《亚特兰大乔治亚人报》《波士顿美国人报》《芝加哥观察家报》《底特律时报》《华盛顿时报》《西雅图聪明人邮报》《华盛顿先驱报》和《纽约美国人日报》等。据说，当时四分之一的美国人每天是从赫斯特的报纸阅读到各种重大新闻的。赫斯特报团的垄断化程度极高，到 1935 年，赫斯特报团已经发展为掌握 26 家日报、17 家星期日报、1 个通讯社（国际新闻社）、1 家特稿供应社（金氏特稿辛迪加）、13 家杂志、8 家广播电台以及 2 家电影公司的垄断企业。赫斯特报团的日报发行量占美国全国报纸发行量的 13.6%，星期日报的 24.2%，整个报团的资产达到 2.2 亿美元，是当时美国的第一大报团。

赫斯特家族以矿山起家，资本雄厚，赫斯特报团的风格也有别于斯克里普斯 – 霍华德报团，他们更喜欢用收购的方式扩张，这种方式也为美国大多数报团采用。由于与工业公司和银行业关系密切，以及赫斯特本人对政治的热情，赫斯特报团也是最早涉足政界的垄断报团之一。赫斯特说，"希望获得新闻界的充分力量达到做最高官的目的"。为此，他加入了民主党，曾两次当选民主党的国会议员，参与过纽约市长和纽约州长的竞选。虽然竞选失败，但他对政治的热情不减，积极用他的媒体攻击共和党执政的政府，影响美国的政治决策。他的《新闻早报》就曾以拯救西施尼洛丝、曝光西班牙驻美大使的私信和缅因号沉没的报道，挑起了美西战争。

威廉·赫斯特去世后，他的次子接管了赫斯特报团，因成功采访苏联领导人赫鲁晓夫获得过普利策新闻奖。赫斯特集团始终保持着家族化运营，现已从报业为主的媒介集团转向多元传媒领域。

如今的赫斯特集团是一个跨国、跨行业的新闻媒介垄断集团，它在全球范围内拥有 15 家日报，36 家周报，包括 *EllE*（《世界时装之苑》）、*Marie Claire*（《嘉人》）、*Car Driver*（《名车志》）、*Psychologies*（《心理月刊》）、*Femina* 等知名杂志之内的 300 多家杂志，覆盖全美 18% 用户的 29 家电视台，以及 A + E、ESPN 等有线电视网络，并在互联网领域与苹果公司达成了深度合作。

3. 甘尼特公司（Gannett company）

甘尼特报团是现今美国第一大报业集团。1906 年，弗兰克·甘尼特（FrankE. Gannett）与其合伙人购入了一份社区报纸《埃尔米拉报》的半数资产，以此为基础，采用并购为主的发展战略，以美国东北部为基地，迅速拓展成一个庞大的报业集团。现在甘尼特公司已经在全美 44 个州里拥有 101 份日报、660 份周报，每天的报纸发行量达 770 万份，占美国所有日报发行量的 15%。此外，公司还在英国全资拥有 17 份日报和一些周报，为英国第二大报纸出版商。在电子媒介方面，甘尼特公司旗下在美国有 46 个电视台，17 家电视台，以及英国的 6 家广播电视台。

甘尼特公司拥有的报刊多为地方性的中等规模的大众化报刊，以本地新闻报道为主，一般不设国内新闻部和国际新闻部，国内新闻和国际新闻由总公司统一提供。2016 年，甘尼特公司先后完成了对日报传媒集团（Journal Media Group）和北泽西传媒集团（North Jersey Media Group）的收购，耗资 3 亿多美元。这两个传媒集团都在美国各大城市拥有多家地方性主流报纸。甘尼特公司曾被《财富》杂志评为"美国管理最佳"公司之一，它采用集控式管理模式，严格控制成本的管理方法，使其成为美国报界利润率最高的公司之一。但由此导致的报纸内容严重同质化，新闻报道差强人意，也一直为美国新闻界所诟病。

美国一直以来都缺乏一份真正的全国性报纸，为了争夺全国市场，1982 年，经过对读者需求、广告客户要求和技术上的深入研究后，公司创办了美国第一份真正意义上的全国性报纸《今日美国》（USA Today）（图 11-3）。《今日美国》是一份彩色版对开日报，其内容涉及全美的时政新闻、社会新闻、金融新闻、娱乐新闻、体育新闻、气象报道等各方面。《今日美国》是美国"快餐报纸"（Mo Paper）的典范。它的新闻报道充分使用图片和图表，降低阅读难度，报道篇幅通常较为短小，新闻内容也趋于浅薄，可读性强但思想性弱。报纸的版面大量使用大幅彩色照片，被认为是模仿电视的风格。虽然《今日美国》的办报风格一直饱受新闻界和学界的批评，但该报深受大众欢迎，在创刊四年后发行量就跃居美国报纸之首。

甘尼特公司自创始以来就关注新技术的应用，是美国报业技术革新的领头羊。甘尼特公司在 1929 年发明了电传排字机，为新闻部装备短波电台。1945 年，甘尼特公司率先加入电报图片网（telephoto Network）。在 20 世纪 90 年代，甘尼特公司开始进军信息高速公路，与多家互联网公司合作，开展网络报纸和广告业务。2010 年，雅虎与甘尼特公司签订广告合作协议，甘尼特旗下的 81 家报纸和 7 家广播台将销售雅虎广告，雅虎美国网站则刊登甘尼特公司的地区新闻。甘尼特旗下的信息产业还包括 CareerBuilder 等 80 多家地方 MomsLikeMe 站点。

图 11-3　《今日美国》

三、法国报团

　　由于法国政局的动荡，法国新闻业长期在政治性与商业性之间摇摆，形成了二者畸形的结合。法国的商业性报刊早在大革命之前就已经萌芽，并在1836年就创办了欧洲大陆最早的廉价大众化报纸，也出现了世界上第一个通讯社，广播电视业也并不落后于英美。但新闻业却因为政治的变动和官方的控制，始终发展缓慢。1881年《新闻出版法》的颁定标志着法国的新闻出版自由进入了较为稳定的时期，但政治斗争对新闻业的持续干预和影响导致法国新闻业的市场化进程严重滞后，新闻媒体仍然在经济上依附于某一政治集团，津贴制度和贿赂在新闻界并不少见。在激烈的政治斗争中，法国的报纸只有两家得以自大革命持续出版到第二次世界大战。它们是1789年创办的《总汇通报》（*Le Moniteur universel*）和1789年创办的民营《辩论日报》（*Le Journal des Debats*）。这两份报纸都在1944年停刊。报纸兴衰频繁，长期接受政治和经济集团的津贴，使得法国在1936年左右才出现真正的报团，而且规模很小，缺乏全国性和国际性影响。第二次世界大战中，法国沦陷，德国纳粹将法国的新闻媒体纳入纳粹的宣传体制中，报业的市场化、垄断进程再次被打断。1944年光复后，法国9·30

法律禁止所有曾在敌占区出版 15 天以上的报刊出版,这使得法国领土上的原有报刊几乎全部停刊,转而由游击队的报纸代替。这种新闻业的强迫"断代"和随后法兰西第五共和国宪法扩大了政府对媒体的控制,让法国报纸失去了对全国的影响力,新闻业发展较慢。

1. 法国早期报团

其实,法国早在正统王朝时期(通常指卡佩王朝到 1830 年七月革命之前的法国君主统治时期)就有了报团的萌芽。法国大革命爆发前,潘寇克家族就掌控着《法国公报》《文雅信使》《总汇通报》等法国的主要报纸和杂志。廉价报刊出现后,吉拉丹也曾同时拥有多家报刊的所有权。但这些报团的萌芽在革命的浪潮中湮没了。到 20 世纪早期,法国相继出现了一些由工商业大资本控制的报团,它们实际上是工商业集团的子公司,所有权经常发生变动。

普鲁沃斯特报团的创始人普鲁沃斯特原本是法国的纺织业大王,于 1917 年开始经营报业,他拥有 6 家法国重要的地方报纸:《家园》(1917)、《巴黎午报》(1924)、《巴黎晚报》和《不妥协报》(1930),以及妇女画报《玛丽·克莱尔》、画报《巴黎·竞赛》。报团的核心报纸是《巴黎晚报》。《巴黎晚报》是一份午后新闻画报,每日发行,内容侧重于社会新闻、体育新闻,以富有人情味的报道著称。其版面图文并茂,擅长使用大图片和妙用标题。

科蒂化妆品公司老板弗朗索瓦. 斯波蒂诺在 1922 年买下了《费加罗报》,进入报界,开创了科蒂报团。随后,集团兼并了《高卢人报》,又在 1928 年创办了《人民之友报》。报团支持极右政党。因为集团的财政困境,科蒂报团于 1928 年卖掉了《费加罗报》的大部分股份。1930 年,科蒂公司破产,报团也随之关闭。1970 年普鲁沃斯特公司购买了剩余的《费加罗报》股份。

温德报团隶属于掌控了法国钢铁和军火工业的温德家族。一战后温德家族通过控股方式购买了《时报》《论坛报》《新闻报》《工业日报》的所有权,并持有《晨报》《巴黎回声报》、哈瓦斯社的部分股份。借由温德家族对法国政府的巨大影响力,报团的《时报》一度成为法国政府的半官方报纸。第二次世界大战中,温德家族作为维希政权的主要支持者之一,其报团成为维希政府的宣传工具。1944 年,法国光复后,其报团被法国政府勒令停刊,并没收其资产。

现在学界通常认为,法国最早的现代报团出现在 1936 年,相较于英、美、德等国晚了将近半个世纪。在第二次世界大战之前,"巴黎的重要报纸全在资产集团的掌握之中。这个集团就是法国特有势力的资本家所组织的铁业委员会

(comite' des Forges)"①。

2. 二战后法国新闻业的垄断发展

二战后，根据 1944 年法令，法国战前的报刊中仅有 5 家巴黎报纸，2 家外省报纸得以幸存。法国报业的空白由战时秘密发行的反法西斯报刊接手，在巴黎形成了"四大报纸"：《法兰西晚报》（France - Soir，原名《法国防卫报》）、《费加罗报》《解放了的巴黎人报》（Le Parisien Libere）和《震旦报》（L'Aurore）。其中只有因为在德国占领期间停刊的《费加罗报》是仅存的创办于 19 世纪的报纸。有法国学者认为："过了 30 多年以后再来看这个问题，我们可以说，当时这种一切重新开始的做法终究弊大于利。……报刊和读者双方都停步不前。本来就已经落后的状况更严重了，旧有的误会更加深了，以至在许多人心中留下了强烈的失败感。"②

随着法国经济的复兴，新闻业也重新开始了集中化、垄断化的进程。1939 年至 1980 年，法国报纸的总印数只减少了 7.5%，而同时期报纸的种数由 207 种跌为 82 种，在 40 年中减少了 60%。1939—1980 年法国报业集中化状况如表 11 - 2 所示。

图 11 - 2　1939—1980 年法国报业集中化状况③

	全国报纸印数（单位：1000）	全国报纸种数		
		巴黎日报	地方日报	总计
1939	12000	32	175	207
1946	15124	28	175	203
1950	10934	16	126	142
1960	11355	13	98	111
1970	11865	13	81	94
1980	11100	10	72	82

战后法国报业垄断化进程大致可以分为三个阶段。

第一阶段（1944 年到 20 世纪 50 年代初）：完全的政党报刊相继退出，一些由财团控制的报团开始出现。由于二战后法国经济举步维艰，新闻纸大幅涨价，

① 邹韬奋. 韬奋文集：第 2 卷 [M]. 北京：生活·读书·新知三联出版社，1978：66.
② 贝尔纳·瓦耶纳. 当代新闻学 [M]. 丁雪英，译. 北京：新华出版社，1986：115.
③ 李峰. 论战后法国报业集中化的趋势 [J]. 国际新闻界，1987 (2)：21 - 27.

广告收入寥寥无几，一些由政党控制的报纸和小报纸纷纷闭刊。如1951年人民共和党的《黎明报》闭刊，1953年法国共产党的《今晚报》停刊，1948年《激进新闻》和《秩序报》关门。1952年，整个法国的报纸印数只有960万份，仅相当于1914年的刊印水平。大财团趁机发起了对新闻媒介的兼并浪潮，形成了以阿歇特集团为首的20余家报业集团。

第二阶段（20世纪50年代到60年代末）：1954—1969年期间，法国报纸的印刷份数增加了20%，但报纸种数却减少了27%。各大报业集团用地方报业广告联合会的形式瓜分了广告市场，进一步压缩了小报纸和独立报刊的生存空间。

第三阶段（20世纪70年代以来）：20世纪70年代开始，法国报业的兼并从消灭小报转向并购大报甚至报团。普鲁沃斯特等报团的重要报纸先后落入埃尔桑报团、阿歇特集团之手。以埃尔桑报团为代表的新兴力量取代老的大牌报团，成为法国新闻媒介垄断集团的领袖。

经过残酷的兼并与竞争，法国现在的主要报团是：

埃尔桑报团（Hersant）——法国现今最大的印刷媒介集团。埃尔桑报团起家于1945年创办的IPG广告公司。罗伯特·埃尔桑在1950年创办了《汽车报》，开始涉足新闻媒体。《汽车报》将广告发挥到了极致，甚至曾在一期刊物上用70%的版面刊登广告，深受汽车制造商的欢迎。1957年起报团购入了多份地方报纸，到20世纪70年代，埃尔桑报团已经攫取了近20份地方报纸，成为新兴的地方报团。70年代中期，埃尔桑报团开始向巴黎进军。1975年，报团从普罗沃斯特报团购得《费加罗报》，1976年从阿歇特集团购买《法兰西晚报》，1978年控股《震旦报》。至此，法国的三大报纸全部控制在了埃尔桑报团手中。埃尔桑报团现拥有报纸40多家、杂志20多种、一家通讯社（报业新闻总社）、一家广告公司、一家广播电台等媒介。法国全国日报的总发行量的24%都属于该报团，并入股比利时的鲁赛尔报团。埃尔桑报团旗下的报纸重视读者需求和技术革新，在法国率先采用了报刊的计算机编排，并发行多样化的副刊。

阿歇特出版集团（Hachette）。阿歇特出版公司是法国最大的出版集团。1926年，路易·阿歇特（Loui Hachette）创办了阿歇特书店和出版社，以优先出版教科书，大获成功，在出版界站稳了脚跟。20世纪70年代以前，由阿歇特集团占据主要股份的法国联合发行公司几乎完全垄断了法国主要报刊的发行业务，同时直接拥有法国三大报之一的《法兰西晚报》。1975—1976年，阿歇特集团收缩了其业务，将拥有的日报逐渐转手，将主要精力放在了杂志和书籍出版上。现在的阿歇特出版集团下有六个分集团：阿歇特文学出版集团、阿歇特绘画本出版集团、阿歇特教育出版集团、阿歇特百科全书出版集团、阿歇特国际出版集团和阿歇特行业服务集团，出版众多品质精良的书籍、拥有107种杂志（其中62种在法国境外出版）制作一些电视节目和广告，还在一些电子媒介中占有股份。

阿莫里报团（Amaury）。阿莫里报团的创始人埃米利安·阿莫里是法国广告业巨头，在第二次世界大战前曾出任哈瓦斯通讯社社长。1944年阿莫里创办了《解放了的巴黎人报》，逐渐以该报为核心形成了阿莫里报团，故而该报团又称解放了的巴黎人报团。《解放了的巴黎人报》趁着《法兰西晚报》的衰落，迅速巩固了地位。阿莫里报团旗下的体育日报《队报》（L'Equrpe）是法国最大的体育新闻媒体，报道如环法自行车赛等。除此之外，该报团还拥有一些地方报纸如《西部信使报》《曼恩自由报》，以及《观点》等杂志。

四、德国报团

1. 一战前的德国报团

19世纪中后期，随着工业化的深入，德国的报业垄断也开始逐步深化，出现了一些控制着多家报纸、杂志等媒体的垄断报业公司。在第一次世界大战之前，德国最大的三家报业垄断公司是：乌尔斯坦因报团、摩塞报团和谢尔报团。

（1）乌尔斯坦因报团

其创始人印刷商人乌尔斯坦因在1889年创办了《柏林画报》，1898年创办《柏林全德新闻》和《柏林晨邮报》等一系列以"柏林"为名的柏林地方报纸。1904年，乌尔斯坦因之子创办了德国第一份大众化报纸《柏林午报》。该报团在一战前拥有《柏林晨邮报》《柏林全德新闻报》《沃斯新闻》《柏林午报》及《时报》晚刊5家日报、10种周刊、10种月刊以及书店、印刷厂和广告社。其中《柏林晨邮报》的发行量在1913年高达40万份，是当时德国发行量最大的报纸。在希特勒执政后，因为乌尔斯坦因家族是犹太人，报团被纳粹没收，成为国立德意志出版社。

（2）摩塞报团

鲁道夫·摩塞由广告公司起家，在1865年出版《广告电讯报》，开始其办报生涯。1871年，摩塞创办《柏林日报》，这是一份大众化日报。摩塞报团以《柏林日报》为核心报纸，还拥有《柏林人民报》《柏林晨报》和《准时晚报》，以及9家周刊，1个广告公司，1个通讯社。希特勒执政后，摩塞报团被官方的埃耶出版公司接收。

（3）谢尔报团

1883 年，出版商谢尔创办《柏林地方新闻报》，这是一份贴近市民生活的周报，两年后改为日报。谢尔以此为基础，随后又创办了多家报刊，建立了谢尔报团。在一战中，谢尔报团经营困难，打算将报团出售给乌尔斯坦因报团，但因德国皇帝的干涉，转而由克鲁伯康采恩的董事长休根堡购买，成为休根堡报团，拥有 3 家日报、1 个地方报团、9 种周刊、6 种商业杂志、2 家广告公司、1 个通讯社、1 家电影公司以及 150 家剧院。休根堡作为保守派政党德国民族主义人民党领导人，曾在希特勒内阁中担任经济部部长一职。在希特勒掌权时，报团一度成为德国唯一一家报团，有 1600 多份报刊，掌控德国四分之一的报业，直接受控于纳粹党，成为纳粹的宣传工具。

2. 纳粹掌控的德国新闻业

1919 年的魏玛宪法 118 条规定：

每个德国人在一般法律的范围内，都有权通过言论、印刷品、图画以及其他方式自由发表自己的意见……不再实行书报检查……

重开书报检查必须获得修改宪法的三分之二多数通过。

但在希特勒上台后，很快解散了社会民主党，德国民族主义人民党、社会党、自由党"自动解散"，除了纳粹政党，德国各政党相继烟消云散。1933 年的"国会纵火案"后，希特勒勒令 51 家共产党报刊停业，关闭会民主党的 130 多家报纸。随后，借兴登堡总统之口，希特勒宣称"为了保障国家和人民的安全，宪法规定的新闻自由暂时终止"。魏玛宪法中规定的新闻和言论自由不复存在。

1933 年 9 月，德国文化协会成立，戈培尔任主席，下设新闻、广播、电影等七个分会，对新闻媒体进行集中控制。10 月颁布的《报刊主编法》，要求各报社主编的任命必须经过宣传部长确认，犹太人和马克思主义者等不符合政治和种族条件的人不得从事新闻出版业。1935 年成立的，由戈培尔领导的德国宣传部下辖 10 个处：法制和行政管理处、宣传处、无线电广播处、报刊处、电影处、文献资料处、国外处、戏剧处、音乐处、美术处。全德所有的文化、新闻传播事业都处于国家宣传部的绝对控制之下。国家的埃耶出版社通过没收工人阶级报刊、犹太人报刊、反纳粹报刊等，掌控了 352 家报刊，其报刊的发行量占全国报刊发行量的 82.5%。以"舆论一律"为由，德国纳粹让新闻媒体成为国家宣传的工具，巩固和宣扬德国法西斯专制主义的武器。

极权统治下的德国新闻业具有以下五大特征。

(1) 国家至上

法西斯主义的核心理念之一是"国家高于一切"，纳粹称之为"国家社会主义"。纳粹统治时期德国新闻业由国家所有，国家控制，为纳粹服务。戈培尔曾对德国报界说："政府认为报纸必须协助政府；为达到此目的，报纸批评有时当属必要，但这种批评，绝不许可使其他国家用来不信任德国政府。因此，政府期望报业在国家宣传部的领导下发挥其职能。"就任宣传部长后，戈培尔要求新闻界必须为政府效力："正如我早已强调指出的那样，新闻界不仅要发布消息，而且还必须发布指示。在这里，我首先要奉劝已公开声称为国家的报刊。你们将会看到这样一种理想的状况：新闻界被组织得那么好，以至于它在政府的手里可以说是可随意演奏的一架钢琴，是能够为政府效劳的影响群众的极为重要、极有意义的工具。""批评的自由以及类似抨击政府政策的东西在新政权下都是不允许的。"报业的交易、对报界的经济资助都必须得到国家宣传部的许可。

(2) 领袖至上

希特勒自立为唯一能够"拯救德意志"的领袖，鼓吹对领袖的绝对崇拜和绝对服从。新闻业也需绝对服从领袖的宣传命令，在国家宣传部的领导下，竭诚为法西斯主义宣传和服务。对于质疑或反对领袖的媒体，纳粹政府会直接没收报纸财产，甚至将新闻人送进监狱或集中营。1936 年《埃森总汇报》被暂停发行，报纸的发行人吉拉德特博士和执行主编、编辑主任等被保护性监视。1934 年，《格吕恩邮报》的编辑厄姆·维尔克仅仅因为抱怨宣传部的官僚主义管束太严，使得报纸索然无味，就被戈培尔撤职，送往集中营，报纸也被迫停刊。

(3) 种族优秀论

希特勒鼓吹种族优秀论，认为纯种的日耳曼民族是世界上最优秀的种族，犹太人则是应当被灭绝的"低劣"种族。这种种族论也体现在了德国法西斯的新闻事业体制中，没收或强行并购犹太人的新闻媒介，禁止犹太人从事新闻业等。

乌尔斯坦因报团和摩塞报团因为产权属于犹太人，就在"反犹"运动中被没收。《法兰克福报》的老板也因为是犹太人被报社清洗。1933 年 10 月，德国颁布了《新闻记者登记法》，明文规定"各个新闻单位的负责人必须由宣传部长直接任命；一般记者惟有符合下列条件：必须为德国人；具有公民权及管理的资格；受过专门教育；祖籍为纯种的雅利安人而未与其他各族成员结婚者方可成为记者"。

种族论甚至被用于经济控制。1935 年，德国急需外汇来购买军需物品，纳粹政府利用种族理论劝导德国人放弃食用进口柠檬，改吃德国产的大黄叶梗。1935 年 7 月 28 日的《法兰克福日报》刊登了"血液和土壤"一文：

> 别了，柠檬，我们不需要你，我们的德国大黄叶梗将充分而完全地代替你。它是那么质朴无华，以致被我们这些迷恋外国货的人所忽视。更重要的是，它是一种清血药剂，特别适用于德国人种型。让我们用大黄叶梗来补偿我们犯下的使用外国柠檬的罪孽吧。

（4）意志至上论

希特勒在《我的奋斗》一书，鼓吹意志可以战胜一切，而缺乏理性的民众是极易被煽动的，他们容易盲目信仰，从而跟从领袖的意志，形成强大的力量。所以，希特勒在《我的奋斗》中说，"所有伟大的运动都是人民运动，都是人类热情和感情的火山迸发"。"破坏信仰比破坏知识困难，爱情更易产生于尊敬而不是喜新厌旧的心理，仇恨比嫌恶更能保持长久。在任何时候，我们世界上最重大变化的推动力都不是启迪群众的科学知识，而是支配他们的狂热和驱策他们的歇斯底里。"这些容易被支配的民众，"他们的性质和见解，极类女性，他们的思想行动受到情感的支配者实多于受到理性的支配者。但是这种情感并不复杂，而且是很单纯的。他们的变化也不多"。所以，"谎撒得大，就多少总有一些东西会得到人们相信，因为广大人民群众受大谎的骗比受小谎的骗更容易"。用欺骗和煽动的手段可以让易变又盲从的民众成为纳粹的工具。

"谎言说一千遍就会变成真理"是戈培尔的名言。戈培尔的宣传部每天都向媒体发布详尽的指令，指导记者和媒体按照政府的意愿进行报道。这些指示往往多达上十页。指令详细到了纳粹党和政府基本路线、实施举措的每一个方面。

这样的新闻界自然地成为美化对外侵略战争的工具。1939 年 8 月，纳粹德国的报纸大肆宣扬波兰人扰乱欧洲和平，波兰发动了入侵德国的战争。《柏林日报》的大字标题的警告——"当心波兰！"《领袖日报》的标题——"华沙扬言将轰炸但泽——极端疯狂的波兰人发动了令人难以置信的挑衅！"

3. 二战后的德国报业集团

1945 年德国战败，德国的领土被划分为四个部分，分别由美国、英国、法国和苏联占领并管理。德国的媒体被"清零"，几乎完全重新开始。在美、英、法占领区内，根据 1949 年《基本法》（宪法）的规定，战后媒体体系的建设以新闻自由原则为基础。苏联占领区则采取苏联国有制的新闻体制。两种不同的发展路径造成了联邦德国和民主德国不同的新闻体制。直到1991年两德统一后，形成了以联邦德国新闻业为主体的当今的德国新闻业。如今，德国主流媒体集中于"老"西部，前民主德国的报社通常被联邦德国出版商收购，在各自发行区保持垄断地位，广播电视则整合到西部双轨体制之中。

今天，德国主要的传媒集团有：

Axel Springer集团。该集团占有德国出版业22.1%左右的市场份额，旗下有《图片报》《世界报》《汉堡晚报》《柏林晨邮报》等。

Verlagsgruppe Stuttgarter Zeitung是一家地区性出版商，占出版业8.5%的市场份额。

WAZ集团拥有《西德意志汇报》等，占据6%的市场份额。

DuMont Schauberg位于科隆，占有4.2%的市场份额。

Ippen集团拥有4%的市场份额。

德国的杂志普及率很高，一度达到91.3%，目前德国市场上共有906种杂志（发行量约为1.179亿份）和1218种专业期刊（约1360万份）。德国的杂志主要控制在四大杂志出版商手中。鲍尔（Bauer）、施普林格（Springer）、布尔达（Burda）、古纳亚尔（Gruner + Jahr，主要是贝塔斯曼Bertelsmann）四家共同占据了60%的市场份额。

五、日本报团

1. 二战中的日本新闻业

19世纪后期，日本的通俗小报逐渐取代政治性报刊，成为日本报业的主流。这些通俗小报奉行企业化方针，很快完成了现代化转型。早在1888年，大阪《朝日新闻》就通过收购东京的《觉醒报》，将其改版为《东京朝日新闻》，形成了跨越两个城市的报团。第一次世界大战后，《朝日新闻》《每日新闻》已经成为商业股份制公司，旗下报纸发行量突破百万。

第二次世界大战前，军国主义在日本兴起，日渐将商业性报纸置于政府控制之下，用法西斯的垄断取代了企业的自主经营和报业的独立发行。政府设立内阁情报局和日本新闻会来管辖日本新闻业。同时，日本政府制定了一系列新闻统治法规来管理新闻业。这些法规包括：《不稳文书临时管理法》1936年、《军用资源秘密保护法》1939年、《国防保安法》1941年、《言论、出版、结社等临时管理法》1941年、《战时刑事特别法》1942年、《新闻纸等刊载限制令》

1941 年、《新闻事业令》1941 年等。为了便于控制媒体和言论，政府实行"一县一报"政策，强行合并了日本地方报业。同时，政府垄断了新闻用纸的使用，采用配给制，将各大报刊的资财、出版控制在自己手中。

通过以上法规和措施，日本政府将新闻事业全面统治起来，实行了所谓"国论统一指导"体制，将日本的媒体调教成军国主义对内专制，对外侵略的武器。

2. 战后日本报业垄断的形成

二战后，美军进驻日本本土，在美军占领期间，美国人依据自身对言论自由的信仰为日本制定了保护新闻自由和媒体独立性的法律，同时又因为遏制苏联的需要，庇护了二战中曾为军国主义服务的媒体和新闻人。这些矛盾的措施使得日本新闻业没有像战后的德国一样重新洗牌，而是形成了以原有报业集团为主的新的新闻业垄断。

美军废止了日本军国主义政府限制新闻业、破坏新闻自由的各项法律，鼓励新闻界的民主化。美军通过控制新闻用纸、广播频道等方式，清洗军国主义在新闻界的影响，但保留了旧有的报纸和广播电台。包括《读卖新闻》《朝日新闻》在内的现代化商业报刊重获新生，日本共产党的报纸《赤旗报》也得以复刊。1952 年美军占领状况结束后，日本恢复了独立状态，并借由 1953 年的朝鲜战争，经济开始复苏，五大全国性报业集团主导报业的态势逐步形成。

日本的报纸以商业性报纸为主，一般采用股份制公司形式经营。2016 年，世界报业和新闻出版协会的统计报告显示，在世界发行量最大的报纸排行榜中，日本的报纸占据了 4 位，其中排名第一的是日本的《读卖新闻》。据日本新闻协会 2018 年调查数据，即使在网络普及的今天，日本仍然有 91% 的人认为报纸是生活中必不可少的物品。

日本报纸按照发行区域可以分为全国报、地方报和县报三级。日本全国类报纸有五大报：《读卖新闻》《朝日新闻》《每日新闻》《日本经济新闻》和《产经新闻》。以这五份报纸为核心报纸的报业集团控制着日本一半以上的报业市场。这些报业集团下同时控股着一个广播电视集团，如《朝日新闻》控股朝日电视台以及朝日电视台联网的一批地方电视台；《读卖新闻》控股日本电视台；《产经新闻》下有富士电视台；《每日新闻》下有东京广播公司；《东京经济新闻》拥有东京电视公司。报业集团同时也经营广告和其他文化事业，甚至涉足保险业、旅游业、交通、房地产、体育俱乐部等。地方性报纸主要有《中日新闻》《西日本新闻》《北海道新闻》等。在县一级，日本仍然保持一县一报的状态，在43个县形成了地方性垄断。

第三节　第二次世界大战后新闻传播的跨国垄断

二战促成了全球化的进一步发展。"过去那种地方的和民族的自给自足和闭关自守状态，被各民族的各方面的互相依赖所代替了。物质的生产是如此，精神的生产也是如此。各民族的精神产品成了公共的财产。民族的片面性和局限性日益成为不可能，于是由许多种民族的和地方的文学形成了一种世界的文学。"①

伴随着科技的发展和全球化的浪潮，新闻垄断也有了进一步发展。这种发展首先表现为单一媒介垄断的规模扩张：报纸种数减少，报团控制的报纸却不断增多；大集团的广播电视网控制的广播台、电视台也不断增加。其次，单一媒介垄断向跨媒介垄断转化。再次，跨国新闻垄断集团出现，并迅速将多国新闻媒体整合到世界级的垄断规模。

一、汤姆森集团

汤姆森-路透集团（Thomson Reuters Corp）是世界上最早的跨国媒体集团之一，是全球专业信息出版和信息服务媒体集团，也是全球最大的金融新闻和数据提供商，占有全球金融信息市场份额的34%。

加拿大的罗伊·赫伯特·汤姆森（Roy Thomson）在1934年收购了《提明斯报》（The Timmins Press），历时20年，汤姆森公司已经发展成为加拿大最大的报业集团，在美国、加拿大两国拥有30多家报纸。1953年，罗伊·汤姆森移居苏格兰，兼并了当时英国最大的报团凯姆斯来报团，开始在英国投资报纸和电视台。1953年，汤姆森收购了苏格兰《苏格兰人》报（The Scotsman），四年后，集团取得了苏格兰的商业电视经营权，开办了苏格兰电视台。1959年，收购了克姆斯雷集团（Kemsley Group），获得《星期日时报》的所有权。1966年，集团获得了久负盛名的《泰晤士报》的所有权。1967年，在收购《伦敦时报》（The Times of London）后，将其与《星期日时报》合并，成立了时报集团。同时在加拿大成立了汤姆森新闻集团。1978年，集团对英国的公司进行重组，形

---

① 马克思恩格斯全集：第4卷［M］. 北京：人民出版社，1958：470.

成了国际汤姆森公司（International Thomson Organisation Limited），总部设在多伦多。到 20 世纪 70 年代末，国际汤姆森公司已经在美国拥有 57 家日报、21 种星期日报和 7 家周刊，在英国拥有包括《泰晤士报》在内的近 50 家日报、50 多种杂志和苏格兰电视台（1977 年出售），在加拿大拥有 57 家报纸和一些电视台、广播电台。此外，汤姆森集团在南非、澳大利亚、新西兰也拥有多种杂志。

进入 20 世纪 80 年代后，国际汤姆森公司逐渐剥离新闻业务，将注意力集中于出版业、信息数据库和决策支持软件。1989 年，汤姆森新闻集团与国际汤姆森公司合并，称汤姆森公司。从 1981—2002 年，公司收购了华润（Warren）、格哈姆和兰蒙特（Gorham & Lamont）、斯维特和麦克斯维尔（Sweet & Max-well）、卡斯威尔（Carswell）、米德斯塔特集团（The Medstat Group）等大量著名医学、金融、法律等出版公司。现在汤姆森公司出版业务分四大块：汤姆森法律法规出版公司（汤姆森法律与条例信息集团）、汤姆森金融与专业出版公司（汤姆森金融信息集团）、汤姆森科技教育出版公司（汤姆森科技与医疗卫生信息集团）和汤姆森学习公司（汤姆森学习出版集团）。汤姆森公司也是世界上最大的电子信息供应商，拥有盖尔（Gale）信息公司、美国工具书和数据库服务公司——信息通道公司（Information Access Company）、医药和生物业著名的信息方案提供商 Current Drugs 和医学教育和信息公司卡迪纳尔－卡尔德维尔（Gardiner—Caldwell）等。1995 年，汤姆森公司剥离了旗下的英国新闻集团，到 2003 年，汤姆森公司出售旗下印刷版的健康杂志，出售 Bell Globemedia Inc. 的股权。至此，汤姆森公司完全退出了报业。2008 年 4 月 17 日，汤姆森集团宣布以股份置换的方式并购路透集团（Reuters Group PLC），合并后的公司更名为汤姆森－路透，成为全球最大的金融信息提供商。此外，汤姆森公司的业务还包括汤姆森旅游公司（Thomson Travel）和石油勘探。

二、默多克国际新闻集团

国际新闻集团是现今世界上规模最大、全球化程度最高的综合性国际新闻传媒集团，目前资产超过 500 亿美元，其产业遍及澳洲、欧洲、美洲、亚洲。国际新闻集团是典型的跨媒介、跨国新闻垄断集团。

1952 年，鲁伯特·默多克（Rupert Murdoch）接管了其父创办的报业集团，继承了澳大利亚《星期日邮报》（SundayMail）和《新闻报》（TheNews），并在 1964 年创办了澳大利亚第一份全国性报纸《澳大利亚人报》。1968 年，默多克集团开始向英国拓展，拿下了周报《世界新闻报》40%的股份，将它改造成一份以报道骇人听闻的新闻为主的小报。随后又控股了《太阳报》，并迅速将其发展成发行量最大的英文报纸。1981年2月默多克完成了对《泰晤士报》的收购。1973年，默多克通过收购哈特·汉克斯报系的三家报纸，登陆美国，他先后拥有了《纽约邮报》《先驱美国人报》（后改名为《波士顿先驱报》）、芝加哥《太阳时报》以及《纽约》杂志和《乡村之声报》《新西部》等报刊。

默多克对与娱乐业密切相关的广播电视业有着更浓厚的兴趣。20世纪60年代，他就取得了澳大利亚阿德莱德TV－9电视台的经营权，又与南方电视有线一起得到了第九频道的经营权。1983年，他获得了英国一家卫星电视69%的股份，1985年，又趁美国20世纪福克斯公司困顿之机，买下了福克斯公司50%的股份，并收购美国都市媒体公司的6家地方性电视台（纽约、洛杉矶、芝加哥、休斯敦、达拉斯和华盛顿）后组建了福克斯电视公司。

2005年，国际新闻集团开始向新媒体领域全速进军。2005年下半年到2006年初，国际新闻集团斥巨资收购了社交网站Myspace的母公司In－termix、Scout Media和网络视频游戏公司IGN Entertainment。

2013年，出于业务集中化的战略考虑，默多克将国际新闻集团拆分为两部分：以影视娱乐为主要业务的娱乐媒体公司，包含现在的20世纪福克斯、福克斯电视网、天空电视台等；以报刊出版为主的新闻公司，涵盖了目前的《华尔街日报》、英国《太阳报》、哈帕柯林斯出版公司等。

到2017年为止，国际新闻公司的业务覆盖了所有传统媒体，并包括互联网、交互式新闻等IT技术公司，此外，还涉足道琼斯、石油钻探、航空业、畜牧业等领域的20多家公司，以及NBA的洛杉矶湖人队、国王队、纽约尼克斯队，美国职业棒球大联盟的洛杉矶道奇队、纽约巡游者队等运动俱乐部。其媒体资产包括：

电影资产

福克斯消费者产品公司、福克斯互动公司、澳大利亚福克斯工作室、20世纪福克斯电影公司、20世纪福克斯家庭娱乐公司、20世纪福克斯商贸公司、21世纪福克斯家庭娱乐电视公司等。

电视资产

美国：福克斯广播公司、福克斯体育公司、福克斯电视台、福克斯电视音像公司、20世纪福克斯电视、20世纪电视，以及35家地方电视台，占全美电视台总数的40%。

英国：SKY 广播有限公司、福克斯家庭频道、福克斯儿童网络、福克斯新闻、福克斯体育网、福克斯电讯、福克斯网络、意大利天空电视、德国天空电视等。

加拿大：CTV 体育电视网。

拉美：默多克与拉美 SKY 公司（Slryhtin Ameri）等 3 家电视台合作，通过卫星播送 150 套节目。

亚洲：STAR TV、卫视中文台、卫视电影台、合家欢电视，合家欢日本频道、日本新闻广播网、日本新闻广播公司（News Broadrauiog Japan. Co., itd）、新闻集团日本有限公司、完美天空电视，以及香港星空卫视、香港凤凰卫视、国家地理亚洲频道、ESPN STAR 电视网、印度新闻电视、星空传媒印度、澳大利亚 Foxtel 电视台、福克斯体育澳大利亚频道等。

报刊资产

美国：《纽约邮报》《新闻国际画报》《华尔街日报》等。

英国：控股 40% 的报纸。其中包括《泰晤士报》《周末泰晤士报》《每日电讯报》《镜报》《卫报》《太阳报》、时报报业有限公司等，每天总发行量达到 2500 万份。

澳大利亚：新闻集团控制了澳大利亚三分之二的报纸，包括《澳大利亚人》《新闻世界》《先驱者太阳报》《黄金海岸消息》《快递邮报》《每日电讯报》《水星报》《广告人》《星期日时报》《北部特区新闻》等。

杂志

《电视指南》《旗帜周刊》等。

第四节　如何评价新闻传播业的垄断

如何评价新闻传播业的垄断一直是一个有争议的话题。垄断是市场经济发展的必然趋势，一方面有利于新闻媒体对抗政府控制，推进技术革新，为公众提供更高质量的新闻；但另一方面，也破坏社会民主化，造成思想和言论的单一化，侵蚀新闻自由。

一、消极评价

自由主义对新闻自由的崇尚排斥政府等公权力对言论与新闻出版的"有形

枷锁"，希望充分的市场竞争能够依托人类的理性，推动自我修正，形成舆论的自清，呈现和追寻真相。但在资本的垄断中，市场不再完整，垄断造成的不完全竞争给媒体和人带上了"无形镣铐"，媒体和新闻的垄断从多个方面侵蚀着新闻自由。

首先，新闻业的过度集中使少数人控制了舆论，从而使大多数人的观点、言论不能得到有效的传播，影响了新闻信息多样性，损害了新闻自由。资本垄断媒介市场，利用影响立法、大规模广告、并购与控股等途径妨碍其他人加入市场竞争，妨碍了新闻自由。

垄断资本对媒体的控制将巨大的经济能量与媒体的话语权力结合，使得他们拥有了很大的政治影响力，"他们有能力雇佣大的法律公司或院外活动机构推动，有时是撰写对他们的生意和税务有利的国家、州或地区性法律，这些法律很少眷顾这些公司的小竞争者"[1]。以美国 1996 年《电信法》为例，在大资本的游说和支持下，《电信法》为垄断集团松绑，允许媒体跨行业、跨机构兼并。该法颁行后，大量中小媒体或破产，或被兼并，新闻业市场越来越被控制在少数媒体集团手里，进入新闻业市场的资本门槛急剧提高，新闻自由自然无从谈起。

正因为垄断媒体集团控制了大部分的媒体，所以广告商自然也倾向于将广告投入拥有更大话语权和影响力的媒体集团。大规模的广告集中于垄断集团，这一方面让媒体集团可以获取更高利润，另一方面削弱了中小媒体的竞争力，最终"优胜劣汰"。这也造成了意见和言论的多样性越来越弱，非垄断集团的意见表达更加难以被公众看到，公众的信息获取更容易被媒体集团设置，公众意见也更方便被媒体集团引导。

其次，媒体垄断会干涉新闻的编辑和报道，破坏新闻专业主义和言论自由。跨行业和跨国垄断集团的商业化运作更加严谨，媒体集团只是垄断集团的一部分，必须听从集团所有者和母公司的命令，服务于母公司利益。同时，媒体集团的主要利润来自于广告，新闻也就日益服务于广告商。当新闻编辑和报道的自由被母公司与广告商侵害，媒体和新闻工作者的"批评自由"也更容易受到损害。1996 年，调查记者罗伯塔·巴斯金（RolJerta. Baskin）因报道了耐克公

---

[1] 本·H. 贝戈蒂克安. 媒体垄断 [M]. 吴靖，译. 石家庄：河北教育出版社，2004：147.

司在越南血汗工厂而被降职①。媒体回避与母公司利益相关的负面报道，放弃独立的观点以避免触怒公众，更加娱乐化以吸引受众和广告商。这都在不同程度上给新闻专业主义带来伤害，妨碍了新闻自由。

再次，由于新闻业垄断的加剧，使得一些大的媒介集团同工商、金融界关系密切，双方可能会护佑融资或控股，老板之间也会有着千丝万缕的联系，报业的运作掺杂了很多大财团的因素，垄断报业为维护自身和整个阶级的利益，而越来越成为垄断资本的代言人，损害公众的知情权。

"新闻媒介的内容往往反映那些给新闻媒介提供资金者的利益"②"所有权的集中使新闻和意见的流动在源头就被塑造成型，多样性受到限制"③。垄断造成媒体所有权集中，使得信息和意见在源头上趋于同质化，丧失了多样性，受众失去了对于新闻产品的选择权，公众的知情权被压缩。

第四，一些大型的跨地区、跨国媒体集团在传播力量上的优势，加剧了发达国家与发展中国家传播力量的对比，而且前者所垄断发布的信息导致了世界新闻信息传播内容、流向上的不平衡。这种不平衡状态用发达国家的新闻价值和世界观定义了发展中国家，乃至整个世界，用垄断媒体集团的意见过滤新闻信息，向世界传播片面甚至偏颇的发展中国家形象，引发了关于世界新闻新秩序和媒体社会责任的思考与争论。

二、积极评价

新闻垄断也并不是一无是处，它也有利于新闻业的进步和社会民主化发展的一面。

媒体垄断带来的规模化生产有利于降低新闻生产成本，提高生产效率，为公众提供廉价，甚至免费的新闻信息。

媒体垄断使得媒体集团的实力更加雄厚，便于更新技术设备、培养人才、提高业务水平。垄断也可以减少行业间竞争，有利于提高新闻产品的质量。在普利策新闻奖2008—2018年的获奖名单上，时报公司的《纽约时报》获得了28

---

① 罗伯特·W.麦克切斯尼.富媒体穷民主[M].谢岳，译.北京：新华出版社，2004：67.

② J.赫伯特·阿特休尔.权力的媒介[M].黄煜，裴志康，译.北京：华夏出版社，1988：337.

③ 新闻自由委员会.一个自由而负责任的新闻界[M].展江，译.北京：中国人民大学出版社，2004.

次奖项，隶属亚马逊公司（Amazon）的《华盛顿邮报》则获得了19项。

巨型的媒体集团可以与政府对抗，强化舆论监督，推动社会进步。默多克曾说，"我们具有特别的力量：我们可以帮助提出政治讨论的议程；我们可以揭露政府的罪行，使之大白于天下；我们可以定在一个细雨霏霏的周末早晨向孩子们提供什么样的电视节目；我们可以通过褒扬或贬低某种行为——比如吸毒，塑造健康的社会文化"①。美国《纽约时报》和《纽约客》凭借有关政坛、科技界、娱乐界、媒体的性侵丑闻的系列报道，赢得了2018年普利策新闻奖"公众利益服务奖"，他们的报道掀起了世界性的反性侵运动Me Too，推动了性别和公平的现代对话。

---

① 古德曼·罗姆. 默多克的新世纪 [M]. 李慧斌，译. 北京：中信出版社，2005.

第十二章

争取世界新闻新秩序的斗争

第二次世界大战结束后，随着联合国的成立，世界政治、经济秩序开始重建。二战后，亚洲和非洲的殖民体系土崩瓦解，到20世纪60年代，约60个国家宣布独立建国，超过了联合国刚成立时的会员国的总数。这些新独立的国家加入联合国，成为国际舞台上的一支重要的政治力量。亚非会议与不结盟运动标志着发展中国家争取政治独立取得了阶段性胜利。在政治独立的同时，发展中国家也努力争取经济的独立。1964年3月至6月在第一届联合国贸易和发展会议上，发展中国家成立了"七十七国集团"，提出建立"国际经济新秩序"的口号，要求建立"新型的国际经济关系""新的更加平等的国际劳动分工""新的国际货币关系"。并在1974年的联合国大会第六届特别会议通过了《关于建立新的国际经济秩序的宣言》和《建立新的国际经济秩序的行动纲领》。

虽然在政治经济独立上已经取得进展，但在文化和信息传播上，世界新闻传播秩序的规则却落后于时代。这主要体现为世界新闻传播中的极度不平衡状态。

第一节　世界新闻传播的不平衡状态

世界新闻传播的不平衡状态真实存在吗？新闻传播的不均衡发展是市场和社会资源流动的自然选择还是殖民化的恶果？重建新的世界新闻新秩序是有必要的吗？

一、新闻规模的失衡

世界新闻媒介的分布很不均衡，大部分媒体都集中在发达国家。20世纪60年代，联合国教科文组织为了促进发展中国家新闻传播基础设施的发展，曾经建议，每个国家每千人至少要拥有 20 台电视机、50 部收音机和 100 份日报。但据联合国教科文组织在 20 世纪 60 年代中叶的统计数据，发展中国家的新闻传播设施与建议的规模差距极大。

1. 报纸拥有量的不同

在报纸拥有量上，20 世纪 60 年代，发展中国家拥有世界人口的 3/4，其报纸种数占世界报纸总种数的 1/2，发行量仅为世界报纸总发行量的 1/4。北美发达国家的报纸普及率是每 3 人 1 份，而到 20 世纪 80 年代还有 8 个非洲国家和 3 个阿拉伯国家根本没有日报。

2. 广播电视业的差距

在广播电视业方面，20 世纪 60 年代，仅发达国家集中的欧洲和北美再加上日本，就占有世界总数的 71%，而发展中国家集中的亚洲、非洲、拉丁美洲仅占 28%，其中非洲和南美仅 3%。当时，还有 45% 的发展中国家根本没有自己的电视台。在 20 世纪 80 年代初，西方发达国家占有了全世界无线电频谱和卫星运行轨道的 90%。发展中国家平均每 40 人才能占有一台的电视机。至今撒哈拉以南非洲地区的绝大多数家庭仍然买不起一台电视机，而一个美国的五口之家完全可以拥有 4 台电视机。

3. 信息鸿沟的加深

进入 20 世纪 90 年代后，这种信息鸿沟进一步加深。在互联网领域，到 2014 年底，全球互联网用户数量逼近 30 亿，其中 2/3 的用户来自于发展中国家，这个数字相当于全世界人口的 40%。2012 年，美国有 2.5 亿网民（2012 年美国人口为 3 亿），上网方式多是在家庭上网，而在阿拉伯国家、非洲和南亚的网民尚不足总人数的 1%，并且上网多在网吧。欧洲的互联网渗透率最高，约为 75%，非洲的固定宽带渗透率不足 0.5%。目前，全球互联网业务中有 90% 在美国发起终结或通过；互联网 81% 的网页是英语的；互联网中访问量最大的网站终点中，有 94 个在美国境内；全球的数字鸿沟——对现代技术的掌握和使用的差距——现象是普遍存在的。

二、信息流量的失衡

世界信息的流动整体上是从西方向世界其他地区，从发达国家向发展中国家流动的。以对信息流量影响最大的通讯社为例，到 20 世纪 60 年代，所有的发达国家（除爱尔兰等小国外）几乎都有自己的通讯社，而 1/3 以上的发展中国家却根本没有自己的通讯社。少数西方跨国通讯社几乎垄断了全球国际新闻的报道和流通，而发达国家也因此掌控了世界的话语权。依据通讯社的规模、发展历史及影响力、订户数量、日发稿量和年发稿量等评估标准，当今世界四大通讯社分别是美国的美联社、合众国际社、英国的路透社和法国的法新社，它们每天传播的新闻信息占国际新闻的80%左右，很大程度上决定了全世界关注的重点。

总部设在纽约的美联社在美国国内有6个总分社、143个分社和记者站，在伦敦、东京、布宜诺斯艾利斯设有三个总分社，在全球另有90多个分社。美国90%以上的报纸都是美联社的订户，其订户包括美国1556家报纸、6000家电台和电视台。美国之外的100多个国家和地区则有8500多家订户，包括近2000家报纸。

合众国际社虽经多次易主，规模和影响力大为缩小，但到1992年仍有美国国内分社53个，国外分社48个，在近百个国家派有驻外记者。国内外新闻媒介订户有2500多家，还有一些非媒介订户。

法新社现有9个法国国内分社，169个国外分社，在60多个国家派驻记者。国外分社中有四个地方总分社：巴黎——负责法国、欧洲和非洲；香港——负责亚洲和太平洋地区；华盛顿——负责北美和拉丁美洲；尼科西亚——负责中东。每天新闻和经济信息的总数为300万字，国内新闻占60%，经济信息五六万字，还有金融股票信息。

路透社在90多个国家和地区设有207个分社、记者站、办事处，其中分社127个。其国内外订户总数达到4.2万家，包括新闻媒介、公司、银行、研究机构、代理人等。现在是世界经济信息的最大供应者。路透社现用英、法、德、意、日等多种文字向150多个国家和地区播发文字新闻和经济信息，还提供图片、新闻照片、音像新闻等。

在对文化和价值观影响最大的电影市场上，也同样存在流量失衡的现象。在全球影片票房排名中，前100名几乎全部是好莱坞制作，出自发展中国家的寥寥无几。全球影片票房前20名如表12-1所示。

表12-1 全球影片票房前20名

排名	电影名	上映年份	出品公司	总票房（美元）
第1名	《阿凡达》	2009	20世纪福克斯	2,787,965,087
第2名	《泰坦尼克号》	1997	20世纪福克斯	2,185,372,302
第3名	《星球大战：原力觉醒》	2015	博伟影视公司	2,068,223,624

续表

排名	电影名	上映年份	出品公司	总票房
第 4 名	《复仇者联盟 3：无限战争》	2018	博伟（迪士尼）	2，047，687，731
第 5 名	《侏罗纪世界》	2015	环球影业	1，670，400，637
第 6 名	《复仇者联盟》	2012	博伟	1，519，557，910
第 7 名	《速度与激情 7》	2015	环球影业	1，515，047，671
第 8 名	《复仇者联盟 2：奥创纪元》	2015	博伟影视公司	1，405，413，868
第 9 名	《黑豹》	2018	博伟（迪士尼）	1，346，913，161
第 10 名	《哈利·波特与死亡圣器（下）》	2011	华纳	1，341，511，219
第 11 名	《星球大战 8：最后的绝地武士》	2017	博伟影视公司	1，332，539，889
第 12 名	《侏罗纪世界 2》	2018	环球影业	1，302，900，080
第 13 名	《冰雪奇缘》	2013	博伟影视公司	1，276，480，335
第 14 名	《美女与野兽》	2017	博伟影视公司	1，263，521，126
第 15 名	《超人总动员 2》	2018	博伟影视公司	1，241，441，014
第 16 名	《速度与激情 8》	2017	环球影业	1，236，005，118
第 17 名	《钢铁侠 3》	2013	博伟影视公司	1，215，439，994
第 18 名	《小黄人大眼萌》	2015	环球影业	1，159，398，397
第 19 名	《美国队长 3：英雄内战》	2016	博伟影视公司	1，152，739，801
第 20 名	《变形金刚 3：月黑之时》	2011	派拉蒙	1，123，794，079

（数据来源：https：//www. boxofficemojo. com/alltime/world/）

在互联网领域，流量的失衡更加明显。根据 Sandvine2018 年发布的《全球互联网现象报告》，美国在线电影租赁服务公司 Netflix 占用了全球网络下行流量的 15%。在全球范围内，其他流量消耗大户还包括：HTTP 流媒体，例如，内置视频的网络，占有全球网络宽带 13.1% 的流量；YouTube 视频网站占有全球网络宽带 11.4% 的流量，以及网络浏览活动占 7.8% 的流量。

图 12-1 中，网络流量前 10 位的国家，除了中国、马来西亚、印度这三个发展中国家以人口优势挤入了前 10，其他皆为发达国家。

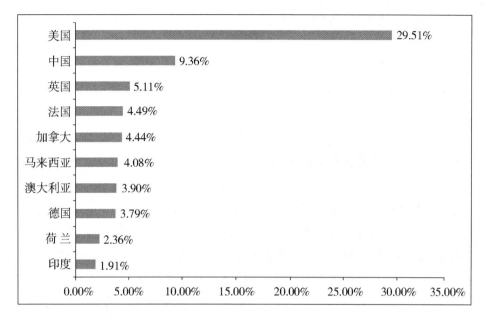

图 12-1 Tomond 网络流量前 10 位国家（3 月 17 日）

（数据来源：2014 年 3 月 17 日 Tomnod 统计）

三、传播内容的失衡

由于新闻规模和信息流量的长期失衡，发达国家的媒体掌控着世界话语权，国际新闻报道在大部分时间里为发达国家的媒体所垄断。因此，发展中国家认为，世界新闻信息的内容是发达国家的媒体按照西方的价值观念、政治经济利益、文化观念、历史传统和新闻价值观来筛选和撰写的。因此，他们对发展中国家的报道往往带有偏见，是片面的，甚至是歪曲的。在这些报道中，常见的是发展中国家的战争、灾荒、饥谨、内乱、动荡、犯罪、事故等，却很少报道他们的发展、成就和对世界和平与进步的贡献。

突尼斯常驻联合国教科文组织代表马斯穆迪表示："国际新闻机构发回的第三世界的消息都是加工过的，就是说都是经过它们筛选、剪裁、歪曲，而后按照他们自己对世界的看法强加给发展中国家的。当它们对这些国家确有某种兴趣时也往往以最阴暗的笔触加以描绘，着力渲染那里的危机、罢工、示威、暴动，甚至拿这些国家取笑、开心"①。合众国际社前副社长塔宅里安在一次国际会议上承认："西方新闻媒介中存在着一种公认的倾向……那就是在第三世界面临灾祸、危机和冲突时紧紧地盯着第三世界"②。

四、世界新闻传播不平衡状况产生的原因

造成世界新闻传播不平衡状况的原因是多方面的，涉及历史、经济、文化等多重因素。

1. 历史上，早在 19 世纪末，伴随着世界殖民地被瓜分殆尽，世界新闻传播市场也被英法德美等国家瓜分。虽然二战后这些殖民地纷纷独立，但发达国家的媒体集团仍然承袭了宗主国时期所控制的市场范围，甚至因为跨国垄断集团的发展，这种控制的全球化和同质化程度更高。此外，发达国家在新闻业上具有先发优势。现代新闻业、新闻理论、新闻观念皆起源于西方发达国家，发展中国家的新闻业、新闻学教育、新闻理论是向发达国家学习，甚至是被殖民的结果。这一方面启蒙和促进了发展中国家新闻事业的发展，但也不可否认地使得发展中国家的新闻事业、新闻观念、新闻学教育长期依赖、落后于发达国家。

2. 世界新闻传播的不平衡状态与世界各国经济发展的不平衡有千丝万缕的联系。据世界银行报告，2015 年全球 GDP 总量达 74 万亿美元。其中，总量排名第一的仍然为美国，占比 24.32%；其次，是中国，GDP 总量占比 14.84%；排第三、第四的国家分别是是日本、德国，占比分别为 5.91%、4.54%。

南美洲和非洲当前依然未能在全球经济中占据更多比重。南美洲四大经济体，巴西、阿根廷、委内瑞拉和哥伦比亚的 GDP 之和只占全球 GDP 的 4%，而非洲三大国家，南非、埃及和尼日利亚的 GDP 之和只占 1.5%③。

经济上的悬殊差距使得发展中国家无力顾及新闻传播设施的建设和新闻传播、文化传播事业的发展。而发达国家则凭借经济优势，率先采用先进信息传播技术和设备，进一步完成了对世界新闻传播领域的垄断。

3. 大多数发展中国家的教育文化水平落后也严重制约着这些国家新闻传播事业的发展。据联合国教科文组织发布的 2017 全球教育监测报告，世界上的文盲主要存在于发展中国家。世界文盲人口排名如表 12-2 所示。

---

① 赵德全. 世界新闻新秩序评述 [J]. 现代传播，1988（2）：99-105.
② 赵德全. 世界新闻新秩序评述 [J]. 现代传播，1988（2）：99-105.
③ 世界银行. 2017 全球经济展望 [R]. 世界银行，2017.

表 12 - 2　世界文盲人口排名

排名	国家	数量	排名	国家	数量
1	印度	265568	22	安哥拉	4240
2	中国	53767	23	加纳	4203
3	巴基斯坦	51636	24	泰国	3978
4	孟加拉	31525	25	贝林	3816
5	埃及	14804	26	马达加斯加	3622
6	巴西	13044	27	马拉维	3548
7	伊拉克	10907	28	喀麦隆	3319
8	阿富汗	10373	29	土耳其	2618
9	缅甸	9607	30	菲律宾	2371
10	印度尼西亚	8724	31	塞拉利昂	2364
11	尼日尔	7366	32	布隆迪	2274
12	摩洛哥	7295	33	南非	2169
13	尼泊尔	6989	34	哥伦比亚	2102
14	坦桑尼亚	6425	35	卢旺达	1985
15	马里	6129	36	危地马拉	1880
16	乍得	5885	37	突尼斯	1793
17	肯尼亚	5487	38	多哥	1521
18	乌干达	5362	39	马来西亚	1400
19	墨西哥	5056	40	秘鲁	1342
20	几内亚	4725	41	赞比亚	1251
21	塞内加尔	4576	42	津巴布韦	1004

（数据来源：联合国教科文组织发布的 2017—2018 全球教育监测报告（GEM），单位：千人）

地处撒哈拉沙漠边缘的尼日尔是世界文盲率最高的国家，文盲率达到 84.3%，其成年人有 80% 是文盲。而美国的文盲率则早在 1940 年就已经降至 2.5%。文化教育水平的低下不利于新闻媒体的发展，也不利于新闻事业水平的提升。

4. 新闻业务的差距也是一个重要原因。发达国家的媒体在相当长的时间里垄断了世界新闻市场，并凭借经济和技术优势建立了良好的品牌口碑。优秀的媒体吸引着更多优秀的新闻从业者，优秀的新闻从业者生产优秀的新闻产品，优秀的新闻产品让媒体更具市场竞争力。发达国家媒体也就在世界新闻传播市场中占据了更大份额。另一方面,新闻传播业的高度垄断降低了发达国家新闻产品的生产成本,即使是经济发展较好的发展中国家也不可避免地依赖发达国家媒体生产的质量好,成本低的产品。尤其是随着媒体娱乐化程度的加深,公众对新闻和娱乐节目的需求也大大增加,进口外国新闻传播产品的成本较本国自行生产的产品更便宜,又可增加媒体在国内的竞争力,于是,发展中国家大量购买发达国家媒体的新闻和娱乐节目。于是,发展中国家的新闻传播产品在世界市场上处于劣势,更加依赖发达国家媒体。

第二节　争取新秩序的历史进程

世界新闻传播的不平衡状态刺激发展中国家寻求建立更加公平的新闻传播新秩序。从 20 世纪 70 年代开始,发展中国家就开始了寻求建立世界新闻新秩序(News International information order)的漫长抗争。

一、"世界新闻新秩序"的提出与争论(1970—1976)

1970 年,联合国教科文组织举行第十六届大会。会议正式授权该组织秘书长协助各成员国制定其大众传播方面的政策,从而揭开了有关"世界新闻新秩序"大辩论的序幕。

1972 年的联合国教科文组织第十七届大会上,在发展中国家的共同努力下,联合国教科文组织以多数票通过了一项规定:外国卫星广播在对某一特定国家播放节目前必须征得该国的同意。这是发展中国家在世界新闻新秩序大辩论中取得的首次胜利。

1973 年,不结盟运动国家阿尔及尔在峰会宣布"帝国主义的活动并不局限于政治与经济领域,还存在于文化与社会领域",要求不结盟运动国家在大众传播领域采取统一的行动。此时,"文化霸权"、后殖民主义相关理论在欧美批判学者和发展中国家学者中得到了普遍讨论,从阶级斗争、"帝国主义"意识形态控制的框架来看待大众传播,尤其是国际传播成为学界和政界的普遍视角。就连芬兰总统也曾用"资产阶级霸权"来描述国内的信息传播不平等,用"传播帝国主义"来描述当时的国际传播环境。

在 1974 年的联合国教科文组织第十八届大会上,英美等发达国家开始了反击，他们提出国际新闻应当遵循"自由流动"的原则，各国政府不应当为信息的全球性流动设置障碍。然而，在国际信息传播竞争中明显处于弱势的发展中国家认为，当所有国家未能在通信能力上"处于平等地位"前，谈论新闻的"自由流动"，是毫无意义的，因为此时的"自由"只能是对发展中国家权利的剥夺。因为两派分歧巨大，会议未能就这个问题达成任何协议。

1976 年，不结盟运动国家在印度新德里召开部长会议，通过了著名的《新德里宣言》。该宣言指出：

1. 当前全球信息流通存在严重的不足与不平衡。信息传播工具集中于少数几个国家。绝大多数国家被迫消极地接收来自中心国家的信息。

2. 这种现状延续了殖民主义时期的依附与主导关系。人们应该知道什么？通过什么方式知道？对这些问题的判断与决策权掌握在少数人的手中。

3. 当前的信息发送实力主要掌握在少数发达国家的少数通讯社手中。世界上其他地方的人民不得不通过这些通讯社来理解对方甚至自身。

4. 政治领域与经济领域的依附性是殖民主义的遗产。信息领域的依附性也是如此，这反过来又限制了发展中国家的政治与经济进步。

5. 信息传播工具掌握在少数国家少数人手中，在这种条件下，信息自由只是这些人按自己的方式进行宣传的自由，从而剥夺了其他国家其他人的权利。

6. 不结盟运动国家尤其是这种现状的受害者。在集体与个体层面，他们追求世界和平正义、追求建立平等的国际经济秩序的努力要么被国际新闻媒介低调处理，要么被误读。他们的团结精神被破坏，他们追求政治经济独立与国家稳定的努力被任意诋毁①。

这个宣言批评了全球化的自由市场和长期的殖民统治造成的经济与政治的依附性导致了信息领域的垄断，这是新殖民主义的体现。在少数国家和少数人对信息传播的控制下，空谈信息自由是对其他国家和其他人的权利的侵害。信息传播自由应该以客观与准确为标准，追求独立与平等。

《新德里宣言》的精神得到了大多数发展中国家的支持，并在联合国教科文组织中形成建立世界新闻新秩序的诉求。

发展中国家在 1976 年联合国教科文组织的第十九届大会上提交了一份决议草案《大众媒介宣言》。该宣言提出："各成员国要对本国管辖下的大众传播机

---

① 卡拉·诺顿斯登. 世界信息与传播新秩序：浴火重生的主张 [J]. 徐培喜，译. 中国记者，2011（8）：35 – 37.

构在国外的活动负责。"这一草案遭到了来自美国代表的坚决反对。美国认为，草案旨在让国家行政力量干预信息传播，这与美国宪法第一修正案相抵触。美国等国强调，《世界人权宣言》第十九条规定："人人有主张及发表自由之权，此项权利包括保持主张而不受干涉之自由，及经由任何方法不分国界以寻求、接受、传播消息意见之自由。"依据宣言的此项规定，世界各国的媒体拥有在世界各地自由进行新闻的收集与传播的权利，各国政府无权干预与限制，否则就会破坏言论自由这一基本人权。为了反对"世界新闻新秩序"，美国出版界召集创立了世界媒介自由委员会，该组织"致力于在国际政府机构中进行全球斗争，击败'世界信息与传播新秩序'中的专断诉求"。

在美国等国的阻挠下，《大众媒介宣言》未能通过。但会议决定成立"通信问题国际委员会"（The International Commission for the Study of Communications Problems），研究国际传播问题，委员会由诺贝尔和平奖与列宁和平奖获得者麦克布莱德担任主席，也称麦克布雷德委员会（McBride Commission）。

二、僵持阶段（1978—1983）

经过各方协商，1978 年，联合国教科文组织最终通过了由突尼斯代表提出的一项妥协性决议：《干预大众传播工具为加强和平与国际了解，为促进人权以及反对种族歧视、种族隔离与反对煽动战争做贡献的基本原则宣言》。该宣言提出"实现更为自由和均衡的国际新闻传播"，在新闻交流中建立"更为平等互利的关系"和"纠正新闻流向，使发展中国家获得发展新闻交流事业的条件与能力"的目标。该决议建议发达国家向发展中国家提供援助，帮助发展中国家提高通讯能力，进而纠正国际新闻报道方面的不平衡状态。但是，美国政府向受援助国家提出，只有拥护新闻的"自由流动"，反对讨论"不平衡"问题，或放宽对西方记者限制的国家才能得到美国的援助。

同年 12 月 18 日，第 33 届联合国大会通过了 33/115C 号决议，提出："需要在新闻自由流通及更广泛和更均衡地传播新闻的基础上，为加强和平和国际谅解而建立新的、更公正和均衡的世界新闻和传播秩序"。决议还决定成立"联合国新闻政策和活动审查委员会"。1979 年，该委员会改称为"新闻委员会"，其职责是：1. 考虑到过去二十年来国际关系的演进，以及建立新的国际经济秩序和新世界新闻和传播秩序的迫切需要，继续审查联合国的新闻政策和活动；2. 评价和继续注意联合国系统在新闻和传播领域所做的努力和取得的进展；3. 促进建立一个旨在加强和平国际了解、以新闻自由流通、传播更加广泛、平衡为基础的新的、更公正、更有效的世界新闻和传播秩序，并就此向大会提出建议。中国在 1984 年加入新闻委员会，现今，该委员会已有成员 112 个。世界新闻新秩序的理念得到了全球多数国家的认同。

1979 年 2 月，亚洲及太平洋政府间新闻政策会议在马来西亚吉隆坡召开。我国驻教科文组织代表参加了这次会议。会议发布了《吉隆坡宣言》，指出发展中国家的新闻传播媒介负有振兴民族的共同任务，呼吁"教科文组织要为新的更正义的，更有效的世界新闻秩序铺平道路，这是实现新的国际经济新秩序的不可分割的一部分"。

"国际传播问题研究委员会"在 1979 年完成了题为《多种声音，一个世界：交流与社会，今天与明天》（也称《麦克布莱德报告》）的研究报告，交给了1980 年召开的联合国教科文组织第二十一届大会。该报告倡导建立世界信息传播新秩序，主张通过放松版权法规，促进信息传播技术自由交流，鼓励第三世界国家出版业发展，及更多的传播资源共享等措施来改善发达国家和发展 中国家信息传播资源不平等的状况。它在许多方面反映了广大发展中国家对平等、公平的传播结构的立场、观点与合理要求，是对世界信息基础组织结构和传播资源进行三年调查研究而得出的成果。它指出，"个别传播大国对世界信息流通系统的支配是推行文化扩张主义的过程，而发展中国家的牵制和反抗是抵制文化侵略的过程"。《麦克布莱德报告》中关于建立国际信息新秩序提出的 82 点建议，其中包括：

加强信息传播的独立自主性；为缩小国家间传播差距创造良好的政策环境；指导发展中国家采取措施加强自主传播能力；发展中国家的投资重点应该放在人民对教育的基本需求上；发展中国家如何应对来自纸张供应、关税结构、电磁频谱等方面的挑战；社会效果和新的任务；要将传播政策纳入国家发展的战略当中；面对技术方面的挑战，根据社会效果进行决策；加强各个社会中的文化认同，防止文化霸权；减少商业化对传播的影响；减少技术信息的壁垒和垄断，促进信息技术的获得；职业道德和规范；提高新闻记者的责任感；提高国际报道水平，力求全面、客观；对新闻记者的保护；传播民主化；全面保护人权，特别是信息方面的权利；消除阻碍传播的障碍和限制；传播内容的多样化和可选择性；加强整合与合作；鼓励国际间合作；传播的国际间合作是发展的伙伴；促进合作以加强传播的集体自主；加强国际组织、国际机制传播方面的作用；通过媒体传播促进国际间的相互理解等①。

这些内容可以归纳为：

1. 加强信息传播的独立自主性

加强传播的独立性，首先要尽可能地缩小国家间的传播差距，这样才能在技术层面上获得保障和独立性的前提。这也就要求国家特别是发展中国家在新闻传播的政策上给予本国更大的政策优惠，也就是说国家要为缩小国家间传播差距创造良好的政策环境，继而使国家采取更加有力的措施来加强自主传播能力，这也就要求企业在科研开发上投入更多的资金。反映到国家的层面上，就是要将国家的投资重点放到教育上来，这样才能满足国民对于教育的基本的需求。除了诸多的内在因素需要发展中国家去克服外，来自外在的诸如纸张供应、关税结构、电磁频谱等一系列的挑战，无疑让发展中国家的信息传播自主化进程充满了挑战。

2. 注意社会效果和新的任务

在信息技术飞速发展的今天，国家的信息安全已越来越重要，完全可以等同于领土安全，其重要性不言而喻。在此背景下，如果信息安全不能引起更多的关注，不能引起足够的关注，必将在以后的国际竞争中处于劣势。特别是发展中国家，在第三次科技改革浪潮中已经落后于发达国家，在现今的国际竞争中已经处于被动的地位，更应该将传播政策纳入国家发展的战略当中，积极地根据社会效果进行社会决策，发展高新科技，提高自身在技术方面的核心竞争力，通过提高自身的技术实力，突破技术信息的壁垒和垄断，不断加深"南北合作"，促进信息技术的交流和产业化的发展。

在软实力方面，不仅仅要加强各个社会中的文化认同，我认为，最最关键的是要增强本民族的文化认同，发扬本民族的文化特色，在巩固本民族的文化主体地位的同时，不断融合其他民族文化的精华，但是要防止文化霸权情况的出现。

作为信息与文化的流通的途径，传播的作用越来越突出，但在各种传播活动中，要尽可能去减少商业对传播的影响。

我们知道，发达国家的文化侵略和文化渗透更多的是利用商业的手段。我们要尽可能地去消除这种影响。

---

① 肖恩. 麦克布赖德·多种声音，一个世界：交流与社会，现状和展望［M］. 北京：中国对外翻译出版公司，1981.

3. 加强新闻记者的职业道德和规范

在国际交流的过程中，作为信息的传递者，新闻记者扮演着越来越重要的角色。在加强信息的传播过程中，要不断地提高新闻记者自身的责任感，力求他们在更多的国际报道中，提高自身的报道水平，摒弃民族歧视和种族观念，用一种客观的眼光去真实全面地报道发生的新闻，杜绝因为种族观念，进行主观臆断，忽略新闻本身的真实性。

随着报道的深入，新闻记者所经历的场面也越来越多，从南斯拉夫的硝烟到阿富汗的争端，从发达国家的民主骚乱到发展中国家的饥饿和瘟疫，可以说记者之所以成为无冕之王，正是因为他们的无私奉献和大无畏的精神。值得强调的是，我们在要求新闻记者积极地为我们传递信息的同时，也要做好对于新闻记者的保护，积极出台一些用于保护记者人身安全的国际公约。

4. 保证传播的民主化

在现在的国际交往中，特别是在信息方面，各国应该高度重视全面保护人权，增强人民在信息安全方面的自我保护意识，切实维护各国人民的信息安全。加强信息的沟通与传播，尽可能地消除传播的障碍和限制，切实增强各国之间的信息交流互通。

在各国的信息传播中，由于传播技术和传播手段的差异，发展中国家在传播过程中始终处于劣势，这也就更加要求发展中国家在对外传播过程中，要增强传播的多样化和可选择性，尽可能多地利用各种方式表现多种多样的内容，增强在信息人权方面的主动性。充分发挥聚合效应，积极整合媒体传播资源，做大做强品牌意识，增强各个媒体类型之间的合作，实现资源共享，制定一系列的协调联动机制，实现信息传播的民主化。

5. 鼓励国际间的合作

发展中国家想要更好的发展，除了增强自身的技术手段和科研实力外，积极地进行国际间的合作也是必不可少的。在报告中指出，传播的国际间合作是发展的伙伴。只有不断地加强技术合作，促进技术的不断流通，才能帮助发展中国家实现技术的更新。促进国际间的合作要加强传播的集体自主，加强国际组织、国际机制传播方面的作用。

之所以出现众多的矛盾，除了一部分人刻意为之之外，大部分的分歧都是因为缺乏对于彼此的了解从而导致误会造成的。信息传播的一个最重要的作用就是增进彼此的信息交流，改变过去人们心目中由于缺乏沟通造成的种种误解。

通过文化的交流，加深彼此的互信与合作，相互理解，减少不必要的矛盾冲突①。

联合国教科文组织第二十一次大会肯定了这一报告书，并提出建立世界新闻与传播新秩序的基本思想，希望消除传播新闻中的不平衡、不平等和过分集中的垄断状况。大会还决定成立政府间国际通讯发展计划委员会，以帮助确定跨地区的、区域性的和国家的通讯发展计划；与主要的地区性通讯机构建立良好的工作关系；教育、培训发展中国家的新闻工作者；落实支援项目与投资拨款，以促进发展中国家的"内在发展"，改善发展中国家的新闻传播状况。

这种由政府主导的国际间新闻传播合作，既不符合欧美自由主义的理念，也不利于欧美主导的大集团在新闻传播市场的垄断，因此，世界新闻传播新秩序的推进受到了来自西方发达国家的集体抵制。1981 年 5 月，来自 21 个西方国家的 63 位代表在世界新闻自由委员会的召集下，在法国的塔鲁尔举行了"独立新闻媒体自由之声会议"，该会议就建立世界新闻传播新秩序的问题发表了《对全球新闻秩序的建设性意见》（又名《塔鲁尔宣言》）。《意见》认为《多种声音一个世界》是"借口国家民族利益对新闻自由的限制"，与会国对此表示激烈反对，反对任何形式的"新闻检查"，主张"新闻记者采访自由不受限制"，反对在国际范围内为新闻记者制订职业道德标准。宣言第十条明确宣称：现在是教科文组织及其它政府间机构放弃限制消息内容、制定新闻法规这一企图的时候了，力主国际新闻的"自由流动"。这个《意见》使得发达国家与发展中国家在世界新闻新秩序问题上的分歧达到了顶点，在联合国教科文组织平台上进一步讨论建立世界新闻传播新秩序的大门实质上关闭了。

1982 年 8 月在墨西哥城召开的世界文化政策大会发表了《世界文化政策宣言》，提出"必须反对一些国家利用自己在经济、技术、通讯方面的优势的控制来腐蚀、破坏或糟蹋别国的文化"；"必须使文化交流和合作重新得到平衡"，特别是要使"发展中国家的文化能在所有国家中得到更广泛的传播。"这个宣言再次反映了发展中国家要求发展民族文化、抵制文化霸权的呼声。

1982 年 12 月联合国教科文组织第四届特别会议讨论 1984—1989 年中期发展计划。这个计划的指导思想是"着眼于发展，特别是有益于发展中国家"。在此思想下，教科文组织秘书处起草了新闻和人权计划，强调建立国际新闻交流

---

① 肖恩·麦克布赖德. 多种声音，一个世界：交流与社会，现状和展望［M］. 北京：中国对外翻译出版公司，1981.

的新体系，改进发展中国家的通讯，训练本国记者减少对西方通讯社的依赖，发展发展中国家的传播媒介等。该计划以 150 : 11 的大比例票数通过。但美国等国家激烈反对该计划，认为这一计划"太过激进"，"有关的规定会导致新闻检查增多，限制新闻与传播自由"。

在这一阶段，随着世界新闻新秩序在发展中国家中逐步达成共识，发达国家和发展中国家的分歧与矛盾日渐深化。在联合国教科文组织中，发展中国家的票数占有优势，但在世界信息传播市场上发达国家仍占据垄断地位，这造成了联合国教科文组织的分裂。1984 年 12 月 31 日，美国以联合国教科文组织需要改革和精简机构为由，宣布退出联合国教科文组织。英国则在 1985 年 12 月 31 日退出。（美英两国分别在 2003 年 10 月 1 日和 1997 年 7 月 1 日重返联合国教科文组织）。作为联合国教科文组织主要经费来源的美英的退出使得教科文组织的活动经费骤减 1/3 以上，该组织推进世界新闻新秩序的行动也就难以为继。由此，发达国家和发展中国家在世界新闻新秩序问题上的分歧也达到了难以和解的程度，斗争进入了僵持阶段。

除了联合国教科文组织这个主要斗争平台，发展中国家也同时在联合国组织之外进行着争取世界新闻新秩序的努力。发展中国家则通过国家间合作的方式，建立区域性通讯社，进行新闻信息传播的合作与交流，以加强自身的传播能力和国际影响力，改变对发达国家通讯社信息的依赖，纠正新闻传播的不平衡状态。

1975 年，由南斯拉夫发起的不结盟国家通讯社联盟（News Agencies Pool of Non - Aligned Countries，简称 Pool）在贝尔格莱德成立，这是发展中国家为抵消西方大型通讯社在世界信息传播市场上不公平的主导地位，打破西方通讯社对世界新闻信息的垄断而采取的一个重要步骤。该联盟的宗旨是：改进和扩大不结盟国家的新闻交换和相互合作，客观真实地报道不结盟国家的政治、经济、文化成就，促进有利于不结盟国家间的相互合作和共同利益的正确的，符合事实的新闻报道，以实现新闻事业的非殖民化。该联盟在初创时有 12 个通讯社，主要由南斯拉夫通讯社转发各通讯社提供的新闻。到 1988 年，该联盟成员已经有 90 个不结盟国家的通讯社和 10 个国际组织（包括联合国、联合国教科文组织等）。

在亚洲，早在 1961 年就已经成立了亚洲 - 太平洋通讯社组织（Organization of Asia - Pacific News Agencies，OANA），以加强本地区之间以及与世界其他地区通讯社的新闻信息交流与合作。1981 年 11 月，该组织在吉隆坡举行的第五届大会决定成立亚洲－太平洋新闻交换网，通过建立转播站的方式，促进亚太地区通讯社的新闻交换，以图逐步摆脱西方通讯社对这一地区的信息传播控制和垄断。中国新华社是该组织和交换网成员。该组织章程规定，成员通讯社应当致力于发展经济和现代化的报道，有关和平和国家相互了解的报道，以及反对各种形式的种族主义、殖民主义和新殖民主义的报道。

非洲的发展中国家通讯社联盟是1983年成立的泛非通讯社（Pan－African News Agency，PANA）。该通讯社的目的是通过播发由非洲记者根据非洲自身观点和文化编写的新闻，纠正被外国通讯社的一系列片面的、消极的新闻所歪曲的非洲国家及人民的形象。其新闻稿通过泛非社新闻交换网播出。泛非通讯社的总社设在塞内加尔首都达喀尔，在非洲设有7个分社。到1991年，参加泛非社新闻交换网的非洲国家通讯社达48个。

1983年10月，由9个拉丁美洲国家和加勒比地区国家共同组建了拉美特稿社，总部设在墨西哥的墨西哥城。这家通讯社用英语和西班牙语报道拉美的发展问题，地区一体化问题和文化特征问题，以便向世界提供有关这些国家的更加客观的报道。其宗旨是"通过播发具有本大陆特色的新闻来为拉丁美洲和加勒比地区人民的切身利益服务"。

三、世界新闻新秩序运动裹足不前，文化多样性得到认可（1984—）

20世纪90年代以后，东欧剧变，苏联领导的社会主义阵营解体，南斯拉夫解体，导致两级化国际局势不复存在，不结盟运动元气大伤。全球化的深化也加强了新兴商业利益集团主导的媒介全球化。世界的政治格局和新闻传播的政治话语发生了巨大改变。世界新闻新秩序的讨论逐渐退出了联合国教科文组织，乃至于联合国各个论坛的议事日程。但是，世界新闻传播的不平衡状态却没有改变，反而在新的信息传播技术兴起后，鸿沟越来越深，发展中国家对于新秩序的追求并未停止。

1. 从世界新闻新秩序向文化多样性转变

1989年，国际记者协会、南非记者协会和不结盟国家媒介基金会在津巴布韦的首都哈拉雷联合召集了第一次"麦克布莱德圆桌会议"。这次会议召开于《麦克布莱德报告》出版10周年之际，会议的主题是重新评估世界新闻信息传播的现状。会议强调了建立世界新闻新秩序的必要性和紧迫性，达成了整合现有国际资源，以促进有关新秩序对话的共识。圆桌会议从1989—1998年，一共召开了10次，维持了对世界新闻新秩序的在世界范围的探讨。

　　伴随经济全球化与新的信息传播技术的发展，发达国家，尤其是美国在世界信息与文化市场上几乎一家独大，其新闻与文化产品横扫全球。不仅仅是发展中国家，就连很多发达国家也感受到了文化冲突的危机。世界新闻新秩序的讨论转而在文化多样性这个更大的范畴内展开。

　　1995 年，联合国教科文组织首次提出"文化多样性"的说法。在国际谈判中，例如关贸总协定乌拉圭回合谈判，法国、加拿大等为了保护自己的文化自主性和文化产业的国际竞争力，提出了"文化排除"或"文化例外"的提法。"文化多样性"从基本伦理价值上质疑了持续了多个世纪、确立西方文化世界统治地位的西方文化中心论，为各国家、各民族独立自主的文化对话和信息传播诉求建立了逻辑自洽、具有政治正确的理论话语。支持"文化多样性"的除了非洲、拉美、印度、中国等发展中国家，还包括欧盟、加拿大、澳大利亚、新西兰等发达国家。反对这一提法的则以美国和以色列为代表。2001 年联合国教科文组织通过了《世界文化多样性宣言》，2005 年通过了《文化多样性公约》，这两个文件以法律的形式将文化多样性定位为人类共同的文化遗产。

　　2.《世界文化多样性宣言》

　　2001 年 11 月联合国教科文组织通过了《世界文化多样性宣言》，联合国大会随即在其 57/429 号决议中欢迎这一宣言及其所附的《行动计划》。

　　《世界文化多样性宣言》宣称：

　　●"文化多样性对人类来讲就像生物多样性对维持生物平衡那样必不可少。从这个意义上说，文化多样性是人类的共同遗产，应当从当代人和子孙后代的利益考虑予以承认和肯定。"

　　●文化多样性是发展的动力之一，它不仅是促进经济增长的因素，而且还是个人和群体享有更加令人满意的智力、情感和道德精神生活的手段。捍卫文化的多样性与尊重人的尊严是密不可分的。每个人都有权利用自己的语言，特别是自己的母语来表达思想，进行创作和传播自己的作品。

　　●目前世界上文化物品的流通和交换存在的失衡现象是对文化多样性的一种威胁。要消除这种威胁，就必须加强国际合作和国际团结，使发展中国家和转型期国家能够开办一些有活力的在本国和国际上都具有竞争力的文化产业。

　　●单靠市场的作用是作不到保护和促进文化多样性这一可持续发展之保证的。为此，必须重申政府在私营部门和民间社会的合作下推行有关政策所具有的首要作用①。

3. 《保护和促进文化表现形式多样性公约》

2005年10月20日联合国教科文组织第33届会议通过《保护和促进文化表现形式多样性公约》（简称《文化多样性公约》），这个文件得到了包括中国在内的绝大多数国家的支持。中法两国还发表联合宣言，要共同推动文化多样性，支持并愿意积极参与联合国教科文组织主持起草的文化多样性国际公约的各项活动，一致认为亚欧会议能够推动世界不同文化与文明之间的对话、理解和相互尊重做出贡献。

《文化多样性公约》定义了文化多样性，"文化多样性"指各群体和社会借以表现其文化的多种不同形式。这些表现形式在他们内部及其间传承。文化多样性不仅体现在人类文化遗产通过丰富多彩的文化表现形式来表达、弘扬和传承的多种方式，也体现在借助各种方式和技术进行的艺术创造、生产、传播、销售和消费的多种方式②。

《文化多样性公约》指出，国与国之间的交流，要遵守联合国宪章所规定的共同原则，一国不能凌驾于他国之上，要尊重文化多样性原则，只有这样人类才可能通过对话和相互尊重，达到和平、民主和进步的目的。呼吁大会通过一个保护文化多样性的法律。菲律宾也表示支持文化多样性原则。重申思想、表达和信息自由以及传媒多样性使各种文化表现形式得以在社会中繁荣发展。同时，《文化多样性公约》注意到信息和传播技术飞速发展所推动的全球化进程为加强各种文化互动创造了前所未有的条件，但同时也对文化多样性构成挑战，尤其是可能在富国与穷国之间造成种种失衡。《文化多样性公约》明显继承了自20世纪60年代以来发展中国家追求建立世界新闻新秩序，寻求公平、独立地信息传播的精神。

在此精神指导下，《文化多样性公约》确立其目标是：

• 保护和促进文化表现形式的多样性；

• 以互利的方式为各种文化的繁荣发展和自由互动创造条件；

• 鼓励不同文化间的对话，以保证世界上的文化交流更广泛和均衡，促进不同文化间的相互尊重与和平文化建设；

• 加强文化认同，本着在各民族间架设桥梁的精神开展文化互动；

---

① 联合国教科文组织. 世界文化多样性宣言［EB/OL］. 巴黎：联合国教科文组织，2001.

② 联合国教科文组织. 世界文化多样性宣言［EB/OL］. 巴黎：联合国教科文组织，2005.

●促进地方、国家和国际层面对文化表现形式多样性的尊重，并提高对其价值的认识；

●确认文化与发展之间的联系对所有国家，特别是对发展中国家的重要性，并支持为确保承认这种联系的真正价值而在国内和国际采取行动；

●承认文化活动、产品与服务具有传递文化特征、价值观和意义的特殊性；

●重申各国拥有在其领土上维持、采取和实施他们认为合适的保护和促进文化表现形式多样性的政策和措施的主张；

●本着伙伴精神，加强国际合作与团结，特别是要提高发展中国家保护和促进文化表现形式多样性的能力。

《文化多样性公约》的指导原则事实上同时考虑了言论自由的保护和各国保护文化多样性的自主权，通过国际合作，帮助发展中国家保护和加强其文化的需求。《文化多样性公约》规定："只有确保人权，以及表达、信息和交流等基本自由，并确保个人可以选择文化表现形式，才能保护和促进文化多样性。任何人都不得援引本公约的规定侵犯《世界人权宣言》规定的或受到国际法保障的人权和基本自由或限制其适用范围。""根据《联合国宪章》和国际法原则，各国拥有在其境内采取保护和促进文化表现形式多样性措施和政策的主权。""保护与促进文化表现形式多样性的前提是承认所有文化，包括少数民族和原住民的文化在内，具有同等尊严，并应受到同等尊重。""国际合作与团结的目的应当是使各个国家，尤其是发展中国家都有能力在地方、国家和国际层面上创建和加强其文化表现手段，包括其新兴的或成熟的文化产业。"①

为保证文化多样性保护的可行性，《文化多样性公约》专门强调了各国政府可以使用行政手段保护其文化。"各缔约方可在第四条第（六）项所定义的文化政策和措施范围内，根据自身的特殊情况和需求，在其境内采取措施保护和促进文化表现形式的多样性。"②公约对于各国政府措施的肯定使得各国政府可以动用行政手段保护和加强本国文化信息和文化产品的继承、创作和国际传播。但这一条款也被美国、英国、荷兰等国批评为是打着文化多样性的旗号实行文化保护主义。

---

① 联合国教科文组织. 世界文化多样性宣言［EB/OL］. 巴黎：联合国教科文组织, 2005.
② 联合国教科文组织. 世界文化多样性宣言［EB/OL］. 巴黎：联合国教科文组织, 2005.

第二节　世界新闻新秩序斗争的未来展望

对于世界新闻秩序，发达国家强调信息的自由流动，而发展中国家希望采用文化保护和国家间合作的方式提升自己的国际话语权。联合国和各国的有识之士曾提出多种设想和措施，希望建立更加公平、平等、协作、共赢、多元化的世界新闻新秩序。

一、发达国家与发展中国家的主要分歧

发达国家和发展中国家关于世界新闻新秩序辩论的范围涉及到多重领域，其主要问题有以下几个。

1. 世界新闻报道内容的平衡问题

发展中国家认为，西方媒体热衷于报道发展中国家的落后、灾难、疾病以及不符合西方价值观的新闻，而对于发展中国家的改善、进步、成就和自身的文化观念视而不见。在新闻报道的内容上不仅有严重的倾向性，有时候甚至是歪曲和失实的。世界新闻报道内容的不平衡问题在很大程度上扭曲了发展中国家的国际形象，不利于发展中国家的经济、社会发展。伴随全球化而来的大集团控制，和文化的高度同质化，也严重冲击着发展中国家的经济独立性和文化多样性。发展中国家要求媒体改变新闻报道中的这种歧视态度，增加对发展中国家政治、经济、环境、文化等方面积极的报道。但是，美国等发达国家认为，媒体对发展中国家的报道并没有违背新闻伦理，发展中国家所提出的问题只是对于新闻价值的不同认识造成的，只有完全的新闻自由才能展现真实的世界。因此，改进世界新闻报道的当务之急是各国政府减少对新闻报道的干预，取消对西方记者入境、采访的限制，取消新闻检查，保障国际信息的自由流动。

2. 世界新闻传播流向的平衡问题

发展中国家认为世界新闻、文化传播的流向明显存在不平衡现象。世界上影响力最大的新闻媒体是 CNN、美联社、路透社和 BBC，世界众多国家报纸、广播电视上国际重大新闻的报道主要来自这几家，甚至一家国际媒体。在全球文字、图片、视频的国际新闻报道方面，全世界几乎 96% 的新闻稿件来自于美联社、合众社、路透社、法新社。而非洲、拉美的一些国家由于资金、技术和人员等条件限制，无力在国外设立常驻机构，派遣常驻记者，因此，对于海外的新闻报道，甚至是邻国的新闻报道也就只能仰仗那些发达国家的世界性媒体。这导致少数几个发达国家的媒体所报发布的信息像洪水一样倾泻到发展中国家，掌控世界新闻话语权。而发展中国家的声音则很难出现在发达国家，全世界人民的面前。

美国等发达国家否认存在世界信息传播的"不平衡流动"。他们认为当今世界信息传播市场中的流向集中问题是正常的市场竞争的结果。西方媒体占据世界市场是因为其高质量、全面、及时的报道得到了各国媒体和客户的认可，国际新闻报道的数量和内容受到贸易、国民生产总值与政治关系等复杂因素影响，所以新闻的流向并不影响新闻报道的质量①。而且，"在美联社的国际新闻中，源自西方国家和源自第三世界国家的新闻各占一半"。因此，只要保障了世界新闻信息的自由流动，自然就可以满足各国人民对于信息的需求。

二、斗争的成果

当前，世界新闻新秩序在文化多样性的范畴内已经得到了世界各国广泛性认同，在联合国框架内通过了多项支持和鼓励文化多样性的宣言和公约。在联合国教科文组织的支持下，发展中国家在媒体拥有量、信息传播基础设施、世界新闻传播的国际合作上有了显著改善。

据联合国教科文组织最新公布的统计到 1997 年的数据，1970—1997 年期间，全球传播格局中的媒介分布不平衡问题有所改善。在电视机方面，发展中国家已由每千人 9.9 台发展到 157 台，增长了将近 15 倍；世界千人平均拥有量由 81 台发展到 240 台，发达国家由 263 台发展到 548 台，但最不发达国家仅由 0.5 增长到 1.7 倍多；收音机的世界千人平均拥有量从 245 部发展到 418 部，发达国家由 643 部发展到 1061 部，最不发达国家由 56 部发展到 142 部。在 1970 年—1996 年间，日报的世界千人平均拥有量由 107 份降至 96 份，这主要是因为发达国家在同期由 292 份减少至 226 份，下降了近 1/3，发展中国家由 29 份发展到 60 份，最不发达国家由 4.5 份发展到 8 份。仍有一百多个发展中国家的新闻媒介基础设施建设基本无变化②。到 2002 年，日报发行总量中，高收入国家

---

① AHERN T J, Jr. Determinants of foreign coverage in US newspapers ［M］//R. L. Stevenson&D. L. Shaw. Foreign News and the New World Information Order. Ames：Iowa State University Press，1984：217 –236.

② 明安香. 积极推进建立世界新闻传播新秩序 ［N］. 中国社会科学院院报，2018 – 03 – 13.

占56%，中等收入国家占35%，低收入国家占9%。世界拥有收音机数量上，高收入国家占46%，中等收入国家占39%，低收入国家占15%。电视机世界总量中，高收入国家拥有38%，中等收入国家拥有48%，低收入国家拥有14%。而在互联网领域，高收入国家用户占世界互联网用户的74%，中等收入国家占24%，低收入国家占2%①。中国在2008年超越美国，成为世界网民最多的国家。据2018年互联网世界排名调查的报告显示，世界网民数量排名前十的国家如表12-3所示。

表12-3　2018年互联网世界网民数量排名

排名	国家	网民总数（亿）
1	中国	7.72
2	印度	4.62
3	美国	3.12
4	巴西	1.49
5	印度尼西亚	1.43
6	日本	1.18
7	俄罗斯	1.09
8	尼日利亚	0.98
9	墨西哥	0.85
10	孟加拉国	0.8

（数据来源：GlobalWebIndex ｜ GSMAIntelligence ｜ Statista ｜ Locowise ｜ SimilarWeb）

20世纪90年代初，美国学者约瑟夫·奈（Joseph S. Nye, Jr.）提出了软实力（soft power）的概念，在国际政治中，相较于国家经济、军事等硬实力，文化、意识形态、社会制度等软实力更具吸引和说服他人和他国的力量，其中文化和信息的传播力是国家软实力的重要指标之一，而媒体则是主要传播渠道。这一概念的普及不仅仅使得发展中国家更加重视保护自身的文化特性，一些发达国家也开始意识到提升自身国际传播竞争力，保护和拓展文化竞争力、影响力的重要性。英、法、德等发达国家竞相提升自己的国际传播力，与美国的竞争日渐激烈。BBC在20世纪90年代以后，重新制订其发展战略，开展国际用户调查，进行针对性节目制作，努力拓展国际市场。1991年，BBC将其旗下的

---

① 世界银行. 世界银行发展指标［J］. 数据光盘，2002.

欧洲电视台改为 BBC 世界电视台（BBC World），1994 年成立 BBC 环球公司，其节目覆盖全球大部分地区。法国在 1986 年将法国国际广播集团（RFI）从法国广播集团中脱离出来，独立运营，以法语和 19 种外语向全世界播送。RFI 在全球 125 个国家和地区拥有 580 家合作机构。俄罗斯在度过了动荡期后，也致力于重塑俄罗斯的国家形象。2005 年，被称为"俄罗斯的 CNN"的今日俄罗斯开通了它的第一个英语频道，抢占全球英语新闻市场，向欧盟、美国和中国宣传俄罗斯的社会生活和政治立场。此后又开通了阿拉伯语和西班牙语 24 小时新闻频道。拉美、非洲、中东以及亚洲等地区的一些发展中国家也在特定区域的新闻传播中迅速发展，获得了一定的国际话语权。如卡塔尔的半岛电视台借地理和语言的优势，在第二次海湾战争中，因为领先于欧美媒体，获得第一手新闻资料和特定的信息源，在国际新闻媒体中崭露头角，发出与西方媒体不一样的声音。这些变化正在悄然改变世界新闻传播的格局。

三、斗争的困境

虽然世界新闻传播的不平衡状况有所改善，但我们依然能够发现，在国际新闻流通和国际新闻报道内容上的不平衡发展并没有发生根本性变化，发展中国家的新闻传播基础设施建设也进展缓慢。这种世界新闻传播的不平衡状态不是短期内能够改变的。其根本原因在于：

1. 发展中国家长期的经济和技术的落后。从上文的数据中我们不难发现，经济发展越是落后的国家和地区，其媒体与信息传播能力就越弱，在技术含量越高的媒体中，发展中国家的劣势就越明显。经济和技术、新闻传播基础设备落后，世界新闻传播的的不平等、不平衡就不会消失。

2. 发展中国家长期的被殖民史也使得他们的新闻观念和新闻媒体网络受到发达国家的深刻影响。赫伯特·席勒说："今天，美国把全球文化和传播的控制权牢牢掌握在自己的手中。"① 从 13 世纪开始，伴随着大航海和殖民化，西方主导的全球化便开始了，到 19 世纪，全世界都被卷入了殖民和被殖民的浪潮中。第二次世界大战后，殖民地纷纷独立，但政治上的独立无法消弭前殖民地国家在文化、意识形态、社会制度等方面对原宗主国的依附性。一方面，全球化使媒体成为"跨国资本主义阶级"（Transnational Capitalist Class）的有机成

---

① 詹姆斯·卡伦. 媒体与权力［M］. 史安斌，董关鹏，译. 北京：清华大学出版社，2006：219.

员，它们给地理上分散的新阶级提供了基本的传播设施，使得他们能够建立起一个休戚相关的内部交换网络"。"它们试图寻求重新组织起围绕消费主义的公共传播，以利于它们的市场扩展，把它们的产品消费当作一种跨国的、无一幸免的身份认同和生活方式来促销。"① 这种全球化网络不仅仅控制着世界各国的媒体，更为各国媒体规定了新闻传播制度和新闻观念、新闻传播伦理。另一方面，前殖民地国家和地区的新闻媒体、新闻学教育、新闻理论几乎没有自发产生的，而是深受先进的发达国家影响，甚至直接来源于这些发达国家。以中国为例，中国虽然早已具备成熟的官报体系，但一直未能自发产生现代报刊和现代新闻学理论。中国的现代报刊是英法传教士和商人带来的，早期的新闻学理论是藉由日本向欧美学习的，最早的新闻学教学体系是沿袭美国。在中华人民共和国建立后相当长的时间里，中国的新闻体制、新闻理论和新闻学教育都是照搬苏联的。具有中国特色的社会主义新闻体制、新闻观念、新闻学教育是在改革开放，综合国力迅速增长后才逐渐形成的。世界上还有更多的发展中国家因为长期经济、技术落后，仍然无力摆脱西方制度、观念、学说体系的束缚。

四、关于建立世界新闻新秩序的展望

对于建立更加公平、和谐、共赢的世界新闻新秩序，发展中国家和发达国家的一些有识之士曾提出多种设想，联合国教科文组织也为此付出了诸多努力，缔结了多项条约。总体上来说，世界新闻新秩序的建立应当遵循以下主要原则：

1. 平等

在国际新闻传播中，各国和各国媒体不论大小、强弱、种族、宗教，都有平等参与信息传播的权利，都有在国际社会中使用传播媒介，自由表达的权利。各国在其主权范围内都有自由选择新闻体制的权利。作为平等的国际社会参与者，各国都有参与制订世界新闻传播规则、参与和解决世界新闻传播中出现的问题的权利。同时，这些国家和媒体应当向世界公众提供全面、客观、真实、及时的报道，满足公众对新闻信息的需求。

2. 共享与合作

各国应加强信息共享与合作，减少对国际垄断性资本的依赖性，增强各国，尤其是发展中国家在国际信息传播中的竞争力。发展中国家就单个而言，经济、

---

① 詹姆斯·库兰，米切尔·古尔维奇. 大众媒介与社会［M］. 杨击，译. 北京：华夏出版社，2006：19－20.

技术、信息来源、新闻质量等方面都无法与发达国家媒体和资本竞争，唯有抱团取暖，协作交流，共享资源和技术，才能形成集体竞争力。同时，国际社会也可以与发展中国家开展合作，帮助发展中国家建立自身的传媒体系：国际社会应在平等和互相尊重的前提下，制订和推行切实可行的计划，帮助发展中国家制定适合本国本地区的信息传播政策，培训本国本地区新闻传播人才，帮助发展中国家建设传播基础设施，加速发展中国家信息传播技术的发展与变革。而发展中国家则应当在保障言论自由传播、信息自由采集方面做出实质性改善，促进国际民主化的发展。

3. 保护多样性

尊重不同文化平等的生存权和发展空间，尊重不同国家和地区的文化、宗教信仰、习俗、价值观和制度选择。消除文化、国家间的疑虑，加强跨文化交流，消除不同文化间的隔阂，求同存异。多元文化、不同制度、不同意识形态之间可以平等地交流和讨论，在基于人发展的前提下，尊重个体的自由选择，共同致力于人类社会的进步和发展。多样性的信息流动既是跨文化交流的桥梁，更是国际关系民主化的必由之路。

4. 承担社会责任

媒体和新闻工作者在采集和传播信息时，拥有自由权利，但也应秉持新闻专业主义和共同的新闻职业道德，确保真实、全面、适度、客观、负责任地报道发达国家和发展中国家的信息。言论自由的基石是理性，自由伴随着义务，媒体需对社会良性发展承担责任。因此，新闻媒体传播的信息应该是真实、客观，推动社会积极发展的。而不是带有歧视与偏见，用谣言、诽谤、煽动性的消息牟利甚至干涉他国内政、鼓动战争，煽动种族仇恨的工具，更不应是窃取他国政治、经济、军事等情报的手段。

第五节　IMC：追求言论自由的第三条道路

在国家政府和资本集团之外，还存在一种追求新闻独立和言论自由的第三条道路，那就是由激进主义和反全球化的行动者们倡导的独立媒体运动。他们希望借助网络，由各地草根民众直接表达诉求，维护文化的多元化，以此对抗大公司的垄断和政府的管控。互联网带来的技术民主化使得这种尝试成为可能。

一、何谓 IMC

IMC：Indymedia Center，独立媒体中心。1999 年 11 月 24 日 IMC 新闻网站在美国西雅图成立。它是一个网络独立新闻媒体的群集，是一个由草根阶层组织的反抗大公司媒体集团的，由反新自由主义者、行动主义者主持的新的媒介通道，被认为是争取新闻自由的第三条道路。

1. 初露端倪

1997 年 1 月 31 日，学习联盟（Learning Alliance）、纸老虎电视（Paper Tiger TV）、"公正与精确报道"（FAIR）在纽约联合组织了一场"解放媒体"（Freeing the Media）的讨论会。墨西哥反抗军查巴司特（Zapatista）的领袖马可仕（Marcos）向会议发来了一封信。这封信被看作是独立媒体运动发轫的先声。信中写道："当代新闻的世界是一个只存在 VIP 的世界，只有非常重要的人，他们的日常生活才是重要的。结婚、离婚甚至吃饭全部都是新闻，这些都是电影明星和政治人物。但市井小民出现在新闻的时候要么就是他们杀了人，要么就是当他们死了。"……（我们需要）"建立一条展示事实发生，以及世界各角落人民真正关心事情的道路"。

2. 独立媒体中心的成立

1999 年 11 月，世界贸易组织第三届部长会议在美国西雅图召开，此次会议的目的是确定全球新一轮多边贸易回合谈判的具体议程。在 WTO 会议前几个月，抗议者组建了独立媒体中心。他们收集了捐款，组织了志愿者，注册了一个网站 www. indymedia. org，并建立了一个包含计算机，互联网线路，数字编辑系统和流式音频和视频的新闻室。

1999 年 11 月 24 日，"Maffew&Manse"在 IMC 原型网站发表了第一篇独立媒体中心的报道："（对资本和压迫的）抵抗是全球性的……横跨太平洋的合作让这个网站成为了现实。这将极大地改变跨国媒体和行动主义者媒体之间的平衡。只需要一些代码和廉价设备，我们就能建立一个报道现场的自治网站，并藉此与大公司展开竞争。请准备好被西雅图和世界各地的活跃媒体人的浪潮所淹没。"

在 WTO 会议临近之时，西雅图的非营利住宅顾问团体为行动主义者们提供一块场地，供他们运作其主要网站。这块场地后来成为西雅图行动者社群的联合办事处，和独立媒体中心的办公地点。

西雅图会议招致了数万反全球化人士的抗议，他们举行集会、游行、演讲、祈祷和在网络上举办专题论坛，希望引起世贸组织和各国领导人在贸易环境、劳工标准的竞争政策等方面的关注。抗议最终演变成全面骚乱，导致了流血事件。西雅国会议最终未就"千年回合"达成协议。反全球化人士在网络上对西雅图会议的集中报道和讨论表明，全球化进程不能仅仅由政府以及官方国际组织主导，非政府组织和个人也有权抵制"全球化之恶"，对全球公共事务进行干预和参与。独立媒体中心正是在这场反全球化、反权威的"西雅图战役"中成立的。

3. 独立媒体中心的发展

"西雅图战役"之后，"独立媒体中心"等各种跨国公民网络影响迅速扩大，如野火燎原般扩张。

到 2002 年，独立媒体中心网络已经有 89 个独立媒体网站，覆盖 31 个国家（外加巴勒斯坦民族权力机构），2006 年 1 月增长超过 150 个。至 2019 年，各地区独立媒体中心的数目分别为：非洲 6 个、加拿大 12 个、东亚 5 个、欧洲 58 个、拉丁美洲 18 个、大洋洲 12 个、南亚 2 个、美国 57 个、西亚 4 个。独立媒体网站公布的语言，包括英语，西班牙语，德语，意大利语，葡萄牙语，法语，俄语，阿拉伯语和希伯来语。

独立媒体吸引了来自世界的行动者，其作用也从报道抗议活动扩展为记录反全球化议题与关心地区利益，覆盖了各个独立的非主流媒体组织和活动家。

该中心主要通过主站和成员网站提供世界各地的新闻报道、评论、图片、音频和视频，上传卫星和公众检索站、Web 和 Studio X 分部传送给各国新闻媒体和网站共享。独立媒体中心还拥有自己的电子报纸，共享给西雅图和世界其他城市。独立媒体中心网站自称是民主开放的出版系统，其信息由成员自由上传，并免费获取。由于其新闻内容独立、及时，也经常被美国在线，雅虎，美国有线新闻网，英国广播公司在线，以及众多其他网站作为重要信息来源。

二、IMC 的缘起

1. 反全球化运动、反新自由主义

从物质形态看，全球化是指货物与资本的越境流动。在此过程中，出现了相应的地区性、国际性的经济管理组织与经济实体，以及文化、生活方式、价值观念、意识形态等精神力量的跨国交流、碰撞、冲突和融合。

新自由主义强调个人自由，但不再否定国家干预。个人能力的发挥促进个人自由的增长，加快社会自由的发展。国家要为个人的自由的发展扫除障碍，创造更多、更好的有利条件。它是资本主义"福利国家"政策的重要理论基础，是西方现代资产阶级自由主义政治思潮中的重要派别。

2. 公共广播电视的失败

公共广播是指国家采用委托的方式由公共受托人来行使广播电视经营，一般是由政府任命或批准的一个半独立性的媒介机构，其经费来源主要靠电视机执照费以及部分国家财政拨款。因此，公共广播电视常常会受到政府的影响，被迫放弃自己的独立性，以迎合政府意愿。

三、IMC 的基本原则

1. 自由发布系统

独立媒体中心主张民主开放系统（open publishing）。每个人都可以在中心的网站上发布文字、图片、音频和视频，无需任何筛选。发布内容会即时出现在网站边栏，依时间顺序呈现。内容完全由读者评分投票，达到一定读者和编辑评分的信息会在网站主页刊出。同时，中心网站提供 RSS 即时交换格式档案，统合全球一百多个成员网站的专题报道。这种将民主言论与对独立媒体中心新闻专线相结合的方式，有助于公众参与和分散式新闻的制作。

利用诸如"copyleft"等软件，独立媒体中心实现了材料的免费复制与分发，只要不用于商业目的。遵循《团结原则》的第九条"所有独立媒体中心都应尽可能地使用免费的源代码，以便开发数字基础设施，并通过不依赖专有软件来提高网络的独立性"，独立媒体中心的开源软件在"copyleft"的保护下被授予运行、修改程序的权限来撤销版权保护。这一技术使得独立媒体中心的成员可以更轻松地进行新闻讨论和分发信息。

开放式发布则与开源利用相似的技术，旨在促进激进的民主价值观，例如将技术去私有化、分散参与新闻制作等。开放发布指南允许用户提供原始内容或对其它帖子进行评论。开放式发布允许用户和记者在全球可访问的网站上发布他们即时收集的新闻。在独立媒体中心，更快、更有效地纠正和补充信息变为可能。西雅图独立媒体中心的核心成员 Sheri Herndon 曾做出这样的评论："开放性一直是一个具有强大根基的指导原则，也是造就我们的成功与独特性的核心原则之一。当我们谈论到公开发布时，我们谈论的不仅是一种技术现象，也是一种哲学基础，构成了政策和实践的基础。"

独立媒体中心也越来越倾向于将重要的政策讨论转移到维基网页，以创建"活文档"。维基是基于 Web 的开放式文档，允许多人写入和更改网页内容，成为了"集体黑板"。Twikis 是维基强调跟踪编辑的版本。在 Twikis 的主页上描述了激进的平等主义的基本概念，每个人都可以在内容上合作。在西雅图独立媒体中心，普通会议的笔记会在维基上发布，供其他人添加；"独立媒体中心文档项目"也使得独立媒体中心的激进民主得到进一步的体现。

如果没有其激进民主的开放式网络，独立媒体中心难以在 WTO 抗议活动期间占据优势，其基于网络的交流在此时胜过于如罢工游行等易于被警察阻挠的传统群体活动。独立媒体中心的扩散式通信网络使得抗议者能够适应不断变化的情况，通信网络在警方追查期间不断修改，保护抗议行动的持续进行。并且，比起层级结构，参与式民主在大群体中发挥出更好的创新与鼓励个人发展的作用，有利于独立媒体中心成员的发展。

2. 多数意见与直接民主

独立媒体中心遍布全球，但这是一个彻底的非盈利的、松散的、地方自治的联合团体。它的基本原则是开放与互相尊重，从新闻的自由发布，编辑到志愿者之间以及地方、中心之间的关系都在此原则下，按多数意见的直接民主方式进行决策。没有领导人，只有发言人。

独立媒体中心支持分享想法、开放内容、欢迎新成员与志愿者，将可免费复制的内容作为公共产品进行保护，从而避免商用获利。在开放的基础上，独立媒体中心建立起"无等级结构与分散的网络"，这些平等主义的结构形式包括共识决策（尽可能只在所有在场的人同意的情况下做出决定）、直接民主（每个人对每个问题都有发言权）、发言人方法（在会面地点，各自治团体的代表表达所在团体的观点并寻求协商一致）。这些方法的基本精神是避免任何精英掌握权力、压制他人的声音。

3. 平等

所有的人，无论性别、种族、年纪，在这个团体里都享有绝对的平等。这种平等不仅体现在决议过程中，也在工作酬劳、文化的多样性保护中体现出来。同样的，所有参与者，包括志愿者和新闻发布者，他们的相互关系都遵循此原则。任何等级制度的微小的倾向都被排除。

4. 团结原则

《团结原则》类似于一种非正式的宪法，对于独立媒体中心的理想与政策做出清晰的阐述，它编纂了独立媒体中心的激进民主使命。虽然有个别地区的独立媒体中心对此有所争议，但《团结原则》的地位仍难以撼动。所有新诞生的独立媒体中心必须证明遵守这些原则才能被全球独立媒体中心网络接纳。

该文件一共有十五项原则。其中第一项原则是确立所有独立媒体中心都是"基于平等、分权、地方自治的原则的"。第二项原则强调开放性与自治性："所有独立媒体中心都认为公开交换和公开获取信息是建立更自由更公平的社会的先决条件"，且"所有独立媒体中心不是来源于一个中央集权的官僚性组织，而是一个源于承认作为一个集体发展的重要性的自治团体"。原则四与原则十一同样阐述开放性，强调所有独立媒体中心必须允许个人、团体和机构在需要时通过独立媒体中心发表自己的观点；同时，开放透明的编辑政策可以保证信息的开放发布。原则五、原则十和原则十四体现了独立性：原则五声明独立媒体中心致力于信息的去商业化、保持非营利性；在原则十中，独立媒体中心将举行公开会议，没有任何一个团体会对独立媒体中心拥有排他性的"所有权"；在原则十四中，则说明"与任何政党，州或候选人没有任何官方关系，但个别独立媒体中心的志愿者可以自由参加此类机构"。原则六则要求进行基于共识的决策，发展出开放、平等、对成员透明的直接参与民主①。

由此可见，独立媒体中心在原则上体现着平等、开放、自治、民主的思想，这也渗透进独立媒体中心实践的方方面面。

四、IMC 集群建设

1. 志愿者制度

独立媒体中心避免资本与政府力量的介入，所以采用志愿劳工制度。许多独立媒体中心的成员都有全职工作，偶尔会有带薪实习生。对于涉及金钱的问题，比如筹集资金和支出细目，会通过会议与电子邮件进行讨论。

2. 全网络决策

由于独立媒体中心的无政府主义与极端民主，每一个独立媒体中心都是整体网络的一个自治节点，维护自身的利益。但是在遇到会影响整个网络的少数决策时，全部独立媒体中心必须达成共识。

3. 辐射委员会模型

辐射委员会模型是西雅图独立媒体中心的组织模式。辐射委员会模型来源于西班牙内战期间的无政府主义者"工团主义者"发起的制度结构，其特点是通过小组共识选择的临时代表协调小团体。IMC 是一个由数百个激进团体组成

---

① PICKERILL J. "Autonomy online"：Indymedia and practices of alter – globalisation ［J］. Environment and Planning A，2007，39（11）.

的松散联盟，辐射委员会充当了这些团体之间的中介。西雅图的独立媒体中心体制结构基于一个非等级的集体，包括近十几个较小的志愿者集体或工作组，以及编辑、财务、联络员、辐射委员会、媒体、技术等。每个工作组的代表都被西雅图独立媒体中心赋予权力，成为"发言委员会"的发言人，作为一个组织和协调机构，有权在需要做出决定时采取行动。职位会有频繁更替，这也导致了 IMC 层级结构形成的潜在问题①。

五、IMC 的困扰

1. 无政府状态造成混乱

因为共同参与集体制，志愿者们常要被迫面对成员间不同的利益和决定，无法有效就编辑政策，资金等问题达成一致。无政府主义使得各独立媒体中心的利益冲突无法得到解决，各个独立媒体只能各说各话，导致力量的散化。

独立媒体中心的成员难以具有明确的身份感和共同感。虽然独立媒体中心在争取参与性和包容性中有着很强的一致性，但由于各群体之间存在明显的不平等、资源明显不平衡，会使得各个团体和参与者之间的摩擦仍难以减少。

2. 绝对平等的幻想——左翼和右翼的冲突

绝对的民主和平等造成了各种不同立场的成员间意见严重冲突。左翼与右翼团体间，甚至左翼与左翼团体间的意见可能部分或完全对立，他们在网站上各自表达，甚至激烈对峙。这分散的话语使得中心很难有组织地集结在一起，集中对世界重大议题发挥舆论作用。

正如墨尔本独立媒体中心的成员 Adam 的分析，独立媒体中心只吸引那些主动找寻它的人。独立媒体中心的开放性不足以鼓励其它文化群体的参与。在澳大利亚，虽然所有受访者都表示支持原住民的权利，并参与抗议活动，但大多数人承认原住民群体与独立媒体中心之间的重叠程度相对较小。

3. 新闻准则、新闻专业性的缺失

独立媒体中心的行动主义报导者（reporter – activists）认为无偏见的新闻是不存在的。他们对于主流媒体的批评不仅在于主流媒体意图维护既得利益，而且抨击主流媒体伪装中立。独立媒体中心的志愿者们并不避讳自己的偏见和立场。这就使得独立媒体的新闻往往不符合新闻专业主义的平衡性要求。加之志

---

① PICKARD V. Assessing the Radical Democracy of Indymedia：Discursive, Technical, and Institutional Constructions ［J］. Critical Studies in Media Communication, 2006 (23).

愿者们大多数没有经过专业的新闻学训练，他们的新闻报道甚至缺乏基本新闻报道的要素。一些种族主义者、性别歧视者、极右派人士的帖子也加大了独立媒体中心审核的负担、败坏了声誉。

4. 强大的全球化和新自由主义的势力——政府、跨国集团等压制

虽然独立媒体中心在一些国家和地区取得了巨大的成功，有些地区独立媒体中心的主页比主流媒体的网站有更高的点击率，但是，对于控制着主流话语的力量来说，独立媒体中心这个草根团体缺乏管理的斗争仍然很难和各种政府和大媒体集团的强大力量相抗衡。以色列与巴勒斯坦的独立媒体中心曾经被有组织的黑客入侵。马来西亚的独立媒体被政府拒绝颁发政府新闻发布会准入证。在 2001 年 7 月热那亚的反八国集团示威中，意大利警察暴力搜查了独立媒体中心所在地。瑞士、挪威和荷兰的独立媒体中心也因内容合法性问题遭到暂时关闭。

六、小结

独立媒体中心平等、开放、自治、民主的原则，规避外来力量渗透的志愿者制度、追求共识与平等的全网络决策、基于共识的辐射委员会与公开会议，以及其开放发布制度都体现着其贯彻实践的激进民主。激进民主带给独立媒体中心超脱的优势，也同时带来了很多问题。

全球化趋势不可避免，但是独立媒体中心仍然坚持反抗潮流的态度，捍卫着文化多样性与地方利益。只是这种绝对平等与无政府主义带给独立媒体中心的更多是力量的散化。可以说激进民主对于独立媒体中心而言是"成也萧何败也萧何"。